LA
PERMISSION
DE DIX HEURES,

PAR

MAXIMILIEN PERRIN.

ÉDITION ILLUSTRÉE DE 25 VIGNETTES PAR BERTALL.

PRIX · 9Ő CENTIMES.

PARIS

PUBLIÉ PAR GEORGES BARBA, LIBRAIRE-ÉDITEUR

7, RUE CHRISTINE, 7.

ROMANS POPULAIRES ILLUSTRÉS

BERTALL

G. BARBA ÉDITEUR, RUE CHRISTINE

A. LACOUTURE, E. DECAMPS, AMARD, PICAULT LOEVE, P. DE KOCK

HERMANN MURAVAT

20 c. LA LIVRAISON

LA
PERMISSION DE DIX HEURES
PAR
MAXIMILIEN PERRIN

I. — 1788. — Un dimanche à la guinguette.

C'était par un beau dimanche du mois de juin 1788. Le public des barrières se pressait en foule dans les jardins de l'Epée Royale, célèbre guinguette située à la Rapée, sur les bords de la Seine, et renommée par l'excellence de ses matelotes.

C'était, ma foi, un curieux spectacle, celui qu'offraient cet immense jardin, cette salle de danse en verdure, toutes ces tables rangées en longues files, autour desquelles, riaient, festoyaient et buvaient de joyeux convives. C'était vraiment plaisir de voir et d'admirer ce mouvement, cette variété de costumes, ces gens attablés côte à côte, puis ces jolies filles, avec des visages riants et vermeils, parées de leurs plus beaux atours, la tête ornée d'une gentille cornette, car en ce temps la grisette ne portait pas chapeau, dansant aux sons discordants d'un orchestre diabolique.

Ce jour-là donc, bourgeois, bourgeoises, traitants, gardes françaises, et ouvriers des deux sexes, s'en donnaient à cœur joie en sablant à longs traits le petit vin à quatre sous la

Nanette à l'Épée Royale.

pinte, dont la douce fumée faisait oublier les fatigues de la semaine et les soucis du lendemain. Sur une table située non loin de l'orchestre, dans l'endroit le plus animé de la fête, fumaient une superbe matelote et une énorme dinde rôtie, que venait de servir le garçon traiteur, avec force liquide. Autour de cette table, riaient, criaient et s'agitaient en tous sens, une douzaine de personnes, la plupart laides et grotesques, que le fumet et l'attente d'un bon dîner transportaient d'ivresse et de joie; parmi ces gens, avec lesquels peu à peu nous allons faire connaissance, trônait par son babil, sa gracieuseté et son adorable minois, une jeune fille âgée de dix-sept printemps au plus, ayant nom Nanette; à ses côtés se trouvait un grand garçon maigre et passablement laid, aux cheveux frisés et poudrés, vêtu d'un habit noisette, d'un gilet blanc à grands ramages, d'une culotte bleu-ciel, bas chinés et souliers à boucles d'argent, tout cela ayant nom Rifolet. M. Rifolet était employé aux gabelles, et sa fortune consistait en un grand fonds de niaiseries; de plus il avait au cœur un amour

475

1

secret pour la gentille Nanette, la fine fleur des lingères du quai de la Ferraille, à qui il n'avait encore osé adresser que de tendres œillades.

A la même table se trouvait un gros homme, à la face rubiconde et joviale, aux ailes de pigeon soignées et poudrées, et que recouvraient un large habit marron et une culotte de nankin; ce personnage était M. Badouret, perruquier depuis quarante ans, à l'arche Marion, et, de plus, oncle et tuteur de Nanette l'orpheline. Passons : voici M. et madame Merlandin, le mari peintre en bâtiment, et l'épouse marchande de marée sur le carreau des Halles. M. Merlandin est maigre, ses yeux sont petits et clignotants, sa bouche est ornée d'un râtelier semblable à celui d'un cheval; ce monsieur est d'une pétulance effrayante, a le regard sournois, et paraît être amateur du beau sexe, dont il se dit la coqueluche, quoique son physique lui donne un démenti. A côté de madame Merlandin se trouve placée madame Badouret, grosse maman dont les traits annoncent la sévérité de mœurs; plus loin, M. et madame Lelièvre, cordonniers, avec leurs deux enfants, Jacquot et Javotte, ces derniers âgés de quatre et six ans au plus. M. Lelièvre est un homme qui parle fort peu, mange beaucoup et consulte sa femme du regard chaque fois qu'il est forcé de répondre à une question, fût-ce même celle de l'état de sa santé. Madame Lelièvre, au contraire, est une petite femme grasse, fraîche, coquette et bavarde, qui, dit-on, conduit son époux par le bout du nez, et se permet même de le corriger à la passade lorsqu'il essaye de se révolter contre l'autorité féminine.

Tous ces gens, voisins et amis, se sont réunis afin de consommer en joie et festin le gain accumulé du loto joué par eux durant les soirées d'un long hiver; or chacun étant à table pour un écot, plus ou moins fort, selon que la chance l'a favorisé, chacun donc en liberté, mange, boit et s'en donne à gogo.

— Madame Merlandin, vous qui s'y connaît, comment trouvez-vous que cette matelote soit accommodée?

— Comme ci, comme ça, mère Badouret: n'y a pas assez de vin, c'est fade !

— Dame ! qui vous empêche d'en remettre? v'là la pinte; quant à moi, je la trouve excellente.

— Ah! dame! il n'est sauce que d'appétit, répond M. Badouret en remplissant son assiette de poisson après avoir présenté la pinte à la plaignante.

— Monsieur Rifolet, prenez donc garde, vous chiffonnez mon bavolet en vous penchant ainsi sur moi, s'écrie Nanette en repoussant le grand jeune homme, qui, enhardi par la joie du festin, essayait d'effleurer des lèvres la joue de la jeune fille.

— Sapresti ! tu t'avises de chiffonner ma pupille, toi, polisson !... Prends garde, Rifolet, je ne badine pas avec les mœurs, dit madame Badouret d'un ton sévère.

— Allons, ne prends pas la chose au sérieux, femme ; quel beau malheur qu'un garçon embrasse une fille ! D'ailleurs, l'occasion fait le larron. Prends-la aux cheveux avant qu'elle tourne le dos, dit le perruquier en riant.

— Ah çà ! mais, depuis quand un futur ne peut-il embrasser sa future?... Il n'y a qu'à voir si mon mari s'en gênait avant nos noces, fait observer madame Lelièvre.

— Son futur ! faudrait pour cela que Rifolet se fût prononcé; mais depuis bientôt dix-huit mois qu'il hante notre maison et qu'il y fait la carpe pâmée, ce benêt n'a pas encore dit un mot de ses intentions.

— Dame ! c'est vrai ce que dit ma femme, tu ne t'es pas encore prononcé; garçon, prends garde ! faute de parler on meurt sans confession.

— Ah! c'est que je... enfin la timidité, et puis mademoiselle Nanette est si sérieuse, que l'on...

— C'est bon, c'est bon, Rifolet, vous nous expliquerez une autre fois ce que vous voulez dire; aussi bien ce n'est point ici un lieu propre à une explication, dit Nanette avec vivacité en interrompant Rifolet qui se tait et rougit.

— C'est égal, ma petite Nanette, ce garçon fera un fameux mari, vous avez tort de le rudoyer ainsi, reprend madame Lelièvre, en fixant le commis avec complaisance.

— Oui, comme le dit fort bien Nanette, ce n'est pas ici le moment de s'expliquer, mais à la maison et le plus tôt possible, si monsieur l'amoureux ne préfère que je lui interdise l'entrée de chez nous; cela pour la réputation de ma nièce, que la présence continuelle d'un jeune homme finirait par compromettre.

— Excusez ! en v'là de la susibilité ! y me semble cependant, commère Badouret, que lorsqu'on est tant soigneux de l'honneur d'une fille, on ne lui donne pas, ainsi que vous l'avez fait, un état qui l'expose à courir la ville du matin au soir, et à hanter la maison des grands seigneurs, afin d'y reporter son ouvrage.

— Madame Merlandin, j'ai donné à Nanette le métier qui m'a plu, et cela ne vous regarde pas; au surplus, Nanette est une fille prudente et sage, qui sait éviter le danger.

— C'est juste, le mal est pour celui qui le cherche, dit le proverbe, et la prudence de Nanette sait l'éviter; aussi passe-t-elle parmi ses pratiques et tout notre quartier pour une fille d'une sagesse exemplaire, dit madame Badouret.

— Madame Badouret, veuillez me faire passer ce pilon de volaille, dit M. Lelièvre les yeux baissés en présentant son assiette.

— Excusez, voisin ! vous n'y allez pas mal, sans reproche, c'est le troisième morceau de cette force qu'on vous sert, fait observer madame Merlandin en ricanant.

— Eh ben ! est-ce qu'on regarde à ce qu'on mange ici? si cela est, c'est insipide, réplique madame Badouret.

— Du tout ! du tout ! manière de plaisanter, reprend Merlandin.

— Ah çà! mes anges, sommes-nous venus ici rien que pour manger, et ne nous ferez-vous pas sauter un petit brin? D'abord, je vous avertis que le bruit des crincrins me donne des frémissements dans les jambes; leur dit madame Lelièvre en quittant la table et en rajustant son tablier de soie bleue.

— Saperbleu ! jolie femme, si vous voulez accepter ma main pour la première danse, ça me fera plaisir, s'écrie Merlandin en se donnant un air tout gracieux et en allongeant des dents d'une aune.

— Tout de même ! d'autant plus, Merlandin, que vous dansez comme M. Vestris, et que ça fait honneur à votre danseuse.

— Ah! belle dame!... manière de plaisanter, n'est-ce pas? répond le peintre en s'efforçant de donner à ses traits un air aimable et modeste.

Rifolet, à l'instar de Merlandin, se disposait à adresser la même invitation à Nanette, dont le désir n'était pas moindre d'aller à la danse, lorsqu'il fut prévenu par un garde-française, jeune et joli garçon, qui, se penchant sur son épaule, au nez et à la barbe du gabelou, invita la jolie fille à danser, avec la permission de la société ; et la chose acceptée, il l'entraîne à la salle de danse, au grand mécontentement de Rifolet et de madame Badouret, qui n'a osé s'opposer à une permission donnée par son mari, et qui, à regret, voit sa nièce se perdre dans la foule, au bras d'un soldat aux gardes.

— Y pensez-vous, monsieur Badouret, de confier ainsi cet enfant au premier venu, lorsque dans notre société nous avons plus de danseurs qu'il n'en faut?... Et vous, Rifolet, allez-vous donc, grand nigaud, après vous être fait souffler votre danseuse, la laisser exposée aux propos lestes et galants d'un militaire ?... Allons, réveillez-vous et courez vous placer derrière Nanette, veillez sur elle et nous la ramenez au plus vite.

— Pas de chagrin, mame Badouret, car d'ici j'aperçois Merlandin et mame Lelièvre qui pour danser se placent vis-à-vis de Nanette. Ces mots et le départ de Rifolet calment l'inquiétude de la prudente dame, qui, en reportant la vue sur son époux, le trouve le nez enfoncé dans une pinte où il boit à longs traits, tandis que Lelièvre, profitant de la distraction de la société, de l'absence de sa femme, remplit son assiette pour la septième fois.

— Ah! je vous y prends, ivrogne ! allez-vous encore vous livrer en société à votre intempérance habituelle? Fi ! vous êtes un homme exécrable !

— Silence ! femme, laissez votre seigneur et maître se livrer en repos à ses jouissances; d'ailleurs, le miel n'est pas fait pour la gueule de l'âne, et le vin est pour être bu.

— Allez au diable avec vos proverbes, gourmand ! ivrogne !

Et cela dit, madame Badouret en colère quitte la table et s'éloigne afin d'aller veiller elle-même sur sa nièce, laissant son époux en tête à tête avec M. Lelièvre et les deux enfants qui, abandonnés par leur mère, se laissent aller impunément à toutes les licences naturelles à leur âge.

Reportons-nous maintenant à la danse qui, bruyante et animée, va son train, et voyons la jolie Nanette, dont le danseur presse tendrement la main; elle écoute d'une oreille attentive les douceureuses paroles que lui débite ce dernier, les yeux baissés et le sourire sur les lèvres; oui, le sourire sur les lèvres, car ce jeune et gentil soldat, à l'œil expressif, à la tenue soignée, dont la moustache noire et coquettement retroussée orne le gracieux visage, en faisant valoir deux rangées de dents blanches, s'exprime avec galanterie, d'une voix douce et tendre, ce qui trouble, charme la jeune fille et captive son attention. Derrière ce joli couple est venu se planter par ordre Rifolet, l'amoureux timide, qui, jaloux et poltron, cherche à entendre les paroles du beau soldat, qu'en ce moment il envoie intérieurement au diable.

— Dis donc, pékin, on dirait que tu m'observes et m'écoutes, dit le soldat en surprenant Rifolet près d'eux et l'oreille tendue.

— Moi, militaire, pas du tout, je regarde danser, dit Rifolet.

— Tu mens, gringalet, car je t'ai surpris aux écoutes; et afin de châtier ta curiosité, j'ai fort envie de faire sentir à tes épaules le plat de la lame de mon sabre.

— Monsieur, ne vous fâchez pas, Rifolet est un ami de ma famille, que ma tante Badouret a sans doute chargé de veiller sur moi, s'écrie Nanette effrayée.

— S'il en est ainsi, respect aux amis de votre famille et aux vôtres, ma toute adorable ! Et vous, jeune pékin, touchez là, car Xavier, dit Belhumeur, soldat aux gardes françaises, veut être l'ami des amis de cette jolie fille.

Rifolet, avec un rire forcé, et plus par crainte que par envie, présente sa main, que Xavier, dit Belhumeur, presse avec force dans la sienne.

En face de Nanette et du garde-français dansent en ce moment madame Lelièvre avec Merlandin, le galant Merlandin, ayant les yeux brillants comme ceux d'un chat dans les ténèbres et la bouche souriant sans cesse.

— Oui, belle Adélaïde, je vous adore et me détériore si, après deux ans d'hommages et d'une cour assidue, vous ne cédez enfin aux transports du plus tendre des amants.

— Merlandin, ne me dites pas toutes ces bêtises-là, respectez en moi l'épouse de votre ami, de ce bon Lelièvre, et de plus, une mère de famille, répond en minaudant madame Lelièvre aux discours du séduisant peintre.

— Je ne reconnais plus d'amis, d'enfants quand il s'agit de ma passion ! Adélaïde, chère Adélaïde ! prends pitié de mon amour !....

— Non, je ne puis; la vertu d'abord, puis votre femme, qui, quoique excellente créature, m'arracherait les yeux si jamais elle venait à découvrir notre intelligence.

— Ma femme ! je la maudis; dis un mot, trop intéressante cordonnière, et je l'abandonne, et je fuis avec toi au bout du monde, jusqu'à Versailles s'il le faut... Adélaïde, dis que tu m'aimes, que tu prends pitié de mon martyre, que demain sur la brune tu consens à te promener seulette, sous les arbres de la place Royale, où t'attendra ton amant...

— Ah ! Isidore, que vous êtes dangereux pour une pauvre femme ! et cependant je dois résister, penser à mon mari, à mes enfants...

— Nous parlerons d'eux, bel astre ! demain dans notre solitaire promenade, car j'espère que, sensible à mon ardeur, vous ne refuserez pas de venir au rendez-vous que mon amour vous donne !

— Hélas ! comment avoir la force de vous refuser ? répond la dame en baissant modestement les yeux.

La contredanse se termine, Merlandin et sa danseuse rejoignent la société, mais après avoir pris le chemin le plus long, celui à travers les bosquets du jardin où le séducteur a profité de l'obscurité et de l'isolement pour appliquer plusieurs baisers sur la bouche de sa compagne. Nanette, à qui Xavier, dit Belhumeur, aurait désiré faire prendre le même chemin, a rencontré heureusement sa tante à la sortie du rond de la danse, et madame Badouret, après avoir remercié le militaire, s'est empressée de prendre le bras de la jeune fille et de l'entraîner avec elle. Rifolet, qui n'avait point quitté Nanette, se disposait à la suivre lorsqu'il se sentit saisir et arrêter par le pan de son habit, puis entraîné à reculons hors de la foule sans parvenir à se dégager.

— Eh bien ! mon petit pékin, est-ce qu'on se sauve ainsi tout seul avant d'avoir fait entièrement connaissance avec un ami ? dit Belhumeur en retournant Rifolet, lequel reconnaît enfin la main qui l'entraînait.

— Je ne demande pas mieux, militaire; mais ce n'est pas une raison pour me tirer ainsi et risquer de m'emporter un pan de mon plus bel habit, répond le jeune homme en examinant son vêtement qu'il croit endommagé.

— Palsembleu, camarade ! tu me produis l'effet d'un pékin tant soit peu intéressé. Allons ! laisse là l'inspection de tes nippes et viens trinquer avec moi.

— Ça serait avec plaisir, militaire, mais je suis ici en société et ne peux rester avec vous.

— Mille noms d'une bombe ! te moques-tu, pékin, de refuser l'honneur de trinquer avec la fleur des gardes françaises, avec Xavier, dit Belhumeur, le vainqueur des belles, la coqueluche du beau sexe, et par-dessus tout, surnommé le brave des braves et le bourreau des crânes ? or, tu dois pressentir d'après cela, petit muguet, qu'on ne jase pas impunément impertinent à mon égard, mille tonnerres ! choisis donc, ou de venir vider un flacon avec moi, ou de t'aligner à l'écart.

— Militaire, je ne me bats jamais, crainte qu'on ne m'estropie, je préfère infiniment mieux vider deux flacons que de recevoir un coup de votre sabre.

— Bien parlé, mon petit paltoquet, asseyons-nous donc à cette table, buvons et jasons en bons camarades... Garçon ! deux bouteilles, du chenu et lestement ! s'écrie Belhumeur en caressant sa moustache et en se dandinant avec grâce et coquetterie. A ta santé, l'ami ! reprend notre militaire, assis en face de Rifolet et écartant son verre qu'il a rempli.

— A votre santé, militaire ! répond le jeune homme en trinquant.

— Ah çà ! qui es-tu, garçon ? réponds, car j'aime assez savoir à qui j'ai affaire ?

— Je suis Eustache Rifolet, fils d'Antoine Rifolet et de Catherine Bestard, né natif de Paris, faubourg Saint-Antoine, et de plus employé aux gabelles.

— Tu demeures en ce moment ?...

— Rue Galande, à l'enseigne de la Truite qui file.

— Et moi, Xavier, enfant du régiment, maître d'escrime, première lame de France, à ton service, gabelou, si quelque croquant te marchait jamais sur le pied... A ta santé, Eustache Rifolet !

— A la vôtre, militaire !

— De par le diable et l'enfer, trouves-tu comme moi qu'il y a ce soir, dans ce bal, des femmes gentilles à croquer ?

— Mais oui, pas mal, militaire, et, de plus, vous me semblez être

amateur du beau sexe, répond Rifolet, dont le regard ne cesse d'être fixé sur sa société, qu'il aperçoit à quelque distance, toujours rangée autour de la même table.

— Que veux-tu, gabelou ? on aime ce qui vous aime, et les femmes raffolent de moi ; oui, elles disent toutes, avec vérité, que je suis un irrésistible, que j'ai le regard fascinateur, la taille onduleuse et les jambes perfectionnées ; il y en a même de la haute qui m'admirent en faction à Versailles, et m'appellent l'Antinoüs des gardes françaises.

— Oh ! et qu'est-ce que c'est que ça, Antinoüs ?

— Un pékin de l'antiquité, un Grec ou un Romain qui possédait la politesse, l'avantage d'être moulé dans mon genre et ainsi que moi, le vainqueur du beau sexe... A ta santé, gabelou !... Bois donc, paltoquet ?

— Dame, militaire, c'est que nous trinquons souvent et que j'ai la tête faible.

— Mille bombes ! il faut que je te la rende solide et forte... Garçon ! deux bouteilles et du chenu... A ta santé, Eustache Rifolet !

— A votre santé, militaire !... Maintenant, mon nouvel ami, vous me permettrez, n'est-ce pas, de rejoindre ma société qui finirait par trouver mon absence impolie ? dit Rifolet en essayant de se lever ; mais Xavier le repoussant sur le banc :

— Me quitter quand les flacons sont pleins ! y penses-tu, paltoquet ?

— Militaire, vous serez cause que ma future me fera la mine.

— Ta future ! est-elle gentille ?

— Charmante, militaire, c'est avec elle que vous avez dansé tout à l'heure.

— Fichtre ! un beau brin de fille, quoiqu'un peu bégueule.

— Ah ! ça, c'est vrai ; aussi à peine si j'ose lui parler de mon amour ; enfin, c'est plus fort que moi, lorsque je veux ouvrir la bouche afin de lui faire ma déclaration, eh bien ! je reste court et tout bête.

— Quoi, pékin ! tu n'es pas plus avancé que ça auprès d'une femme ?....

— Oui, peur de déplaire à Nanette, surnommée la farouche lingère, l'inhumaine beauté.

— Ah ! elle se nomme Nanette, et est lingère de son état ?....

— Oui, militaire, c'est la nièce de M. Badouret, le perruquier de l'arche Marion, à l'enseigne du Chat poudré.

— A ta santé, l'ami !

— A la vôtre, militaire !

— Et ta belle Nanette habite chez son oncle ? dit Xavier en affectant un air d'insouciance.

— Comme vous dites, militaire, chez son oncle et sa tante, d'où elle sort tous les matins pour se rendre place du Chevalier-du-Guet, à la boutique où elle travaille.

— Et où , par galanterie, tu vas chaque soir à sa rencontre ?...

— Non, militaire, car, m'y étant rendu une seule fois, Nanette la farouche m'a fait une scène affreuse en me défendant de venir la chercher, sous le prétexte que ma présence et mes assiduités la compromettaient.

— Palsembleu ! voilà une fillette qui est terriblement bégueule !... Ah çà ! connaît-elle tes intentions à son égard, ton amour pour elle enfin ?...

— Je vous ai dit, militaire, que je n'osais lui ouvrir la bouche de tout cela, dans la crainte de la fâcher.

— A ta santé, gabelou !

— A la vôtre, militaire !

— Décidément, reprend Xavier en déposant son verre sur la table, il te faudrait près de cette beauté capricieuse un interprète éloquent pour plaider en ta faveur... Ah ! que ne suis-je admis dans la maison de l'oncle ! comme, en qualité d'ami, j'aurais bien vite adouci la cruelle et gagné ta cause ; enfin, je voudrais qu'elle t'adorât avant huit jours, que ce fût elle qui, éprise d'une vive passion, enviât tes faveurs et tes caresses.

— Vraiment, militaire, vous m'amèneriez à ce point?... Ah ! que je vous aurais de reconnaissance!

— Oui, mais je ne connais pas la famille ; or, bernique !

— C'est que, c'est bien malheureux, car vous m'auriez, militaire, donné un fameux coup d'épaule.

— A ta santé, gabelou !

— A la vôtre, mon bon ami ! répond Rifolet, à qui la fumée du vin monte fortement au cerveau, et qui devient de plus en plus communicatif.

— Mais, réflexions faites, n'y aurait-il pas moyen de me présenter à la famille Badouret en qualité d'un de tes anciens amis ? reprend Xavier.

— Tout de même, militaire, oui, l'idée n'est pas mauvaise... Cependant, j'ai peur de fâcher Nanette en faisant cela sans sa permission.

— Qu'importe si je me charge de la défâcher et de la rendre moins cruelle envers toi ?

— Eh bien ! je me risque ! en avant, militaire ! dit Rifolet en se levant.

— Paye la dépense, gabelou, et filons !

— Payer ! mais il me semble, militaire, que vous m'avez invité...

— C'est juste; mais cela ne t'empêche pas de me faire une politesse, vu que chez moi la monnaie a filé ce soir avec une effrayante
rapidité ; allons, dépêchons, et en avant l'entrée en connaissance !

Rifolet ne raisonne plus , et quoique fort peu généreux de son caractère , il tire sa bourse en silence et paye les quatre bouteilles, et
Xavier, durant ce temps, lisse ses moustaches et rajuste son uniforme. Tandis que nos deux personnages se disposent à paraître devant la société, voyons un peu comment celle-ci se comporte.
D'abord , en regagnant la table après la contredanse, madame Badouret a retrouvé son époux profondément endormi, et la face enfoncée
dans la sauce de la matelote ; madame Lelièvre, arrivant un peu
après, aperçoit son époux en proie à de fortes coliques, suite de
trop d'intempérance, et se débattant contre la violence du mal, ses
deux enfants, grimpés sur la table, au milieu des plats et des plats
cassés, dans lesquels ils saucent leurs habits du dimanche. Quant à
madame Merlandin, ennuyée de la société d'un gourmand et d'un
ivrogne, tourmentée par deux mauvais garnements, tels que le petit
Jacquot et la petite Javotte, enfants terribles, dont les mains grais-
seuses menaçaient sans cesse son casaquin de soie, madame Merlandin, donc , ayant avisé, à quelques tables plus loin que la leur, plusieurs commères de sa connaissance, était allée s'asseoir près d'elles,
et parlait comme une pie.

— Monsieur Badouret, éveillez-vous, donc ! n'est-ce pas une horreur qu'un homme établi, syndic des perruquiers de sa paroisse, se
mette dans un semblable état ? fi ! cela est honteux, déshonorant pour
la société ! A ces paroles, M. Badouret de relever lentement un
visage, dont un oignon bouche l'œil droit, dont le nez poignarde
et soutient un tronçon d'anguille d'où ruisselle une sauce épaisse et
noire.

— Vilain gourmand ! horreur d'homme ! se rendre ainsi malade à
force de gloutonnerie ! ah ! je t'en donnerai du thé, de l'eau sucrée,
gouliafe ! compte dessus! s'écriait madame Lelièvre rouge de colère;
puis reprenant en enlevant l'un après l'autre ses marmots de dessus
la table :

— Chienne de marmaille ! qui ne vaut pas mieux que son père, si
jamais je vous ramène avec moi, il pleuvra du boudin, petits scélé-
rats !... Voyez donc, madame Badouret, dans quel état sont ces gueux
d'enfants, et leur père, qui est assez bête pour ne point veiller sur
eux... Allez vous coucher, monsieur Lelièvre, emmenez vos enfants,
et débarrassez-nous tous les trois de votre présence. Quant à moi,
qui ne prétends pas être la victime de votre sottise, je reste, et veux
m'amuser encore; allez, monsieur Lelièvre, allez ! monsieur Merlandin aura la complaisance de me mettre ce soir à ma porte. N'est-ce
pas, Merlandin, que vous aurez cette complaisance ?...

— Certainement ! certainement ! d'autant plus que de chez vous
chez nous il n'y a qu'un pas, répond le peintre , en se frottant les
mains. M. Lelièvre, époux docile et qui se sent de plus en plus mal
à l'aise, se lève, prend un bambin de chaque main et, s'éloigne en
silence, tandis que sa tendre épouse, le bras passé sous celui du
gai voisin Merlandin, se dispose à courir prendre place à une nouvelle
contredanse.

— Dites donc, voisine, il me semble que votre présence serait en
ce moment plus utile chez vous qu'ici, fait observer madame Badouret à madame Lelièvre.

— Pourquoi cela, madame? demande cette dernière.

— Parce que votre homme étant indisposé aura besoin de vos
soins, et vos deux enfants seraient plus en sûreté avec leur mère.

— Madame Badouret, vous êtes une bonne femme, mais vous avez
le malheureux défaut de vous mêler de ce qui ne vous regarde pas.
Cela dit sèchement, madame Lelièvre, sans plus attendre, s'élance
vers la salle de danse en entraînant Merlandin, et laissant la mora-
liste occupée à débarbouiller son époux avec un coin de son mouchoir.

— Mais, où donc est passé M. Rifolet, ma tante ? demande Nanette,
qui a grande envie de danser aussi et qui, faute d'autres danseurs,
accepterait volontiers l'employé aux gabelles.

— Où est Rifolet ? que sais-je ? pas plus que madame Merlandin,
qui nous a plantés là aussi pour revenir... Plus souvent que j'en
ferai encore des parties avec tout ce monde-là ! merci ! j'en ai assez !
dit madame Badouret avec humeur.

Ah ! c'est une horreur de m'abandonner comme ça, de ne
me laisser personne avec qui je puisse trinquer et causer un petit
brin, dit le perruquier en emplissant un verre.

— Oui, encore une belle société que celle d'un vieil ivrogne, qui
ne sait que boire et dormir, reprend madame Badouret en haussant
les épaules.

— Femme ! point d'impertinence, s'il vous plaît, respectez votre
époux et maître en ma personne sacrée. Comme M. Badouret terminait ces mots, paraît Rifolet, le visage pâle et les jambes flageolantes,
suivi du garde-française qui, la tête haute, la moustache bien retroussée et le sourire sur les lèvres, salue avec politesse les époux
Badouret et leur jolie nièce, laquelle, en apercevant le beau militaire,
rougit et sourit en dessous.

— Ah ! vous voilà, Rifolet ! vous êtes, ma foi, un drôle de garçon,
de nous laisser seuls ainsi depuis plus d'une heure, au lieu de faire
danser Nanette et de nous tenir compagnie ! dit la perruquière au

grand jeune homme, qui , la langue épaisse, essaye de balbutier une
mauvaise excuse , et que Xavier tire d'embarras en l'interrompant et
en prenant ainsi la parole, une main sur la poignée de son sabre, et
de l'autre caressant sa moustache :

— Assez de reproches comme ça, brave dame, et ne vous en prenez
qu'à moi du tort d'avoir retenu loin de votre aimable société ce quidam ci présent, dans lequel individu le hasard m'a fait reconnaître
ce soir un ancien camarade d'enfance et d'école ; on ne pouvait mieux
fêter la reconnaissance que par l'attaque et l'anéantissement d'un
flacon première qualité; j'ai donc, en dépit de son refus, retenu
l'ami Eustache Rifolet, que je vous ramène humilié et tremblant.

— C'est égal, en avant la bouteille, vous avez eu tort; il fallait, au
lieu de retenir Rifolet, venir vous attabler ici avec nous et vider
tous ensemble le flacon de la reconnaissance; mais hors de vue, hors
de souvenir, dit le proverbe , ce qui fait que Rifolet m'a laissé boire
seul ici...

— Excusez, vénérable bourgeois, le mal n'est pas si grand qu'il ne
soit réparable; car, si ces dames, le jugeant digne d'être admis en
leur société, permettaient à Xavier, dit Belhumeur, de prendre place
à leur côté, la reconnaissance pourrait aisément se sceller plus am-
plement encore au moyen d'un nouveau flacon, cachet vert, autrement dit du vieux bourgogne.

— Ça va ! en avant le flacon de vieux bourgogne ! s'écrie le perruquier ; puis s'adressant à Belhumeur et lui indiquant une place
entre Nanette et lui : Asseyez-vous ici , mon jeune héros, dit-il , car
j'adore les militaires, les bons enfants, et je me garde fort de repousser
jamais l'offre d'une politesse.

— Comment ! vous allez encore boire , monsieur Badouret ?

— Silence, femme ! respect aux volontés d'un époux et maître !
s'écrie le perruquier en frappant du poing sur la table, action énergique qui engage la dame à laisser agir son époux selon son bon plaisir.

On apporte le vin, Belhumeur fait sauter le bouchon et verse
rasade; madame Badouret, qui est d'assez mauvaise humeur, commence par refuser le verre que lui présente le militaire d'une façon
toute gracieuse : mais comme un joli garçon exerce toujours certaine
influence sur les femmes, même quand elles sont vieilles, Xavier, à
force de prières et de politesses, finit par dérider la perruquière, qui
trinque avec lui le sourire sur les lèvres.

— Eh ! mais je reconnais en vous, mademoiselle, ma jolie danseuse
de ce soir, dit Belhumeur en s'adressant à Nanette.

— Oui, monsieur, j'ai eu le plaisir de danser avec vous.

— J'espère bien, mademoiselle, que ce ne sera pas la dernière fois
de la soirée, avec la permission de l'aimable société.

— Certainement, il faut qu'elle danse, cette bonne petite; et,
puisque cet imbécile de Rifolet n'a seulement pas la politesse de l'in-
viter, à vous ce soin , beau militaire, dit M. Badouret.

— En vérité, je ne sais ce qu'a ce soir M. Rifolet, mais il est d'une
nullité complète... Tenez, regardez, le voilà qui s'endort, dit gaiement Nanette.

— Je crois que le polisson est ivre , fi ! s'écrie madame Badouret.

— Au fait, il se pourrait que le cachet vert lui montât à la tête
en ce moment, répond Xavier en frappant sur l'épaule de Rifolet,
qu'il arrache brusquement à l'engourdissement où le plonge la quantité
de vin qu'il a bue.

— Rifolet, n'aurez-vous donc pas la galanterie de faire une fois
au moins danser ma nièce?

— Tout de suite ! tout de suite ! s'écrie le grand garçon en se
levant vivement, mais que la faiblesse de ses jambes contraint à
retomber aussitôt sur le banc.

— Merci, je ne veux pas d'un homme gris pour cavalier, dit la
jeune fille.

— A moi donc l'honneur d'être le vôtre, jolie Nanette, avec votre
permission et celle de la société, fait Belhumeur d'une voix doucereuse.

— Beaucoup d'honneur, monsieur, répond la lingère en s'inclinant
et baissant les yeux.

— Or c'est pour la prochaine donc ?

— Oui, monsieur.

— Ce farceur de bourgogne est excellent ! se dit le perruquier en
vidant son verre et le remplissant aussitôt.

— Monsieur Badouret, de la tempérance, s'il vous plaît.

— Silence, femme, laissez agir votre époux et maître selon sa
volonté ; comme dit le proverbe : Bon gré, mal gré, va le prêtre au
séné : or, inutile à vous de contrarier mes goûts.

— Soyez sans inquiétude, noble dame Badouret, le flacon est sain
au corps comme à l'esprit, et je suis là pour caler votre cher époux,
si le hasard voulait que mes politesses le fissent dériver en chemin.

— Militaire, laissons crier les femmes et jasons ensemble sérieusement... Que pensez-vous des affaires politiques, de la situation de
la France en ce temps de calamité, dit Badouret avec emphase et la
tête haute.

— En voilà d'une autre à présent ! parler politique dans une guinguette ! voulez-vous bien vous taire, monsieur Badouret ! s'écrie la
perruquière effrayée.

— Pour mon compte, je pense que j'enrage de savoir que le roi, poussé par les conseils de son orgueilleuse noblesse, vient de déclarer inhabile au grade de capitaine tout officier qui n'est pas noble de quatre générations, et d'interdir les autres grades à tout militaire roturier; je dis que le bon roi Louis XVI vient de faire là une brioche qui, plus tard, lui vaudra l'abandon de l'armée si jamais il a besoin de son bras : je dis qu'après semblable mesure, il n'y a plus rien à espérer pour le pauvre soldat qu'on sacrifie à une fainéante et libertine noblesse, dit Xavier avec humeur.

— C'est une infamie! une injustice révoltante! Mais patience, patience, militaire; car du train dont vont les choses depuis quelques années, il est facile d'entrevoir avant peu la ruine du régime absolu ; tant va la cruche à l'eau qu'à la fin elle se casse, dit le proverbe, termine Badouret en branlant la tête.

— Silence donc! monsieur Badouret, en vérité on n'est pas plus imprudent que vous, parler ainsi en plein public !

— Silence ! vous-même, femme! d'ailleurs que dis-je de si dangereux? je ne menace pas le roi, le bon Louis XVI , pour qui je donnerais à l'instant ma vie, afin de sauver la sienne si elle courait le moindre danger.

— Et moi tout mon sang, quoiqu'il vienne de me condamner à rester soldat, ou simple sergent au plus, le reste de mes jours ; et cependant je sens là que j'étais fait pour monter plus haut, pour acquérir un beau grade à la pointe de mon sabre, et faire parler de moi !... Mais se faire tuer obscurément, se battre pour rester toujours soldat ! duperie !...

— C'est juste! travailler sans profit décourage le plus hardi, dit le proverbe... A propos, militaire, avez-vous été voir le nouveau pont en construction ?

— Le pont Louis XVI , superbe morceau ! j'étais de faction hier auprès, quand le roi est venu inspecter les travaux, répond Xavier en remplissant les verres.

— Ah çà ! mais que sont donc devenus M. Merlandin et madame Lelièvre? il y a une demi-heure que la contredanse est terminée, et ils ne reviennent pas, fait observer Nanette.

— Ils se promènent sans doute dans le jardin; encore des gens impolis qui nous laissent de côté, répond la perruquière avec aigreur.

En ce moment, le signal de la danse se fait entendre, Xavier se lève, présente la main à Nanette, et tous deux vont se mettre en place.

— Rifolet, mon ami , vous avez l'air d'un imbécile avec ce visage pale et blême; voyons, éveillez-vous et buvons un coup, dit M. Badouret en secouant Rifolet par le bras, et l'arrachant ainsi à l'apathie dans laquelle le vin l'a plongé.

— Et la... l'ami Bel... Belhumeur ?... balbutie l'employé en écarquillant ses yeux et regardant tout autour de lui.

— Parbleu ! il fait danser ma nièce, que tu négliges, et près de qui tu dors comme un nigaud. Franchement, Rifolet, je crains fort, garçon, que tu ne parviennes difficilement au cœur de Nanette, et, malgré ma protection , que tes projets ne tombent dans l'eau.

— Du tout, du tout, père Badouret, je... je suis plus sûr que ja... jamais du cœur de ma... mademoiselle Nanette, grâce à... à mon ami Belhumeur, répond Rifolet avec difficulté.

A la danse, le beau garde-française emploie mieux son temps ; et, du ton le plus galant , débite cent jolies choses à la jeune lingère, auxquelles Nanette , timide et sage, répond avec modestie.

Dans un endroit écarté, entouré d'un épais feuillage, se sont retirés pour causer plus à l'aise l'amoureux Merlandin et la gentille madame Lelièvre, le premier sans réfléchir que sa femme doit s'inquiéter de sa longue absence , et la jeune femme se fiant sur l'éloignement de son mari, parti avec les deux marmots.

Nos deux personnages, en paix et sans défiance, se livraient donc aux tendres préludes d'un amour partagé, lorsqu'au bruit d'un baiser reçu et rendu, une femme perce le feuillage, se précipite sur madame Lelièvre, qu'elle terrifie par son apparition inattendue, et à laquelle elle applique d'une main vigoureuse un soufflet sur chaque joue.

— Ah ! coquine , c'est ainsi que tu déranges les ménages et t'empares du mari des autres ! Mille dieux ! je ne sais qui me retient de te briser les os ! s'écrie madame Merlandin, car c'était elle, d'un ton furieux, les yeux hors de la tête et les poings sur les hanches.

— Monsieur Merlandin, comment pouvez-vous souffrir que votre poissarde épouse insulte ainsi une femme honnête ? D'ailleurs est-ce de ma faute si, profitant de la solitude où vous m'avez entraînée malgré moi , il vous prend fantaisie de m'embrasser par force ? reprend madame Lelièvre en pleurant et se frottant les joues.

— Il est de fait que tout ceci n'était que pure plaisanterie, dit enfin Merlandin en s'efforçant de sourire, mais plus sot qu'un renard pris au piége.

— Taisez-vous, gredin, et ne cherchez pas à vous excuser; car depuis un quart d'heure, cachée dans ces arbres, j'ai tout vu et tout entendu. Ah! c'est ainsi, belle dame, que vous renvoyez votre homme à la maison, afin d'être mieux à même de faire vos farces ? Eh bien ! on aura soin de prévenir votre cher époux, pour qu'il vous administre une récompense à coups de tire - pied , madame la cordonnière... Et toi, grand lâche, grand flandrin, qui passes les trois quarts du temps à te reposer et le reste à ne rien faire , voila donc comme tu trompes

la femme assez bonne pour gagner ton pain ? Oh ! vilain museau! tu me payeras ça, j' t'en réponds!

— Madame Merlandin, encore une fois, vous êtes dans l'erreur; tout ceci , je vous le répète, n'était que pure plaisanterie, reprend le peintre.

— A d'autres de semblables balivernes!... Allons!... allons! décampons d'ici ou, je tape, s'écrie la marchande de marée en accompagnant ces mots d'un geste énergique qui engage madame Lelièvre à prendre la fuite pour se réfugier vers la table et près de M. et madame Badouret, à qui elle était en train de raconter la chose à son avantage lorsqu'elle fut interrompue par l'arrivée de madame Merlandin traînant son mari par le collet et le rudoyant de bonne sorte.

— Oui , parle, parle, drôlesse! je parlerai après, moi , et dirai aux vrais amis que t'es t'une coquine que je viens de surprendre dans les bosquets faisant l'amour avec mon homme ! s'écrie l'épouse offensée et furieuse en envoyant d'un geste son penaud de mari rouler sur le banc.

— Madame Merlandin, encore une fois, vous êtes une calomniatrice, et si la jalousie vous fait voir tout en mal, j'en suis désespérée ; mais tâchez au moins de ne pas en rendre victimes des femmes honnêtes qu'il plaît à votre libertin de mari d'embrasser malgré elles , répond madame Lelièvre se sentant forte en présence de témoins et redressant la tête.

— En v'là une effrontée ! une scélérate, qui, prise sur le fait, ose encore nier et parler de son honnêteté !

— Mon Dieu, madame Merlandin, ne criez pas si haut, vous vous faites remarquer.

— Tiens! ça vous est ben facile à avaler, vous , mame Badouret; mais si une effrontée vous soufflait votre homme, on verrait si vous seriez contente , et si vous goberiez ça doux comme miel.

— Madame Lelièvre, votre conduite est de la dernière indécence, permettez-moi de vous dire qu'on ne se conduit pas ainsi en société honnête, surtout une femme mariée , une mère de famille.

— Madame Badouret, encore une fois, gardez votre morale, car je suis d'âge à m'en passer, répond la cordonnière avec aigreur.

— Oh ! mais est-elle effronté, cette effrontée-là! s'écrie madame Merlandin.

— Peut-être, madame Merlandin, vous trompez-vous, car enfin votre mari me semble trop laid pour tourner la tête à une jolie petite femme comme mame Lelièvre.

— Beau ou laid, il est de son goût, à ce que j'ai vu de mes propres yeux, monsieur Badouret.

— Vous êtes folle , la femme ! reprend madame Lelièvre en haussant les épaules.

— Folle ! répète, encore , drôlesse ! et tu vas de nouveau sentir ce que pèse ma main sur ton visage.

— Je vous en prie, mesdames , cessez cette dispute , vous nous faites en vérité passer pour de la canaille , je suis fâchée d'être dans votre société.

— Soyez sans inquiétude, madame Badouret ; afin de ne plus vous faire rougir, on ne s'y retrouvera plus, dans votre société, car les gens qu'on y rencontre ne donnent pas envie d'y revenir.

— A votre aise, madame Lelièvre ; mais que ne la quittez-vous tout de suite?

— Si j'avais un cavalier pour m'accompagner, je ne vous embarrasserais pas longtemps.

— Il vous faudrait peut-être mon homme pour conducteur, ça vous irait, n'est-ce pas ? dit madame Merlandin d'un ton goguenard.

— Du tout! je n'aime pas les petits garçons, et l'air piteux de votre mari n'en imposerait pas assez à ceux qui seraient tentés de m'insulter en chemin.

A ce compliment, Merlandin fait une grimace atroce, puis essayant de sourire :

— Manière de plaisanter, dit-il bêtement.

En cet instant, reviennent de la danse, pour reprendre leurs places, Belhumeur et Nanette , dont les regards s'arrêtent avec surprise sur les visages consternés de la société, et qu'en peu de mots, malgré l'opposition de madame Badouret, madame Merlandin met au courant de l'aventure en apostrophant de nouveau madame Lelièvre, qui, rouge comme un coq et tremblante de colère, frappe sur l'épaule de Rifolet, qu'elle arrache à un profond sommeil, et le somme au nom de la politesse de la reconduire jusque chez elle.

Rifolet n'a pas compris, il bâille, s'étend, se frotte les yeux , et durant ce temps le ciel, qui menaçait depuis quelques instants, verse aussitôt sur la terre de grosses et larges gouttes d'eau accompagnées de violents coups de tonnerre.

Un orage ! sauve qui peut! et la pluie tombe à torrents.

Alors on se culbute, on s'entasse, on s'écrase à la porte du grand salon de la guinguette. Madame Lelièvre a entraîné Rifolet, après qui elle s'est cramponnée. Madame Merlandin, craignant de perdre son volage époux, s'est de même pendue après lui; M. et madame Badouret, ainsi que Nanette, ont fui tous ensemble vers un abri où les a entassés le galant garde-française, qui dans cette bagarre, s'est déclaré le guide et le protecteur de la famille du perruquier.

Une heure d'attente, et la pluie cessant, chacun regagne la ville et sa demeure au travers de larges et profondes flaques d'eau, madame Badouret au bras de son époux, tant soit peu aviné et chancelant, Nanette à celui de Belhumeur, ce dernier fier de sa nouvelle et gentille conquête.

II. — Les trois amoureux.

Quinze jours se sont écoulés depuis cette fameuse journée passée à la guinguette de l'Epée Royale, où madame Badouret a juré de ne plus remettre les pieds, où son époux a fait serment de retourner le plus tôt possible en faveur du bon vin qu'on y débite. La discorde a jeté la désunion dans cette société divisée, à laquelle le premier chapitre de ce livre nous a fait faire connaissance, et cela grâce à la conduite tout à fait décolletée de madame Lelièvre, à la jalouse humeur de madame Merlandin. Madame Badouret, craignant pour sa nièce les mauvais conseils et le mauvais exemple de la cordonnière, a défendu à celle-ci de remettre jamais les pieds chez elle, et la marchande de marée, sans cesse occupée à surveiller son mari séducteur, n'a plus trouvé un moment pour aller flaner chez la voisine. Rifolet, après avoir essayé une forte réprimande de madame Badouret sur son intempérance, est rentré complétement dans les bonnes grâces de la susceptible perruquière, et a reconquis le droit de venir chaque soir faire sa cour à la nièce de la maison, ou plutôt de rouler ses pouces en silence près de Nanette, à qui il n'a pas encore osé adresser un mot de sa passion, se contentant de l'admirer seulement à la dérobée, ce qui fait loucher le timide garçon d'une horrible manière. Une nouvelle connaissance s'est cependant impatronisée dans le domicile de la famille Badouret, et cette connaissance n'est autre que le beau garde-française Xavier, dit Belhumeur, accueilli en qualité d'ami de Rifolet et de nouvelle pratique de M. Badouret, qui s'est chargé de raser et de coiffer le jeune militaire, beau brun , âgé de vingt-quatre ans, enfant de troupe et fils de père et mère inconnus. C'était une excellente aubaine pour le bon perruquier que la connaissance d'un homme tel que Belhumeur, toujours joyeux et buvant sec, et consentant à passer tout le temps qu'il ne donnait pas au service avec le vieux bonhomme, qui avait trouvé en lui un rude adversaire au jeu de piquet, jeu favori du perruquier.

D'où résulte donc l'assiduité de Xavier chez les Badouret, bonnes gens ennuyeux, et dont l'âge assez avancé s'accordait peu avec celui du jeune militaire ? La chose est facile à expliquer, si le lecteur ne l'a pas encore comprise. C'est que tous les soirs, à six heures précises, une jolie fille, nommée Nanette, de retour de son magasin de lingerie, faisait sauter le loquet de la boutique du perruquier ; que cette jeune fille, libre alors jusqu'au lendemain matin, chiffonnait toute la soirée de jolis ouvrages. Malgré la surveillance active de la tante, le beau garde-française trouvait l'occasion de bourdonner quelques mots galants à la petite lingère, de lui faire sa cour, et cela à la barbe du pauvre Rifolet, être crédule , qui , se fiant sur les promesses d'un rival, s'imaginait que ce dernier, pourvu de sa procuration, parlait d'amour dans ses intérêts.

Une seule personne n'était point la dupe des assiduités de Belhumeur, et avait tout de suite deviné un amoureux dans le garde-française. Cette personne n'était autre que madame Badouret, qui, jalouse du repos et de l'honneur de sa nièce, ne jugeant pas un simple soldat un parti assez convenable pour Nanette, s'était promis d'éclaircir ses soupçons et de congédier Belhumeur au plus vite, même en dépit de son époux, grand partisan du jeune militaire. Maintenant, faisons plus ample connaissance avec Nanette, dont nous n'avons encore pu saisir le caractère, et pour cela, prenons la jeune fille au saut du lit, et suivons-la pendant une journée entière.

Six heures du matin viennent de sonner au coucou de la chambre à coucher des époux Badouret, chambre qui précède celle où, chaque nuit, repose la jolie fille ; et pénètre par un petit escalier situé dans l'arrière-boutique du perruquier.

A six heures Nanette se jette en bas de sa couchette, s'habille ; ensuite, se mettant à genoux devant le lit, baisse les yeux, croise les mains et fait sa prière avec recueillement. Car en 88 il était d'usage encore que toutes jeunes personnes adressassent matin et soir, leur prière à Dieu ; la mode est changée, c'est grand dommage, car on devait y gagner en bien.

Ce devoir accompli, Nanette descend à la boutique, embrasse les deux vieillards qui lui tiennent lieu de père et de mère.

A sept heures, la gentille lingère, un petit panier sous le bras, quitte son oncle et sa tante, pour s'éloigner d'un pas rapide. Elle longe le quai de la Ferraille, tourne le Châtelet, enfile la rue Saint-Denis. Elle atteint la place du Chevalier-du-Guet, et de là l'atelier de lingerie où , depuis deux ans, elle travaille en qualité de première et bonne ouvrière.

A midi, la maîtresse lingère fait appeler notre jeune fille. C'est une livraison à faire, une toilette de bal à porter chez la marquise de Chamalais, au faubourg Saint-Germain. A cet ordre, Nanette fait une jolie petite moue ; car elle aime peu à quitter le magasin, à courir les rues où chaque homme la regarde, la suit, lui dit qu'elle est adorable et faite au tour.

— Vous savez bien , Nanette , que c'est vous qui portez toujours l'ouvrage chez la marquise de Chamalais. Cette dame ne s'en rapporte qu'à votre goût du soin de lui essayer ses guimpes et ses collerettes. Le marquis est venu hier soir tout exprès, de la part de la marquise, pour demander que vous portiez vous - même cette toilette attendue avec impatience.

A cette observation, Nanette n'hésite plus, et un instant après elle quitte le magasin , chargée d'un léger carton, pour tourner ses pas vers le faubourg Saint-Germain. Elle entre dans un vaste hôtel. Un suisse, portant hallebarde, voyant passer Nanette, lui fait une grimace en guise de sourire, cela en qualité de connaissance. Elle entre dans une antichambre, où, sur de moelleuses banquettes , se prélassent une foule de laquais chamarrés d'or et de soie, dont l'un se détache pour conduire la lingère et l'annoncer chez la marquise.

Nanette est introduite près de la noble dame, jeune femme pâle et chétive, dont les traits expriment la bonté, la douceur, et qui fait à la jolie lingère un accueil amical.

— Je vous apporte votre robe de bal, madame la marquise.

— Elle doit être parfaite si vos jolis doigts l'ont confectionnée, ma petite Nanette... Allons me la montrer, mon enfant.

— Volontiers, madame.

Et Nanette étale aux yeux satisfaits de la dame le gracieux et riche vêtement.

— Je suis contente , mon enfant, votre ouvrage est fait à ravir... Nanette, ne voulez-vous donc pas accepter l'offre que je vous ai faite de venir vous fixer près de moi ?

— Je ne peux, madame la marquise. L'âge avancé de mes bons parents exige que je veille sur eux, que je sois là souvent, pour leur prodiguer des soins.

— Songez, mon enfant, que ce n'est point à titre de caménste que je désire vous voir fixée en cet hôtel, mais bien comme une compagne à qui je porte le plus grand intérêt, et dont la société m'aiderait à passer de longs instants de solitude. Car je hais le monde , et n'y veux pas suivre sans cesse mon époux.

— Combien, madame la marquise , je vous suis reconnaissante de tant d'intérêt ! mais encore une fois , je ne dois à ceux qui m'ont tenu lieu de père et de mère, à ceux qui, du fruit de leur travail, ont élevé mon enfance.

— Nanette, qu'à cela ne tienne, ils viendraient habiter ici près de vous.

— Alors , s'il en est ainsi, que madame la marquise me permette de les consulter, et leur volonté sera ma loi.

— Très-bien, mon enfant, en attendant prenez ce louis d'or pour vous récompenser de la peine que de vous vous êtes donnée en m'apportant cette robe.

— Madame est cent fois trop bonne et trop généreuse, répond Nanette en prenant la pièce.

— Nanette, je veux vous trouver un brave et honnête homme pour mari.

— Mes parents ont la même intention, madame la marquise.

— Ah ! auriez-vous déjà un prétendu, mon enfant ?

— Oui, madame, une espèce de prétendu.

— Expliquez-vous ?...

— C'est-à-dire, madame la marquise, qu'il vient à la maison, soi-disant pour me faire sa cour, un jeune homme ayant nom Rifolet...

— Que vous aimez ?...

— Que je ne peux souffrir, madame.

— Alors il faut le congédier.

— Je n'ose, car il est honnête et bon, mais bête ! bête !

— En vérité ! mais souvent ces gens-là font de très-bons maris, répond en souriant madame de Chamalais.

— Je le pense , mais mon cœur ne me donnera jamais le conseil d'en essayer avec Rifolet.

— N'importe, il faut vous marier, Nanette, au plus vite encore, car vous êtes trop jolie pour rester longtemps fille, dans un siècle comme le nôtre, où des seigneurs corrompus se font un jeu et une unique occupation de tromper les pauvres filles.

— Ah ! madame, c'est que je voudrais aimer celui que je prendrai pour époux, et pour cela, il faudrait qu'il fût bon, aimable et beau.

— Petite ambitieuse, qui vise à la perfection ! dit madame de Chamalais en souriant et de sa main donnant un petit coup sur la joue de la gentille lingère.

Après un instant d'entretien entre la dame et l'ouvrière, cette dernière prend congé de la marquise, et pour atteindre l'antichambre, traverse une longue suite d'appartements , puis trouvant une porte fermée contre l'ordinaire, elle voulut chercher un autre passage. Nanette s'égare dans un petit salon , et se voit bientôt enfermée tête à tête avec le marquis de Chamalais, bel homme d'une trentaine d'années, aux regards hardis, aux manières lestes et cavalières.

— Ah ! pardon, monsieur le marquis , de vous interrompre , mais m'étant égarée et cherchant mon chemin , je suis entrée par mégarde dans ce salon, dit la jeune fille les yeux baissés et faisant un pas en arrière pour se retirer.

— Ce salon ! mais je rends grâce au hasard qui vous y a amenée, ma ravissante Nanette ! oui , cet incident comble mes vœux les plus chers, car j'ai beaucoup de choses à vous dire, mon adorable enfant !

— Vous riez de moi, monsieur le marquis, qu'est-ce qu'un grand seigneur comme vous peut avoir à dire à une simple fille comme moi?

— Vous allez le savoir, Nanette, mais pour mieux entendre, asseyez-vous ici, à mes côté. Et la jeune fille, sans défiance, se laisse conduire vers un canapé où M. de Chamalais la fait asseoir près de lui, ce qui commence à intimider notre jeune héroïne.

— Parlez, monsieur, je vous écoute.

— Nanette, jolie Nanette! je suis amoureux de vous à en perdre la tête, dit le marquis en s'emparant de la main de la lingère et en se penchant amoureusement sur elle.

— Monsieur le marquis, est-ce là ce que vous avez à me faire entendre? s'écrie Nanette effrayée en essayant de se relever précipitamment. Mais le marquis la retient avec force.

— Oui, belle enfant, et n'est-ce pas une chose importante?...

— Non, monsieur, mais bien une plaisanterie que je vous prie de ae point prolonger davantage.

— Comment! seriez-vous assez modeste pour douter de l'empire de vos charmes sur les cœurs, et assez cruelle pour résister à mon amour?

— Monsieur, j'aime madame votre femme, elle m'honore de son estime, je suis une honnête fille, c'est vous dire que, quand même votre badinage serait chose sérieuse, je ne trahirais jamais l'amitié, la confiance et la vertu.

— Nanette, fille charmante! laisse là, crois-moi, de sots et ridicules préjugés; faite pour plaire et aimer, pour faire le bonheur d'un amant, garde-toi de repousser ma tendresse et le bien dont je veux te combler; djs un mot et je fais de toi une femme brillante, qui par sa grâce, sa beauté et son luxe, surpassera les plus grandes dames de la cour.

— Assez, monsieur, car c'est le déshonneur que vous m'offrez là; ah! je vous en conjure, revenez à de plus louables sentiments envers celle qui honore votre noble et bienfaisante épouse, qui, pour vous estimer encore, monsieur, oubliera cet entretien.

Nanette, en prononçant ces mots, s'était dégagée de l'étreinte du marquis, et avait quitté la place qu'elle occupait sur le canapé pour aller se réfugier à l'extrémité de la chambre.

— Ainsi, mon amour vous est odieux, Nanette, et de votre cœur je ne dois espérer nul retour? reprend le marquis en se levant aussi.

— Celui qui ne peut être mon époux ne doit jamais prétendre à ma tendresse.

— Enfant! qui préfère l'obscurité, le travail, la fatigue, à l'existence brillante, douce et joyeuse que je lui propose pour prix d'un peu d'amour et de complaisance!

— Quoi que vous en disiez, monsieur le marquis, sous la cornette et le tablier, la lingère conservera votre estime, celle de votre épouse; précieux sentiment pour mon cœur, qui se changerait en mépris de votre part si je consentais à la honte que vous m'offrez sous l'or et la soie.

— Oh! tu as beau t'en défendre, petit Caton en herbe, je ferai tant pour te plaire que toute ta raison ne te garantira pas contre mes désirs amoureux.

— Permettez-moi de me retirer, monsieur le marquis, dit Nanette en regardant la porte.

— Volontiers, ma toute belle, rien par force, pas même le baiser que j'implore et je peux prendre cependant, répond M. de Chamalais en riant et en s'approchant de Nanette, que ses bras se disposent à saisir.

— Encore une fois, monsieur, cessez de vous moquer d'une pauvre fille, et laissez-moi partir.

— Après le baiser, j'y consens.

— Un baiser! et de quel droit? à quel titre, monsieur le marquis?

— En vertu de l'amour que m'inspirent tes beaux yeux, ce regard enchanteur, cette taille divine, dit M. de Chamalais en saisissant vivement Nanette et en la pressant sur son sein.

— Pitié! monsieur, au nom du ciel, n'abusez pas de ma pénible position!

— Un baiser, te dis-je, femme adorable! ou j'en prends mille sur tes lèvres de rose.

Nanette tremblante, effrayée, se débat avec courage contre les étreintes du noble, qui, riant de cette vaine résistance et entraîné par la passion, comprime de ses lèvres les lèvres de la jolie fille, où il dépose plusieurs baisers amoureux.

— Monsieur, votre conduite est infâme, indigne d'un homme de votre rang!... Laissez-moi quitter ces lieux à l'instant même et pour n'y revenir jamais, si vous n'aimez mieux que mes cris attirent ici des témoins de votre audacieuse violence! s'écrie Nanette hors d'elle en s'arrachant des bras du marquis.

— Que ta volonté soit faite, inhumaine; mais souviens-toi que pour toi je suis fou d'amour, et que tôt ou tard il faudra que tu m'appartiennes.

— Jamais, monsieur! dit la lingère avec énergie.

— Bientôt! répond le marquis en souriant et en ouvrant la porte du salon afin de donner passage à Nanette, qui sans plus attendre s'échappe en courant et quitte l'hôtel.

De retour au magasin, notre jeune fille arrive tout émue et tremblante. Là, elle s'efforce de cacher son agitation en s'emparant aussitôt d'un ouvrage et en allant travailler dans le coin le plus retiré. Six heures sonnent, souvent c'est le signal du repos; Nanette, armée de son panier, quitte la lingerie pour regagner sa demeure. Elle fait quelques pas, puis elle entend prononcer son nom derrière elle, elle se retourne et pousse un petit cri, devient toute rouge en reconnaissant Belhumeur dans le beau garde-française qui suivait ses pas.

— Vous! monsieur Xavier?

— Oui, belle demoiselle, moi-même, qu'un heureux hasard réunit à vous en ce moment fortuné.

— Vous vous rendiez chez mon oncle, monsieur Xavier?

— Comme vous dites, charmante Nanette, et si le bras d'un militaire n'effarouche pas votre vertu, veuillez lui confier le vôtre, reprend Xavier en arrondissant le sien et en le présentant à la jolie lingère.

— Merci, monsieur Belhumeur, honorée de votre offre, mais nous voilà dans mon quartier: les voisins ne manqueraient pas de médire s'ils me voyaient au bras d'un jeune homme.

— Allons côte à côte, si vous voulez bien le permettre.

— Volontiers, monsieur Xavier.

— Savez-vous, mademoiselle Nanette, que vous êtes terriblement jolie.

— Vous êtes trop honnête, monsieur Xavier.

— Saparbleu non! car je ne dis que la vérité... Ah! fichtre! si j'étais assez heureux pour vous plaire, mademoiselle, il n'y aurait pas sous la calotte des cieux un scélérat plus joyeux que moi.

— Mais vous ne me déplaisez pas, monsieur Xavier.

— Vrai! parole d'honneur? Ah! bigre, voilà qui me flatte sensiblement... Eh bien! vous êtes loin de me déplaire, aussi est-ce pour mieux admirer vos beaux yeux, entendre votre gentille petite voix, douce et caressante, que chaque jour je me rends chez votre oncle, brave homme, quoiqu'un peu licheur... Enfin, belle Nanette, pour parler en franc soldat, qui n'y va pas par trente-six chemins, sachez que je vous aime à en perdre la tête et l'esprit.

Nanette, à cette brusque déclaration, rougit, baisse les yeux et reste muette.

— Eh bien! qu'en pensez-vous, délicieuse jeunesse? l'hommage de Belhumeur vous effarouche-t-il au point de vous ôter la parole et ne consentez-vous pas à le payer de retour?...

— Vous êtes trop pressant, monsieur Xavier, et donnez à peine aux gens le temps de se reconnaître... Vous m'aimez, dites-vous, c'est charmant; mais Nanette est sage et a juré de n'aimer que celui qui consentirait à en faire sa femme légitime.

— Le conjungo, compris! telles sont les intentions de votre humble adorateur, belle amie, aussitôt que mon colonel, d'après promesse faite, lui aura sardiné l'avant-bras, autrement dit, l'aura nommé caporal.

— Ah! et pourquoi pas avant? demanda Nanette.

— Parce qu'il est défendu aux simples troupiers d'aspirer aux liens de l'hyménée.

— Monsieur Xavier, nous voici sur le quai de la Ferraille, séparons-nous, je ne veux pas qu'on nous voie ensemble, cela ferait jaser, dit Nanette en s'arrêtant tout court sous le grand Châtelet.

— Vos désirs sont des ordres supérieurs pour votre humble adorateur, superbe lingère, mais avant de nous séparer, ne m'accorderez-vous pas un mot d'espérance.

— Monsieur Xavier, je vous permets de parler à mon oncle.

Cela dit, Nanette s'échappe en courant et disparaît bientôt aux regards du garde-française. Xavier, après être demeuré quelques instants en place, se disposait à gagner la boutique du percruquier Badouret, dont il apercevait au loin la maison peinte en bleu et parsemée de fleurs de lis presque jusqu'aux gouttières, lorsqu'il se sentit tirer par le pan de son habit.

— Ah! c'est toi, Paltoquet?

— Oui, moi, Rifolet, qui depuis un instant vous observe de loin causant avec ma belle future.

— Dans tes intérêts, mon petit gabelou, rien que dans tes intérêts.

— C'est que je pensais, militaire... Ah çà! que lui disiez-vous?

— Je sondais son cœur à ton égard, mon petit muguet, je lui demandais si, pour ta personne, elle se sentait un brin d'inclination.

— Ah! eh bien?...

— Eh bien! elle m'a répondu que ça viendrait peut-être, mais que pour le moment, bernique!

— Quoi! elle vous a dit cela? Elle ne m'aime pas encore, l'ingrate, pour laquelle je soupire depuis un siècle, à qui mes yeux parlent sans cesse d'amour?

— Mon, pas encore; mais ce qui la flatte infiniment en toi, c'est ta retenue, ton silence; elle appelle cela de la modestie, et ça l'enchante.

— En vérité, militaire?

— Comme j'ai l'honneur de te le dire; aussi je t'engage à continuer sur le même ton, à soupirer en secret, et tu réussiras infailliblement près de la particulière en question.

— Alors, je me garderai fort d'ouvrir la bouche en sa présence, du moins pour ce qui concerne ma flamme, et je vous laisse, militaire, le soin d'attendrir la rebelle en ma faveur.

— Soit! compte là-dessus gabelou, et hâte-toi, afin que je l'offre de ta part, de faire emplette, près de cette gentille jardinière, d'un élégant bouquet.

— Bien pensé! militaire, cette galanterie flattera infiniment Nanette, qui adore les fleurs, preuve les capucines et les pois de senteur qui ornent la fenêtre de sa chambrette.

Cela disant, Rifolet, dont la jardinière s'était approchée d'après un signe de Belhumeur, choisissait le plus beau bouquet de tous ceux qui couvraient l'éventaire, bouquet qu'il remet à Xavier avec recommandation de l'offrir au plus vite et dans toute sa fraîcheur. Ensuite il s'éloigne, afin de ne revenir qu'une heure après rejoindre le garde-française et s'assurer du succès de sa galanterie. Belhumeur, resté seul et armé du bouquet, sourit dans sa barbe, puis se dirige vers la demeure de Nanette, tout en lissant et relevant sa moustache avec coquetterie.

— Pékin, je voudrais qu'elle t'adorât avant huit jours.

— Mille bombes! superbe occasion! se dit-il en apercevant sur le le pas de la boutique du perruquier la jeune lingère seule et en train de travailler. Nanette de son côté vient aussi d'apercevoir le beau militaire qui venait à elle en se dandinant avec grâce et légèreté, une main sur la hanche, et l'autre, celle qui tient le bouquet, placée derrière le dos.

— Salut à la reine du quai de la Ferraille, à la nymphe des bords de la Seine! dit Xavier souriant avec galanterie en s'approchant de la jeune fille.

— Bonsoir, monsieur Belhumeur.

— Pourrait-on, fine fleur des lingères passées, présentes et futures, prendre la liberté de vous offrir votre image, traits pour traits, dans ces roses réunies au jasmin, à l'œillet, à la pensée et à l'immortelle; cette dernière, emblème de l'amour éternel que vos charmes m'ont inspiré! dit Xavier le coude appuyé nonchalamment sur le dossier de la chaise occupée par Nanette et présentant le bouquet avec un gracieux tour de main.

— Oh! le beau bouquet! qu'il est frais et de bon goût! s'écrie la jeune fille en acceptant les fleurs.

— Absolument comme vous, ma ravissante lingère... Mais où est donc cette estimable maman Badouret?

— En course dans la ville, pour ne rentrer que ce soir.

— Accompagnée sans doute de son tendre époux?...

— Non, car mon oncle est en ce moment avec M. Levièvre, notre voisin, au cabaret de la Pomme-du-Pin, répond Nanette.

La jolie fille est donc seule au logis, et cette pensée fait sourire le garde-française d'espoir et de bonheur. Malheureusement Nanette, en train de travailler sur la rue, ne semble pas du tout disposée à rentrer dans la maison, ce qui déroute Xavier, parce qu'en plein quai, en vue des voisins, des allants et des venants, il est difficile de conter fleurette et de s'émanciper avec une fillette; or, il s'agissait donc de trouver un expédient pour faire rentrer Nanette dans la

boutique, afin de mettre à profit l'absence de l'oncle et de la tante. Après avoir réfléchi un instant:

— Belle Nanette, ne trouvez-vous pas, dit Xavier, que la soirée devient fraîche, humide, et dangereuse pour votre mignonne personne?

— Mais non, monsieur Belhumeur, je trouve, au contraire, qu'il fait une chaleur étouffante ce soir.

— C'est donc ça qui m'altère et me rend le gosier sec comme un sac à farine?

— Vous avez soif? Que ne le disiez-vous tout de suite, monsieur Belhumeur? répond Nanette en se levant pour aller chercher du vin et rentrant dans la maison, où la suit le militaire jusqu'à l'arrière-boutique. Nanette s'empresse d'atteindre une bouteille et un verre, et de sa main blanche et potelée de verser rasade au jeune homme.

— A votre santé, mon adorable.

— Merci, monsieur Xavier.

— Monsieur! que ne dites-vous Xavier tout court, cela me rendrait heureux et fier?

— Oh! je n'oserais, monsieur Xavier.

— Et moi, jolie fille, j'oserai te dire que je t'adore, qu'il me faut ton cœur, ton amour, et qu'en revanche je m'engage à être ton fidèle amant, ton époux, avec la permission de mon colonel.

Ainsi disant, Belhumeur avait passé son bras autour de la taille svelte de Nanette, qu'il pressait sur lui avec ivresse et amour.

— Dame! je vous ai dit, monsieur Xavier, qu'il fallait parler à mon oncle.

— Volontiers, mais pas avant que ta bouche gracieuse, chère Nanette, ne m'ait accordé que tu consens à payer d'un vif retour ma brûlante passion... Réponds, Nanette, dis que tu m'aimes, et qu'un baiser de toi m'en donne l'assurance, alors je fais tout pour devenir ton époux.

— Laissez-moi, ne me pressez pas ainsi, monsieur Xavier, cela me fait peur.

— Nanette! jolie Nanette! c'est à tes pieds que j'implore un mot d'amour, celui qui doit faire le bonheur de ma vie, s'écrie le garde-française en mettant un genou en terre et baisant avec transport la main de la jeune fille dont il s'est emparé.

Nanette n'ose répondre, elle est rouge, agitée, son cœur bat avec force. Xavier devient plus pressant, de la main de la jeune fille sa bouche s'élance jusqu'aux lèvres de la lingère. Nanette étourdie, au lieu de se défendre, répond à ses caresses, et le mot: Je vous aime! s'échappe de ses lèvres humides.

— Ah! Xavier, au nom du ciel! n'abusez pas de cet imprudent aveu, et hâtez l'instant de notre mariage! ajoute Nanette suppliante.

Le militaire la presse sur son sein en la couvrant de baisers.

En ce moment la porte de la boutique vient à s'ouvrir, la jeune fille s'échappe des bras de Belhumeur, pour aller cacher son trouble, sa rougeur, dans sa chambrette, sans s'inquiéter du visiteur qui s'avance, et dans lequel Xavier reconnaît Rifolet.

— Tiens! vous êtes seul, militaire! où est donc mademoiselle Nanette?

— Dans sa chambre, sanctuaire impénétrable d'où j'attends qu'elle descende.

— Et le bouquet, militaire?...

— Accepté!

— Quel bonheur! Elle doit avoir trouvé la chose de bon goût?

— Sans doute, répond Xavier avec indifférence, occupé qu'il est de friser ses moustaches devant un petit miroir.

— Vous le lui avez offert de ma part?

— Non, de la mienne.

— Cependant, militaire, ce n'est pas là ce dont nous étions convenus...

— Possible, paltoquet! mais la belle paraissait peu disposée à m'entendre lui parler de ta passion, et pour la mettre en bonne humeur et me faire accueillir favorablement, j'ai cru devoir lui offrir ces fleurs de ma propre part.

— Alors, elle vous a écouté?

— Oui!

— Que lui avez-vous dit?

— Un tas de bêtises.

— Sur mon compte?...

— Un peu!

— Merci du service, dit Rifolet avec humeur.

— Mais des bêtises aimables, qui l'ont fait rire et bien disposée en ta faveur.

— Vraiment! contez-moi donc ça, militaire.

— Une autre fois, gabelou, car voici le respectable Badouret qui, en société d'un quidam, revient du cabaret de la Pomme-du-Pin, répond Belhumeur en voyant entrer le perruquier suivi de M. Lelièvre, tous deux passablement avinés et discutant avec chaleur.

— Oui, voisin, je le répète, c'est abominable d'oser proposer l'abolition des priviléges du clergé; aussi, que le contrôleur Calonne y prenne garde, car, comme dit le proverbe: de la main à la bouche se perd souvent la soupe; bien mal acquis ne profite jamais; celui qui cherche le péril ne manque pas d'y périr! criait le perruquier, plus rouge qu'un homard en entrant dans sa boutique sans faire attention à Xavier ni à Rifolet.

— Mais songez donc, voisin, qu'avec les richesses de cet ordre, Calonne se propose de combler l'abîme où est près de s'engloutir la monarchie ; songez donc que le déficit financier est de neuf cent trente-huit millions, qu'il n'est plus possible de marcher, tout crédit étant anéanti, répond flegmatiquement M. Lelièvre.

— S'il en est ainsi, et que ce soit pour sauver la monarchie, j'approuve ; car vive la monarchie ! vive Louis XVI, notre roi bien-aimé ! s'écrie M. Badouret, qui pirouetta, faillit tomber, et se retint en s'accrochant au garde-française.

— Ah ! ah ! c'est vous, cher ami ? et toi aussi, Rifolet ? Que faites-vous donc là tous deux, au lieu de venir trinquer avec le voisin Lelièvre et moi ?

— Nous gardions la boutique, père Badouret, répond Rifolet.

Le père Badouret.

— Eh ben ! où est donc Nanette, ma nièce, que j'avais mise en faction à la porte, avec consigne de venir me chercher à la Pomme-de-Pin si elle voyait revenir ma femme ?

— Dans sa chambre, estimable perruquier, répond Xavier.

— Ah ! oui, l'innocence aura été effrayée de se trouver en tête-à-tête avec deux garçons.

Comme Badouret terminait ces mots, la porte s'ouvre avec violence et donne entrée à madame Lelièvre, qui, le visage animé, le regard sévère, s'approche vivement de son mari, qu'elle saisit par le collet de l'habit.

— C'est donc ainsi, monsieur mon homme, que vous enfreignez mes ordres ? Ne vous avais-je pas défendu de remettre les pieds dans cette maison, et d'aller au cabaret avec ce vieil ivrogne de perruquier ?

A ces paroles, Lelièvre baisse le nez et reste muet.

— Dites donc, petite mère, est-ce que vous avez peur que nous ne donnions un peu de malice à votre mari, que vous l'empêchez de nous fréquenter ? répond Badouret.

— Qu'est-ce que vous dites, vieux sac-à-vin ? Il vous sied bien de m'adresser la parole après la conduite insolente que votre pie-grièche de femme a tenue à mon égard lors de notre partie à l'Epée Royale, et après avoir eu la malhonnêteté de me défendre de remettre les pieds chez elle, dois-je permettre que mon mari vienne s'y débaucher ?

— Madame, la maison de mes parents est une demeure honnête où personne ne puise de mauvais principes, s'écrie Nanette attirée par le bruit, et qui en entrant dans la boutique a entendu les dernières paroles de la cordonnière.

— Tiens-vous ça ? mademoiselle Tralala qui se mêle de ce qui ne la regarde pas ! répond la cordonnière.

— Madame, je ne souffrirai pas qu'on insulte ma famille, et vous êtes une impertinente, riposte Nanette avec fermeté.

— Voyez à quoi vous m'exposez, monsieur Lelièvre, en me forçant de venir vous chercher dans cette maison, à être insultée par chacun ; or, commencez par aller vers notre boutique, afin de voir si j'y suis.

A cet ordre de son épouse, Lelièvre gagne la porte en murmurant et au bruit des éclats de rire de M. Badouret, Xavier et Rifolet.

— Allons, petite mère, point de colère, c'est bête et cela gâte votre gentil minois, dit Xavier en riant et essayant de s'emparer des mains de madame Lelièvre. En cet instant paraît un autre personnage, madame Badouret enfin, qui, de retour de ses affaires, reste frappée de surprise à la vue de la cordonnière se débattant contre les attaques de Belhumeur.

— Que se passe-t-il donc ici ? demande la dame avec sévérité.

— Une scène que je viens faire à votre ivrogne de mari, qui se permet sans cesse de débaucher le mien, et que je défends absolument, entendez-vous, madame Badouret ? répond la cordonnière avec sécheresse.

— En effet, monsieur Badouret a grand tort et devrait m'imiter.

— Qu'entendez-vous par ces mots, madame la perruquière ?

— J'entends par là, madame la cordonnière, que lorsque la conduite déréglée des gens m'a contrainte de leur fermer ma maison, mon mari, à mon exemple, devrait rompre toutes liaisons avec eux.

— Notre conduite déréglée ! excusez ! ne faites donc pas tant la susceptible, madame Badouret, vous, dont la demeure est le rendez-vous des galants de votre nièce.

— Insolente ! s'écrie la perruquière en levant la main sur madame Lelièvre, mais que Belhumeur retient à propos.

— Oh ! vous avez beau vous emporter, on sait dans tout le quartier qu'il vous a plu, malgré vos semblants de beaux principes, de donner pour amoureux à votre fille ce beau militaire qui ne bouge d'ici ni plus ni moins que la grosse solive de votre plafond, ce qui ne vous empêche pas, par précaution, de souffrir de plus et en qualité de futur prétendu cet imbécile de Rifolet.

— Halte là ! mille bombes ! cordonnière de mon cœur, car vous mettez les pieds dans le plat, s'écrie Belhumeur.

Crochard, serrurier de l'arche Marion, et Suçotte Frenouillet, deux farceurs finis.

— Jour de Dieu ! madame Lelièvre, hâtez-vous de sortir d'ici, ou je ne réponds plus de ma colère ! reprend la perruquière hors d'elle, en grinçant les dents et montrant le poing à la cordonnière, qui, après avoir riposté avec insolence, quitte la place en ricanant et en faisant entendre des paroles de haine et de vengeance.

— Eh bien ! monsieur Badouret, vous voyez à quoi vous nous exposez, à être insultés dans notre propre demeure ! voilà ce qu'on gagne à fréquenter la canaille, dit la perruquière après le départ de madame Lelièvre.

— Dame ! tu sais, femme, que je suis un profond politique, que j'aime à jaser gouvernement, et que ce pauvre Lelièvre, si bête en présence de son épouse, est un malin en fait d'affaires publiques ; or, qui se ressemble s'assemble ! dit M. Badouret.

— Quant à vous, jeunes gens, vous venez d'entendre de la bouche de cette vipère la réputation que me vaut votre continuelle présence ici, il faut donc que cela finisse d'une manière ou d'une autre, faut nous expliquer tout de suite et franchement ; toi, Rifolet, tu veux Nanette pour femme ?...

— O... ou... oui, répond Rifolet en tremblant et en balbutiant.

— Et toi, Nanette, reprend madame Badouret, veux-tu de ce garçon pour ton mari ?...

— Non, ma tante, répond Nanette avec fermeté en fixant Belhumeur dans les yeux de qui elle a puisé la force nécessaire pour faire cette franche réponse.

— Alors, Rifolet, inutile à toi, mon garçon, de perdre désormais ton temps ici, puisque Nanette ne te veut pas pour mari, fais-nous donc le plaisir de suspendre tes visites ; car désormais la porte ne s'ouvrira plus pour toi qu'une fois par mois et en qualité d'ami.

— Cependant, madame...

— Allons ! silence, et décampe à l'instant, Rifolet. Maintenant, à vous, mon brave, je viens de vous découvrir dès le premier jour les intentions sournoises ; vous saurez qu'en qualité de simple soldat, je ne vous trouve pas un parti assez éminent pour Nanette, à qui nos moyens permettent de donner douze cents francs en mariage. Ainsi donc n'espérez rien avant que vous soyez caporal, et, en attendant, veuillez de même cesser vos visites chez nous.

— A ces mots, prononcés par sa tante avec fermeté, le cœur de Nanette bat et s'oppresse. De ses yeux s'échappent, malgré elle, un torrent de larmes.

— Comment ! Belhumeur aussi, une de mes meilleures pratiques, tête et queue à poudrer tous les jours ! fait observer M. Badouret.

— Je m'en moque ! l'honneur de ma nièce m'est plus précieux que la pratique ! répond la perruquière.

— Çà, susceptible maman Badouret, n'y a-t-il pas moyen de s'expliquer et de vous rendre plus traitable ? dit Xavier d'un ton grave.

— Je ne veux rien entendre ; devenez caporal ou sergent, et je vous écouterai alors.

— Mille bombes ! faut-il qu'une femme ait le cœur assez dur pour résister au désespoir de deux amants infortunés ! reprend Belhumeur en frappant du pied.

— Femme, t'es trop sévère aussi ; tiens, regarde cette pauvre petite Nanette, comme elle est en larmes, ni plus ni moins qu'une gouttière ! ça me fend le cœur, dit en soupirant M. Badouret.

— Je vois que ma décision est bonne quoique prise un peu trop tard. Quant à toi, petite sotte, dépêche-toi de monter dans ta chambre, et plus vite que ça encore ; vous, Belhumeur, prenez la porte, et lestement, car j'entends le rappel, et vous frisez la salle de police ; toi, Rifolet, je t'engage à prendre un air moins consterné et à suivre monsieur.

Cela dit, Rifolet obéit en poussant d'énormes soupirs : il suivit les pas de Belhumeur ; celui-ci, cherchant à dissimuler son dépit, se retira la tête haute et en caressant sa moustache.

III. — Le danger d'aller deux aux champs.

— Ne me parlez plus des femmes, militaire, car près d'elles je suis le plus malheureux des hommes.

— En vérité !

— Comme j'ai l'honneur de vous le dire, cher ami. Enfin, jugez de mon guignon auprès de ce sexe perfide en apprenant, hélas ! que la belle Nanette n'est pas la seule qui ait repoussé ma flamme et le doux nom de mon épouse, mais qu'une demi-douzaine d'autres femmes avant elles m'ont déjà fait essuyer cet affront. Ah ! c'est à s'en désespérer à se faire capucin par dépit !

— Eh ! capucin, la profession n'est déjà pas tant à dédaigner ; métier de fainéant, où l'on vit et boit à son aise ; foi de Belhumeur ! si je n'étais garde-française, je me ferais frère cordelier.

— Laissez donc ! joli garçon, vainqueur auprès des belles, vous feriez cette bêtise ? bon pour moi, vilain tout laid, que le sexe repousse.

Ainsi causaient Xavier et Rifolet, quinze jours après leur bannissement de la maison Badouret, tout en vidant, après dîner, une pinte de vin blanc à la cantine de la caserne, où l'employé aux gabelles, devenu l'inséparable de Belhumeur, était venu rejoindre ce dernier.

— Ah çà ! mais reprend le militaire, tu ne te consoles donc pas, camarade, des dédains de la jolie lingère et du refus qu'elle a fait de ta personne ?...

— M'en consoler, jamais ! aussi, pourquoi suis-je assez nigaud pour me faire souffler le cœur de la femme que je convoite ?

— Je ne comprends pas, camarade, répond Xavier en bourrant sa pipe.

— Et moi, j'ai bien compris, Belhumeur, qu'au lieu de parler pour moi à Nanette, vous avez parlé pour vous.

— C'est possible ! en tout cas la faute en est au dieu Cupidon, qui, en me montrant ta maîtresse si jolie, m'a fait trahir la confiance que l'amitié avait placée en moi.

— C'est égal, voilà un mauvais tour que vous m'avez joué là et dont je devrais me garder rancune ; je ne sentais la force. Cependant, ce qui me console dans le malheur, c'est que vous en avez été, ainsi que moi, pour vos frais, beau conquérant des cœurs ! car la maman Badouret a mis bon ordre à vos desseins perfides.

— En me congédiant impoliment. Mais laissons là cette aventure, oublions notre rivalité, et qu'à cette bouteille qu'ensemble nous venons de vider à notre sincère et durable amitié, une autre succède aussitôt.

— Ça va ! Ce parti pris, Belhumeur, frappant sur la table avec la poignée de son sabre, fait accourir une jeune fille grasse, fraîche et souriante.

— Que désirent ces messieurs ?

— Une bouteille, petite Toinon.

— Voilà, messieurs.

Et la jeune fille s'éloigne.

— Peste ! un gentil petit morceau, dit Rifolet, dont les yeux n'ont cessé de fixer la jeune servante.

— Fille à marier, enfant d'un vieux troupier mort au champ d'honneur, répond Belhumeur.

— Ah ! elle est orpheline ? interroge Rifolet.

— De père, mais ici est sa maman, mère Marie Chacal, cantinière du régiment... Parbleu ! il me vient une idée !

— Laquelle, militaire ?

— C'est de te marier avec cette jolie et bonne fille, dont la dot n'est pas à dédaigner, grâce à l'intelligence et au travail de sa mère.

— Non, militaire, j'ai trop de guignon, ça raterait encore, et ça serait la huitième passion qu'il faudrait rentrer.

— Ainsi, tu refuses décidément ?...

— Dame ! si j'étais certain de réussir...

— Qui ne risque rien n'a rien ; essaye, gabelou.

— Comment m'y prendre, alors ?

— A l'opposé de la manière dont tu t'y es pris avec la nièce de Badouret, c'est-à-dire, qu'il te faut avoir du toupet, de la témérité, venir souvent en cette cantine, y faire les yeux doux à Toinon, et te faufiler adroitement chez sa mère, dont le domicile est hors de la caserne et tout ici près.

— Mon bon Xavier, avant de prendre un parti, j'ai besoin de revoir encore la jolie Toinon.

— Rien de plus facile ! Ces derniers mots dits, Belhumeur frappe de nouveau sur la table, ce qui fait accourir la jeune cabaretière.

— Toinon, encore une bouteille et un mot, dit le garde-française en prenant la jeune fille par la main.

— Parlez, Belhumeur, je vous écoute, dit Toinon en souriant et en montrant une rangée de dents blanches comme la neige.

— Toinon, votre cœur est-il libre ?

— Dame ! oui, à ce que je crois.

— Toinon, votre respectable mère consentirait-elle à vous lancer dans les liens de l'hyménée ?

— Dame ! ça se pourrait bien tout de même.

— Toinon, voulez-vous devenir la femme adorée d'un jeune et tendre gabelou ?

— Dame ! s'il me plaisait, tout de même.

— Voilà l'aspirant à votre possession ; regardez, Toinon, et répondez, reprend Belhumeur en indiquant Rifolet, qui, fort mal à son aise durant l'inspection, rougit et s'agite sur son banc.

— Dame ! monsieur n'est pas trop beau ; mais avec le temps il est possible que je m'y fasse, et que je l'accepte, dit la jeune fille d'un ton sérieux, après avoir reluqué l'employé aux gabelles.

— Toinon ! pas de faux-fuyant, répondez, permettez-vous à mon ami Rifolet de vous adresser ses hommages, et de vous demander à votre mère en qualité d'épouse légitime ?

— Dame ! qu'il commence par m'en conter un petit brin, et s'il ne me déplaît pas trop, je lui permettrai d'en parler à ma mère.

— Vivat ! voilà qui marche tout seul... à toi, gabelou, d'user de la permission ! s'écrie Belhumeur en riant.

— Vous êtes bien bonne, mademoiselle, dit Rifolet en ôtant son chapeau pour saluer Toinon.

— Ce n'est pas ça, n'igaud ! seras-tu toujours cornichon ? prends cette main et la baise ; puis, envoyant au diable ta sotte timidité, dis à cette jolie fille : — Toinon, je te veux pour ma compagne, pour ma femme, je suis un bon enfant ; je te rendrai heureuse comme une reine ; hâte-toi de m'aimer aussi, puis en avant la noce et les violons !

— Oui ! voilà ça, je vous aime, adorable cantinière ! aimez-moi vite, et en avant la noce et les violons ! s'écrie Rifolet cette fois de travers et en saisissant la jeune fille, qu'il embrasse, non sur la main, mais sur son visage rosé.

— Ah ben ! vous êtes un fameux lapin et drôlement hardi, monsieur Grifouillet, fait Toinon en riant, mais après avoir accepté le baiser d'assez bon cœur.

— Bravo, gabelou ! bravo ! je n'aurais pas mieux fait moi, qui s'en pique, dit à son tour Belhumeur.

— Dites donc, dites donc, farceur, il ne faudra pas comme ça aller vot' train devant mère Chacal au moins, car elle ne badine pas, et vous donnerait une drôle de danse.

— Pas de danger, ma reine, je saurai choisir le moment propice, répond Rifolet, qui, alléché par un premier succès, veut réitérer l'embrassade, mais auquel en se sauvant Toinon jette un verre de vin en pleine face.

— Ah ! que c'est bête ! Mais c'est égal, j'ai été terriblement entreprenant, dit Rifolet en essuyant son visage et ses habits.

— Gabelou, je suis on ne peut plus satisfait de ta conduite, continue à être ainsi audacieux, et tu feras ton chemin auprès des belles ; maintenant paye l'écot et séparons-nous, car l'amour m'attend dans les bras d'une superbe particulière, et la galanterie me dicte d'être exact au rendez-vous.

— Ah çà ! mon cher, c'est donc toujours mon tour à payer ?

— Comme tu dis, gabelou, vu que je suis en ce moment brouillé avec la monnaie ; au surplus, c'est bien le moins que tu régales ton maître en l'art de plaire.

— C'est assez juste, militaire, car c'est à vous que je suis redevable de la scélératesse dont je viens de faire preuve tout à l'heure : Dieu de Dieu ! ai-je été entreprenant ! Après quelques mots encore, les deux amis se séparèrent, Rifolet pour aller vaquer aux occupations de son emploi, Xavier pour cingler vers la place du Chevalier-du-Guet, près de laquelle il se met en sentinelle dans le renfoncement d'une allée.

Il y avait quelques minutes que le garde-française faisait faction, lorsqu'au coup de la sixième heure du soir, Nanette passant fut escortée par Xavier, et qui la jolie fille, sans paraître surprise, adressa un sourire d'intelligence.

— Vous, Xavier, toujours exact ! dit Nanette en passant son bras sous celui du militaire.

— Toujours, ma toute belle, et de plus amoureux de vous jusqu'à la mort.

— Ah ! Xavier, je suis bien coupable en trompant, ainsi que je le fais chaque jour, la confiance de mes parents en me promenant et en causant tous les soirs avec vous, tandis que ma tante est persuadée que nous ne nous revoyons plus.

— Oui, enfoncée la tante ! mais aussi pourquoi cette brave dame Badouret s'avise-t-elle de jeter des bâtons au travers de nos sentiments, et de congédier impoliment de sa maison le plus tendre des amants ?

— Hélas ! à quoi lui a servi cette sage précaution, puisque son indigne nièce, oubliant la sagesse, la prudence, vous voit et vous écoute chaque jour? dit en soupirant Nanette.

— Allons, ma tourterelle, ne roucoulons pas avec chagrin ; vive l'amour ! vive la joie ! et ne voyez dans votre humble adorateur qu'un homme qui vous respecte et qui vise au bon motif.

— Oui, c'est ainsi que je l'entends, Xavier ; mais, hélas ! quand vous sera-t-il permis d'être mon mari ?

— Patience : bientôt, ma colombe, car un mien cousin, chef de cuisine chez un grand seigneur, m'a promis la protection de son maître, grand ami de mon colonel.

— Quel bonheur! dit Nanette en regardant autour d'elle. Mais, Xavier, vous m'écartez trop de mon chemin, nous voilà près de la Bastille ; chaque jour vous en faites autant, aussi me faites-vous gronder par ma tante.

— Ma reine, il fait grand jour, le temps est superbe, et il me serait doux de goûter un instant avec vous l'air pur des champs.

— Y pensez-vous? pour rentrer à neuf heures ! pour que ma tante apprenne notre escapade! non, non, retournons, Xavier.

— Soit; mais nous sommes seuls sous ces arbres du quai, donnez-moi un baiser, Nanette ?

— Un seul, j'y consens. Et Belhumeur, usant de la permission, en prend vingt et en reçoit autant.

— Ma tourterelle, vous verrai-je demain ?

— C'est demain dimanche, Xavier, et sur l'après-midi, j'accompagnerai mon oncle à la promenade, car par ordre de ma tante, qui, se méfiant de la passion de son mari pour le vin, m'envoie avec lui en qualité de mentor.

— Superbe, mon adorable! Et où porterez-vous vos pas ?

— Vers les Porcherons, m'a dit tout bas mon oncle.

— Encore plus beau, ma chérie !

— Pourquoi cette hilarité, Xavier? demande Nanette.

— C'est que demain votre adorateur, ma divine, jouit d'une permission de dix heures, et qu'il se propose, se trouvant aux Porcherons et sur votre passage, d'offrir une politesse au cher oncle Badouret.

— O ciel! et si ma tante vient le savoir ?

— Son cher époux se gardera fort de lui conter la nouvelle, répond Belhumeur.

— Eh bien donc, à demain à trois heures de l'après-midi, Xavier.

— Exact au rendez-vous, heure militaire, ma chérie !

Et cela dit, ayant atteint le pont au Change, les amants se séparèrent après s'être tendrement pressé la main.

— Ah çà ! monsieur Badouret, songez à être raisonnable, songez que vous êtes le cavalier d'une jeune demoiselle, de votre propre nièce, sur qui vous devez veiller en père. Or, n'allez pas vous griser et exposer cette enfant à quelque fâcheux accident, disait madame Badouret, le lendemain dimanche, en mettant la cravate blanche à son époux, et en le parant de ses propres mains.

— Sois sans inquiétude, femme, je serai d'une sagesse, d'une prudence exemplaires.

— Vous me promettez donc de ne pas aller plus loin que le jardin du Roi, et d'être ici de retour sur la brune !

— Oui, femme, sur la brune.

— Et toi, Nanette, fais que ton oncle tienne sa parole, songez à mon inquiétude si je ne vous voyais pas rentrer avant la nuit.

— Oui, ma tante, répond Nanette les yeux baissés, et rougissant un peu, parce qu'elle se sent coupable et complice de son oncle.

Ils partent, le perruquier frisé à blanc, le chapeau à trois cornes sous le bras, et tenant le bras de sa nièce, parée de ses plus beaux atours, se redresse et marche d'un pas ferme. Ils montent le quai.

Parvenus au pont Notre-Dame, et convaincus que madame Badouret les a perdus de vue, les deux promeneurs changent brusquement de route pour se diriger vers la rue Saint-Denis.

— Mon oncle, c'est bien mal à vous de tromper ma bonne tante, si nous n'allions pas aux Porcherons ! dit Nanette en s'arrêtant tout court.

— Et moi, petite, je tiens infiniment à y aller. Il serait impoli de ma part de faire droguer en vain ce cher voisin Lelièvre, qui, à l'insu de sa femme, m'y a donné rendez-vous.

— Quoi ! mon oncle, encore cet homme, dont l'épouse nous a tant insultés il y a quinze jours !

— Oui, sa femme; mais lui, c'est la meilleure pâte possible, de plus, un gaillard qui, sous son air niais et engourdi, cache un malin et profond politique... Or, petite nièce, tu ne voudrais pas priver ton cher oncle du plaisir qu'il se promet en causant affaires d'État avec un voisin ?

— Mon Dieu, non, mon oncle; et puisque cela vous fait tant de plaisir, allons aux Porcherons; mais surtout soyez sage, ménagez-vous et ne passons pas l'heure indiquée par ma tante pour notre retour.

— Sois sans inquiétude, petite, tu seras contente de moi; d'ailleurs ne suis-je pas avec toi, et, comme dit le proverbe, mets-toi avec les bons et tu seras bon.

L'oncle et la nièce, tout en causant, atteignent le boulevard. Ils se dirigent vers la rue Grange-Batelière, ils arrivent aux Porcherons, où plusieurs guinguettes bruyantes s'offrent à leurs yeux. Ce fut celle de l'ancien Ramponneau qui obtint la préférence de nos deux promeneurs. A leur entrée dans le jardin, ils sont aussitôt accostés par le cordonnier Lelièvre, lequel, débarrassé de la surveillance de sa femme, affecte un air décidé et mauvais sujet.

— Voisin, où nous plaçons-nous ? demande Badouret, empressé d'entamer bouteille et conversation, et promenant son regard sur les nombreuses tables qui meublent le jardin, pour en découvrir une qui soit disponible.

— Par ici ! papa Badouret, par ici ! voilà des places, et de plus une bouteille au service des amis et connaissances, s'écrie de loin une voix que Nanette reconnaît pour être celle de Belhumeur.

— Tiens ! c'est ce cher Xavier qui nous appelle... regarde, Nanette, le reconnais-tu là-bas?

— Oui, mon oncle, et même il nous indique sa table en nous invitant à aller nous y asseoir.

— Eh bien ! petite, il faut accepter l'invitation et nous rendre près de lui; d'ailleurs l'occasion est superbe, car Belhumeur est un bon garçon, qui te fera danser tandis que je causerai avec ce cher Lelièvre.

— Mais, mon oncle, si ma tante allait savoir...

— Elle n'en saura rien, petite sotte ! à moins que tu ne sois tentée de le lui dire.

— Non, mon oncle, si vous me le défendez, répond la maligne jeune fille en souriant et en suivant son oncle et Lelièvre à travers la foule jusqu'à la table occupée par Belhumeur.

Le jeune soldat sourit à Nanette, presse la main à l'oncle, puis au cordonnier, fait asseoir tout le monde et verse à la ronde.

— Ce cher Belhumeur! qui se serait attendu à le trouver par ici ! dit gaiement Badouret en levant le coude pour boire.

Puis reposant son verre après avoir bu :

— Comme dit le proverbe, les montagnes se regardent, mais les hommes se rencontrent, ajouta-t-il.

— Ah çà ! papa Lelièvre, la petite femme nous a donc permis d'aller faire joujou sans elle aujourd'hui ? demande Xavier.

Et le cordonnier, pour toute réponse, fait d'abord une légère grimace et sourit après.

— Belle Nanette, daignez-vous accepter la main de votre serviteur pour la première contredanse, avec la permission de la société ?

— Certainement, monsieur Xavier.

— Eh ! c'est ce bon, cet excellent Badouret, Dieu me pardonne ! s'écrie un petit vieillard tout ricanant et frétillant, accompagné de deux autres personnages, en frappant sur l'épaule du perruquier.

— Tiens ! monsieur Patouchon l'épicier ! Comment que ça va, voisin ? fait Badouret après s'être retourné et avoir reconnu le petit vieillard.

— Pas mal, merci, cependant un peu fatigué d'avoir couru les champs avec les deux amis que j'ai l'avantage de vous présenter, voisin, celui-ci, Crochard, le serrurier de l'arche Marion, que vous devez connaître, et celui-là, Suçotte Frenouillet, le marchand de sangsues des piliers des Halles; deux farceurs finis enfin ; avec qui, depuis ce matin, je fais les cent coups, une ribotte complète, le tout en cachette de nos femmes, qui nous croient en campagne pour affaires sérieuses.

— Voisin Patouchon, vous êtes un profond scélérat! répond le perruquier.

— Ah çà! est-ce qu'il n'y a pas place pour nous à votre table, voisin, que vous nous laissez ainsi sur nos jambes? dit M. Crochard.

— Oui, certainement, asseyez-vous, messieurs; n'est-ce pas, Belhumeur? répond Badouret en se reculant et en consultant Xavier.

— De la place! toujours pour les bons enfants, fait Belhumeur en se rapprochant de Nanette, qui, seule, ne voit pas avec plaisir ce surcroît de société.

Les trois nouveaux venus ont pris place, le garçon apporte d'autres bouteilles, le vin coule à flots, et la conversation s'anime. Il est sept heures, le temps est superbe, la chaleur très-forte, et le soleil dore encore la cime des arbres, l'orchestre fait entendre le prélude de la danse, où se rendent Xavier et Nanette.

— Ah çà! belle amie, avant de rejoindre les particuliers qui là-bas lèvent le coude en notre absence, ne ferons-nous pas un petit tour de promenade dans ces champs fleuris qu'on aperçoit d'ici?... dit Belhumeur en voyant la contredanse tirer à sa fin.

— Non, Xavier, car mon oncle serait inquiet, il se fâcherait peut-être en ne me voyant pas revenir.

— Belle tourterelle, vous faites erreur, car en ce moment, le verre en main et lancé dans la conversation, le brave Badouret, votre estimable oncle, ne pense nullement à vous.

— N'importe, Xavier, je ne veux pas abuser de la confiance que place en moi mon oncle, retournons près de lui.

— Chère amie, un tour, rien qu'un tour dans cette plaine dorée, et nous revenons à toute bride nous réfugier sous l'aile paternelle du cher oncle.

Cela disant, en se promenant, se redressant, lissant sa moustache, Belhumeur entraînait la jeune fille vers une des portes du jardin qui donnait sur la campagne. Nanette hésitait encore, se faisait traîner et essayait de faire entendre à l'amant le langage de la froide raison, mais ce dernier ne tenant compte de rien, allait toujours et gagnait avec la gentille raisonneuse un petit sentier percé à travers un champ de blé.

— Xavier, avez-vous parlé à votre colonel, ainsi que nous en sommes convenus? demande Nanette en marchant suspendue au bras du beau garde-française.

— Oui, ma colombe.

— Et que vous a-t-il répondu?

— Qu'avant un mois il me ferait caporal.

— Quel bonheur! alors, vous reviendrez à la maison et demanderez ma main à ma tante?

— Comme vous le dites, ma chérie, cela aussitôt les deux sardines collées aux bras.

— Xavier, j'attends ce moment avec bien de l'impatience! dit naïvement la jeune fille en penchant sa jolie tête sur le bras de Belhumeur qui profite de ce doux abandon pour prendre un baiser sur les lèvres de Nanette.

— Xavier, ne me pressez pas ainsi entre vos bras, retournons, mon ami, car nous nous sommes trop éloignés en causant.

— Nanette, donne-moi cette jolie rose qui orne ton corset, dit le militaire, dont le bras est passé autour de la taille de la lingère, et en portant la main vers la fleur qu'il désire et demande.

— Non, monsieur, laissez-moi ma rose, elle est si fraîche et si belle! répond Nanette en arrêtant la main téméraire prête à saisir la fleur précieuse.

— Si tu m'aimes, ma jolie, si mon amour te rebelle à mes désirs brûlants, accorde cette fleur à mon amour extrême! reprend Xavier en entourant Nanette de ses bras, en la pressant avec force sur son sein.

— Xavier! au nom du ciel, que faites-vous? laissez-moi, n'abusez pas de ma faiblesse!

— Je t'aime, fille charmante, pour toujours, pour la vie, sois donc à moi et comble tous mes vœux! s'écrie Xavier en tombant aux genoux de la jeune fille qu'il entraîne dans sa chute et pour qui le blé renversé forme aussitôt un moelleux tapis.

— Laissez-moi! laissez-moi! monsieur, votre action est infâme! murmure la jeune fille dont les efforts sont comprimés par l'audacieux amant, et dont les beaux yeux versent un torrent de larmes.

On n'entend plus de paroles, mais des sanglots, de douloureux soupirs, suivis du bruit de nombreux baisers. Un instant après, la jeune fille, voyant à terre sa rose défleurie, pleure à chaudes larmes et accable son heureux vainqueur des plus amers reproches.

— Allons, allons, petite, ne te désole pas ainsi, un bon mariage avant peu réparera tout le mal... Nanette, lève tes beaux yeux, enfant, regarde ton fidèle amant et lis dans ses yeux tout le bonheur que lui procure ton charmant triomphe... Nanette, ne boude pas ainsi, sois raisonnable, et puisque le cas est faite il faut t'en consoler.

En parlant ainsi, Xavier pressait la jeune fille sur son cœur, essuyait les larmes qui sillonnaient ses joues.

— Hélas! hélas! que dirait ma tante, si elle apprenait cela? hi! hi! hi! fait Nanette, que les pleurs suffoquent.

— Elle ne le saura pas, ma toute belle; partant de là, elle ne dira rien.

— Oh! ce n'est pas moi qui le lui dirai, bien sûr!

— Ni moi non plus, ma tourterelle.

— Car elle me chasserait, elle ne voudrait plus me voir! hi! hi! hi! hi!

Belhumeur, voyant les larmes couler de plus belle, se remet à consoler Nanette, tâche importante, difficile, de laquelle il vient enfin à bout à force de promesses et de prières. Nanette commence donc à oser lever les yeux, à fixer son séducteur, dont l'amour a encore embelli les traits. Un instant après, la jeune fille sourit au doux sourire de son amant.

— Ainsi, tout est pardonné, ma Nanette? murmure Xavier.

— Hélas! il le faut bien; mais un autre jour, méchant, soyez plus sage.

— J'en fais serment, ma reine; mais encre un baiser, répond le militaire, à qui la jeune imprudente en donne deux; cela fait que les têtes se montent de nouveau, et que Xavier oublie son serment, que... que... Encore un quart d'heure, et Xavier, d'un air conquérant, aidait Nanette à se relever; Nanette, qui, souriante et le teint animé, quitte son lit d'épis, pour épousseter l'uniforme de son beau garde-française, et en faire tomber la terre qui en souille la blancheur. Cela fait, la lingère passe d'elle-même son bras sous celui du jeune militaire, et tous deux, en riant et folâtrant, se dirigent vers les Porcherons, à travers le champ de blé, sans respect pour la loi ni pour le propriétaire dont ils foulent aux pieds la récolte.

Xavier et Nanette, que la crainte commence à gagner, courent rapidement vers les Porcherons; ils rencontrent paisiblement endormis dans les blés, qui? M. Merlandin et madame Lelièvre, tous deux dans une position des plus décolletées. Le bruissement des tiges vient arracher subitement au sommeil les époux infidèles: Merlandin ouvre les yeux et pousse un ah! de surprise et d'effroi, et se relève vivement en apercevant les deux importuns. Madame Lelièvre, dont les paupières sont restées closes, et qui ne s'est pas encore aperçue de la surprise, sentant son amant quitter brusquement leur couche champêtre, fait entendre ces mots d'un ton mignard: — On ne veut donc plus de nanan, qu'on quitte déjà sa Ninie chérie? Alors Merlandin de donner cours à un long éclat de rire, et ce bruit de faire ouvrir les yeux à la dame, qui, apercevant le militaire et Nanette, se remet sur pied d'un bond. Grande confusion de part et d'autre: Merlandin, qui, fort embarrassé, s'efforce de boutonner du haut en bas sa redingote, tout en affectant un rire bête qu'il voudrait rendre malin; madame Lelièvre, plus rouge qu'une cerise, honteuse comme un renard pris au piège, de dépit se mord les lèvres jusqu'au sang; Nanette, non moins contrariée de la rencontre, baisse les yeux et tremble tout bas. Xavier seul rit de bon cœur, et dit en frappant amicalement sur l'épaule du peintre:

— Pardon de vous avoir interrompu, l'ami... Cependant, la cachette était bonne et propice au nid d'amour, ajoute-t-il d'un ton railleur.

— Qu'est-ce à dire, un nid d'amour! pour qui me prenez-vous, monsieur? ne peut-on se reposer un instant, après une longue promenade, sans pour cela exciter la médisance? s'écrie madame Lelièvre d'un ton sec en s'adressant à Xavier.

— Sûrement, nous nous promenions, nous nous reposions, et voilà! dit à son tour Merlandin.

— Tout beau! mille bombes! ne nous fâchons pas, mes petits amours; liberté pleine et entière; fâché seulement de vous avoir dérangés, répond Belhumeur en portant la main à son chapeau.

— Au surplus, libre à nous de faire aussi des réflexions en voyant la belle Nanette, surnommée dans le quartier la vertueuse lingère, se promener dans un champ de blé au bras d'un soldat aux gardes.

— Madame! s'écrie Nanette en rougissant. Elle baisse la vue et laisse échapper une larme.

— Ah çà! belle cordonnière, libre à vous d'assurer, avec monsieur, le sort de votre respectable époux, mais défense, sous peine de correction, d'insulter la particulière dont le bras est passé sous celui de Xavier, répond Belhumeur en caressant sa moustache.

— Oh! ça m'est égal, vous ne m'empêcherez pas de faire mes petits commentaires, et de dire qu'une jeune fille ne se promène pas ainsi, loin de sa famille, avec un beau jeune homme, sans qu'il y ait de l'amour sous jeu. D'ailleurs, qui ne sait, monsieur Belhumeur, que vous aimez Nanette et que Nanette vous rend la pareille? Au fait, quel mal y a-t-il à ça? pas le moindre, puisque l'homme et la femme sont faits l'un pour l'autre, pour s'aimer et...

— Se le prouver! se permet de dire Merlandin en interrompant madame Lelièvre.

— Bien parlé, petite mère. Or sus, allez en paix avec votre tourtereau, et surtout motus sur notre mutuelle rencontre, ou autrement gare la bombe, mille dieux!

— Nous serons discrets, militaire, foi d'Isidore Merlandin.

— Moi de même, car j'aime tant cette bonne Nanette que je serais désespérée de lui faire la moindre peine et de lâcher un seul mot qui portât atteinte à sa réputation, dit madame Lelièvre d'un ton tout à fait mielleux.

— Maintenant que nous nous entendons à ravir, qui nous empêche de faire un tour tous les quatre ensemble, une petite partie carrée enfin? J'aurai du moins, militaire, celui de vous offrir un verre de vin au plus prochain cabaret, dit Merlandin d'un air jovial. En entendant cette proposition, Nanette de presser fortement le bras de Xavier, qui, devinant les craintes de la jeune fille, refuse net l'invitation, sous le prétexte que l'heure avancée les contraignait de regagner au plus tôt les Porcherons, où les attendait nombreuse société, plus, monsieur Badouret, accompagné d'un nommé Lelièvre.

— Mon mari! s'écrie la cordonnière en rougissant de nouveau.

— Bon averti en vaut deux, petite mère, à vous le soin d'éviter une nouvelle rencontre plus embarrassante que la nôtre.

— Merci de l'avertissement; mais pour être sorti sans ma permission, M. Lelièvre aura à faire à moi! répond la cordonnière d'un ton ferme.

— Sûrement, c'est maladroit de sa part, ce cher Lelièvre, car enfin, en venant se promener de ces côtés sans que sa femme en sût rien, il s'exposait à me rencontrer avec elle, dit Merlandin avec aplomb.

Après quelques mots échangés, les deux couples se séparent; Merlandin et madame Lelièvre pour continuer leur promenade à travers champs, Xavier et Nanette pour regagner vivement les Porcherons, où ils ont laissé l'oncle Badouret et sa société.

— Voilà qu'il fait nuit, Xavier; mon oncle va me gronder, dit Nanette.

— Pas de crainte, cher ange, Belhumeur répond de tout.

— Mon Dieu! quelle fâcheuse rencontre nous venons de faire! combien j'étais honteuse devant cette femme que je méprise et que je dois craindre maintenant! Ah! Xavier, être forcée de rougir devant les gens que je mésestime est déjà pour moi la punition de ma faute!

— Au diable les regrets, les craintes puériles, ma colombe! confiance dans ton amant, tes caresses, ton amour, et tout ira bien! Cela disant, Xavier et la jeune fille atteignaient la guinguette, et ils se dirigèrent aussitôt vers la table où ils avaient laissé deux heures avant le perruquier et ses amis, laquelle table ils retrouvèrent, mais déserte, à la grande surprise de Nanette.

— Mon oncle! mon oncle! Xavier, s'écrie la lingère avec inquiétude et effroi.

— Patience, ma toute belle, le particulier ne peut avoir eu l'impolitesse de décamper sans nous; aussi allons-nous le retrouver dans ce jardin.

— Hélas! il se sera fatigué de m'attendre, et ne me voyant pas revenir, il s'en est allé! Mon Dieu! que va dire ma tante, et combien je vais être grondée! Tout en parlant ainsi, nos deux amoureux parcouraient le jardin, interrogeaient chaque table, chaque buveur du regard; mais c'est en vain qu'ils cherchent, M. Badouret n'apparaît point; c'est alors que, voyant augmenter l'inquiétude de Nanette, qui pleure et se désole, Belhumeur prend le parti d'interroger le garçon cabaretier. Le militaire et la jeune fille apprennent alors qu'après avoir vidé bon nombre de bouteilles, et la tête par trop échauffée, le perruquier et ses amis se sont pris de querelle, et des explications sont passés aux coups de poing : le bruit avait attiré le guet, qui sans façon avait conduit toute la bande au violon.

— Mon oncle en prison! hélas! que va dire ma tante! hi! hi! hi!

— Allons, ma tourterelle, ne pleurnichons pas, la chose étant totalement inutile, vu que nous pouvons réclamer le perturbateur, et du violon le réintégrer aussitôt dans son domicile conjugal.

— Ah! c'est égal, Xavier, nous avez bien mal agi en m'emmenant loin de mon oncle, hi! hi! hi! car sans cela ce qui est arrivé ne serait pas arrivé, hi! hi!

— La chose me semble très-probable, ma chérie; mais ce qui est fait est fait, et je suis le plus heureux des quidams de France et de Navarre. Les vieillards s'étaient en effet disputés en l'absence des deux amants, et ce fut avec M. Suçotte Frenouillet, marchand de sangsues et profond républicain, que l'oncle Badouret commença la dispute, lui, ami de la monarchie et du vive le roi quand même. Or le guet, qui déjà dans ce temps-là empoignait le bon peuple au collet avec autant de facilité que nos ex-gendarmes et municipaux d'à présent, avait tranché tout de suite la question politique, cause de tant de bruit et d'horions, en arrachant les querelleurs à leurs libations pour les entraîner au poste le plus voisin et les y consigner prisonniers. Comme il arrive presque toujours qu'un malheur commun fait oublier les inimitiés, au risque de s'en ressouvenir après, nos vieux tapageurs, plus d'à moitié ivres, fatigués de se faire la moue et de se promener isolément de long en large dans le corps de garde, avaient fini par adopter la proposition soumise par l'épicier Patouchon, celle de faire une paix générale, et d'avoir du vin afin de régaler messieurs les soldats du guet chargés de veiller sur eux.

— Volontiers, car l'union fait la force, avait répondu le républicain Suçotte Frenouillet.

— Moi, j'y consens z'aussi à la condition que cet entêté de Lelièvre ne me soutiendra plus faussement que le traité de commerce qu'a signé notre bon roi Louis XVI avec l'Angleterre fait du tort à notre alliance avec les Etats-Unis, dit le perruquier.

— Ah! oui, les Etats-Unis, de fameux républicains! murmure de nouveau M. Suçotte Frenouillet.

— Mon cher, vous êtes fou avec votre république; vive le roi!

— Vive la république!

— Monsieur Suçotte ne m'échauffez pas les oreilles, reprend M. Badouret en essayant de prendre un air crâne et imposant.

— Et vous, perruquier, respectez les opinions.

Cette discussion fut interrompue par l'apparition d'un cabaretier chargé de deux paniers de vin commandés par les prisonniers, qui aussitôt firent sauter bouchons et bouteilles pour trinquer avec le guet.

Les choses allaient au mieux depuis une heure, la gaieté, la bombance étaient à leur apogée, lorsque la porte du corps de garde s'ouvrit pour donner passage à plusieurs soldats du guet, qui, de retour d'une ronde, amenaient deux nouveaux prisonniers, homme et femme. Cette dernière, honteuse, avait le visage caché dans son mouchoir.

— Qu'est-ce que ce gibier, caporal? demande le sergent en indiquant les nouveaux venus.

— Deux amoureux que le messier de la commune vient de surprendre dans les blés de la plaine où ils avaient construit leur nid, répond le caporal.

— Alors, l'amende et la prison, mes tendres délinquants; mais procédons par ordre : Vos noms, mes amours? dit le sergent en se plaçant à une table et en se disposant à écrire.

Le coupable baisse le nez et reste muet à cette question, ce qui engage la dame à supplier le sergent de leur éviter le désagrément de se nommer en présence de tant de témoins, cela d'une voix émue et larmoyante, dont le son en venant frapper l'oreille de M. Lelièvre, placé non loin de là, lui fait soulever la tête et se rapprocher de la délinquante, dans qui, à sa grande surprise, il reconnaît son épouse légitime.

— Mon mari! s'écrie la dame en se couvrant le visage de son mouchoir.

— Fichtre! dit Merlandin qui vient de reconnaître le cordonnier et dont les jambes, en ce moment, flageolent au point de le renverser s'il ne se retenait au dossier d'une chaise.

— Ah çà! monsieur Lelièvre, allez-vous demeurer encore longtemps dans cette stupide immobilité au lieu de me réclamer, de faire entendre au sergent que je suis une femme honnête, la vôtre enfin, et incapable de la faute dont on l'accuse, et que le messier en m'arrêtant a commis une horrible injustice? Car enfin est-ce de ma faute si vous sachant à la guinguette, malgré la défense que je vous avais faite, il m'a fallu me mettre à votre recherche, et accepter le bras de M. Merlandin que je venais de rencontrer et qui généreusement m'aidait dans la recherche que je faisais de votre personne?... Allons, parlez donc, monsieur! dit la jeune femme avec impatience en voyant son époux demeurer muet, occupé à se frotter le front d'un air bête et embarrassé.

— Est-il vrai que la délinquante soit votre femme? demande le sergent.

— Ou.... oui, ser.... sergent, mon épouse légitime.

— Je vous en félicite.

— Mer... merci, militaire.

— Or, sergent, mon mari me réclame, vous l'entendez.

— Est-ce lui qui va payer l'amende à laquelle vous et votre complice êtes condamnés?

— Une amende! quelle horreur, pour m'être avancée un instant dans un champ de blé afin d'y cueillir des bluets et des coquelicots, car ce n'était absolument que pour cela, je vous prie de le croire, monsieur Lelièvre, autrement vous auriez affaire à moi! dit la dame avec sévérité à son bénin d'époux; puis se reprenant et s'adressant au sergent : A combien s'élève donc cette amende? militaire?

— Onze livres six deniers pour le délit et quinze livres pour l'exemption de trois jours de prison, total vingt-six livres six deniers.

— Quelle infamie! vingt-six livres six deniers pour avoir cueilli quelques fleurs des champs!... Payez, monsieur Lelièvre; car enfin vous ne pouvez décemment rendre ce pauvre Merlandin, victime de mes sottises; allons, dépêchez-vous si vous voulez que j'oublie votre escapade de ce jour.

— Et moi, à la place de ce cher et trop confiant Lelièvre, je ne payerais pas un liard, et laisserais ce galant de ma femme financer tout seul; car enfin il est trop cruel pour le pauvre Lelièvre d'être tout à la fois cocu et battu! s'écrie M. Patouchon entièrement ivre, se soutenant à peine et retenant la main que le docile cordonnier portait déjà à son gousset.

— De quoi se mêle ce vieil ivrogne? dit la dame en pâlissant de colère; puis continuant : Payez, monsieur, payez!

— Ne paye pas, Lelièvre, ça serait trop bête de ta part, mon bonhomme.

— Sergent, rendez-moi le service d'imposer silence à cette ganache d'épicier.

— Ne paye pas, époux infortuné, et buvons, dit à son tour Crochard en présentant un verre de vin au cordonnier, lequel madame Lelièvre, dans sa colère, envoie d'un coup de main dans la face de Merlandin qui se tenait pâle et silencieux non loin de là.

En ce moment la porte du corps de garde s'ouvre de nouveau pour donner entrée à un jeune couple qui n'est autre que Xavier et Nanette, tous deux à la recherche de l'oncle Badouret, qui en ce moment, affaissé par la boisson, ronfle sur le lit de camp. Les deux amants qui viennent réclamer l'oncle Badouret, restent muets de surprise à la vue de madame Lelièvre rouge de colère et qui se dispose à arracher les yeux à M. Patouchon. Belhumeur du premier regard a tout de suite reconnu de madame dans le sergent du poste. Aussi, fort de cette découverte, enlève-t-il de ses bras robustes dame Lelièvre, acharnée après l'épicier, dont la face porte déjà l'empreinte des ongles de la furie. Celle-ci, se débarrassant de l'étreinte et se retournant vivement, applique un vigoureux soufflet sur la joue du garde-française croyant frapper sur un ennemi.

— Merci, petite mère, vous n'y allez pas de main morte.

— Ah! c'est vous, beau garde, ma foi j'en suis fâchée; pourquoi aussi ne parlez-vous pas avant d'agir? Au surplus vous arrivez fort à propos pour me tirer d'ici et me protéger contre la calomnie.

Belhumeur s'informe de ce dont il est question, et, instruit de l'aventure, déclare la cordonnière digne en tout de la confiance, de l'estime de son époux, assurant l'avoir rencontrée seule, cherchant son mari dans toutes les guinguettes du quartier et avoir lui même engagé Merlandin, avec qui lui, Belhumeur, se promenait et buvait, à servir de cavalier à la dame durant ses nombreuses recherches; de plus il offre de se mesurer avec quiconque osera encore après sa déposition de la vertu de la dame. Ces derniers mots produisent un magique effet, car MM. Crochard, Patouchon et Saçotte Frenouillet, peu soucieux d'affaires d'honneur, se retirent afin de laisser Xavier causer à voix basse avec le sergent.

— Mon oncle, éveillez-vous, il est tard et ma tante va nous gronder! s'efforçait, durant cette dernière scène, de répéter Nanette en agitant le perruquier par le bras.

— De quoi? une barbe, un œil de poudre? voilà! voilà! s'écrie Badouret en se mettant sur son séant.

— Et non, mon oncle, c'est moi qui vous engage à retourner vite à la maison, où ma tante nous attend.

— Ah! oui, ta tante, ma femme, c'est juste elle m'a recommandé de veiller sur toi, Nanette, et j'y veille. Voyons, que veux-tu, petite? à boire?

— Non, mon oncle, mais regagner Paris.

— Allons, l'affaire est arrangée, debout, mes pékins, et filez au plus vite! s'écrie Xavier après sa conférence avec le sergent en s'adressant à Badouret, Patouchon et compagnie.

— Quant à vous, père Lelièvre, vous êtes, n'est-ce pas, convaincu de l'innocence de votre moitié? reprend le militaire en frappant sur l'épaule de ce dernier, qui le regarde d'un œil hagard et ne répond mot.

— Oui certainement, qu'il en est convaincu; je voudrais bien voir qu'il en fût autrement! dit avec aplomb madame Lelièvre.

— Alors, il ne reste plus qu'à financer avant de décamper, et ce soin regarde ce cher Merlandin, qui va s'exécuter à l'instant même, dit Xavier en frappant sur l'amoureux.

— Payer, pas possible, absence totale de monnaie, répond Merlandin en s'efforçant de sourire.

— Vu l'impossibilité, à vous, cordonnier, le droit de racheter votre épouse; ainsi en avant les quatre écus de six livres!

Lelièvre n'a pas sur lui la somme nécessaire, comment faire alors? Laisser un nantissement, c'est ce que s'empresse de faire la cordonnière en détachant ses boucles d'oreilles et les remettant au sergent, non sans gronder et menacer son mari du geste et de l'œil. Quelques minutes encore et tous nos gens regagnaient la ville en liberté; Merlandin seul et en jouant vivement des jambes, afin de se soustraire aux explications, à la présence de Lelièvre, dans les yeux duquel il crut remarquer une expression menaçante à son égard. Xavier et Nanette, tenant chacun sous leurs bras le perruquier, aidaient et soutenaient ainsi la marche chancelante de ce dernier, et madame Lelièvre, marchant près de son époux silencieux, engageait avec humeur le cordonnier à prendre garde de l'éclabousser. Quant à M. Patouchon et sa compagnie, ils avaient pris les devants et cheminaient en avant les autres, les uns soutenant les autres. Ils ont atteint les quais; là dix heures se font entendre au couvent Saint-Jacques de la Boucherie, alors Xavier prend vivement congé de Nanette, et après avoir dit ces mots: A demain, il se dirige vivement vers sa caserne, où, en retard d'une demi-heure, l'attend sans doute à sa rentrée la salle de police.

— Mais, mon oncle, tenez-vous donc! vous allez tout de travers... Ah! que va dire ma tante en vous voyant en cet état? disait Nanette restée seule avec le perruquier.

— Dame, petite! elle dira que le vin était bon et que j'en ai trop pris; et puis, comme dit le proverbe: Sous un vilain manteau, il y a souvent un bon buveur; la vin versé demande à être bu, la... la...

— Mon Dieu! voici ma tante qui nous a aperçus et qui vient à nous, s'écrie Nanette.

— Calme-moi, petite, calme-moi, et elle ne se doutera de rien.

— Belle heure et bel état, ma foi! s'écrie madame Badouret en colère et en examinant son mari.

— Ma tante, ce n'est pas ma faute! répond Nanette en tremblant.

— Je m'en doute, mon enfant, aussi je n'accuse que ma faiblesse de t'avoir confiée imprudemment à ce vieil ivrogne, dont je devais me méfier!

— De l'abondance du cœur, la bouche parle! qui veut battre son chien trouve assez de bâtons! murmure le perruquier.

— Allez au diable avec vos proverbes! ivrogne, dit de nouveau la dame en poussant son époux dans la boutique, qu'elle referme aussitôt. Alors force questions de la part de la tante à la nièce sur cette longue absence, et Nanette, en taisant la présence de Belhumeur, mettait tout sur le compte de l'épicier Patouchon et compagnie. Alors violents reproches de la dame à son époux, qui riposte par des proverbes; puis le souper. Après quoi Nanette monte dans sa chambrette, où elle se met au lit, non pour dormir, mais pour penser à Xavier, à sa faute, et pour pleurer.

Avant de terminer ce chapitre, rendons compte du retour au logis du couple Lelièvre, et voyons la perfide moitié du cordonnier, à peine rentrée chez elle, se redresser de toute sa grandeur, prendre son air altier, et apostropher son époux en termes injurieux pour lui reprocher d'être sorti sans la permission.

Lelièvre, selon son habitude, écoute en silence et les yeux baissés, et lorsque la dame, lasse de querelles et de reproches, se tait, il se dispose à se mettre au lit. Voyons alors le mari tirer de sa poche un long tire-pied, prendre sa moitié par le bras, et lui appliquer une rude correction, qui, malgré les cris de la malheureuse, ne cesse qu'avec les forces du mari.

La pauvre femme, à cent lieues de s'attendre à cet acte énergique de la part de son époux, ne sait à quel saint se vouer, tant la surprise, l'indignation paralysent son esprit et ses sens.

— Et voilà! fait Lelièvre avec sang-froid en jetant au loin le tire-pied.

— Ainsi, tels sont les sentiments que vous inspire l'excès de la boisson? misérable! ceux d'assassiner votre femme? dit enfin la pauvre femme.

— Non, pas la boisson, mais les avis de bons camarades qui ne veulent pas qu'une femme mariée, la mienne enfin, aille fouler les blés avec un amoureux, répond le cordonnier.

— Vous êtes un misérable, dont je vais me séparer à l'instant même.

— Vous resterez ici tant qu'il me plaira de vous y garder.

— Vous, me retenir! monstre!

— Silence! ou je retape!

— Je veux être la maîtresse de mes actions!

— Silence! vous dis-je!

— Ah! vous croyez m'en imposer! m'empêcher d'être la maîtresse ici!

— Silence! ou je retape! et Lelièvre se disposait à recommencer la correction; la dame alors se tut et se jeta sur une chaise, où elle passa la nuit à sangloter.

IV. — Amour et mésaventure de Rifolet.

— Réponds, Toinon, cabaretière de mon cœur, depuis trois grands mois que je soupire pour tes charmes, consens-tu enfin à devenir mon épouse, à partager mes six cents francs d'appointements, fortune rondelette que t'emploierai à te parer de bijoux et de dentelles? dis Toinon, te lasses-tu de me faire passer ma vie dans cette cantine, au milieu des soldats goguenards et brutaux, à t'admirer et soupirer pour le roi de Prusse?

Ainsi parlait Rifolet un matin, la tête montée par les avis de Belhumeur, à qui il venait de payer le vin blanc, cela en s'adressant à mademoiselle Toinon Chacal, dont il était devenu passionnément amoureux, et pour qui l'employé aux gabelles négligeait jusqu'aux devoirs de sa place.

— Dame! je veux bien tout de même être votre femme, vous me faites l'effet d'être un bon enfant, qui m'aimerez bien toujours!

— Oh! jusqu'au tombeau, ma Toinon chérie!

— Eh ben! parlez à ma mère, demandez-lui ma main, aussi ben elle vous estime beaucoup et dit sans cesse que vous êtes une de ses meilleures pratiques, quoique pékin.

— Je crois bien, Toinon, à force d'être planté ici du matin jusqu'au soir, et que je paie vin et eau-de-vie au régiment, en trois mois j'ai dépensé rien qu'en liquide les deux tiers de mes appointements de l'année.

— Pauvre garçon! en v'là une preuve d'amour! aussi, mon petit Rifolet, vous n'avez point affaire à une ingrate, et je vous aime tout plein.

— Bonheur! délices! chère Toinon, s'écrie Rifolet au comble de la joie, et profitant de la solitude qui règne dans la salle de la cantine pour prendre un baiser sur les joues fraîches et rebondies de Toinon.

— Ainsi donc vous allez parler à ma mère?

— Aujourd'hui même.

— Ah! pourvu qu'elle vous accepte! car elle est si cocasse, mère Chacal!

— Toinon, je suis un assez bon parti pour ne pas craindre un refus; je suis jeune, alerte, je jouis d'un brillant emploi, et j'ai devant moi un avancement certain. De plus, je possède un mobilier somptueux, couchette de bois, paillasse, deux matelas, commode en marqueterie, quatre chaises, un miroir, un pot à eau, le tout en bon état et ne devant rien à personne.

— Oui, c'est du luxe et c'est fort tentant, et moi j'ai une dot de douze cents livres, une chaîne et des boucles d'oreilles en or; le tout, ce me semble, nefera pas mal dans le tiroir de votre commode, n'est-ce pas, Rifolet?

— Le plus beau trésor, le plus beau bijou qui parera ma chambrette, c'est vous, Toinon, vous seule, dont j'ambitionne la possession.

— V'là qu'est gentiment dit; aussi, que mère Chacal ne s'avise pas de vous congédier, Rifolet, ou je fais quelque bêtise, ben sûr!

— Quoi encore, et toujours ensemble, mes petits tourtereaux! dit Xavier en petite tenue et entrant dans la cantine.

— Belhumeur, vivat! mon garçon, Toinon m'aime, me permet de demander sa main.

— Alors, en avant la demande! Justement maman Chacal, que je viens de quitter à la cuisine en train de faire sauter un lapin à la casserole, me paraît être aujourd'hui de fringante humeur; saisissons l'occasion.

— Diable! sitôt, Belhumeur! répond Rifolet avec embarras.

— Quoi! tu recules, clampin, et devant ton amoureuse encore?

— Dame! c'est que cette mère Chacal vous a un air si rébarbatif, que rien que d'y penser, je sens déjà la chair de poule.

— Mille bombes! rentre ta peur au fond du ventre, capon! et suis-moi à l'instant.

— Allez donc, Rifolet, ma mère ne vous mangera pas, dit Toinon en riant et en poussant l'amoureux, qui s'arme de courage, suit Belhumeur jusqu'à la cuisine, où ils trouvent madame Chacal à ses fourneaux.

— Quoi que vous voulez, vous autres? vous savez ben que je n'aime pas que le public entre ici, ça me gêne dans mes fonctions, dit la cantinière, grosse maman aux membres masculins, et dont une forte paire de moustaches termine un nez barbouillé de tabac.

— Pardon, excuse, reine des cantinières; mais nous venons près de vous parler d'affaire... Avance donc, pékin! à quoi bon te cacher derrière moi, quand tu es le plus intéressé à la chose? dit Xavier en découvrant Rifolet et le poussant en avant.

— Des affaires, ce n'est pas l'heure, j'suis dans mon coup de feu; ainsi, bernique!

— La chose presse, madame Chacal; ensuite, nous serons court.

— Eh ben! dépêchons, de quoi s'agit-il?

— De faire deux heureux en donnant votre fille Toinon en mariage à ce grand et bon garçon, dit Belhumeur en indiquant Rifolet.

— Plus souvent! je ne veux pas d'un pékin pour mon gendre, répond la dame en faisant sauter un lapin dans la casserole.

— Mère Chacal, pas de bêtises, le quidam ici présent a une bonne place, de la vigueur et beaucoup d'amour; voilà, j'espère, des avantages, ou je ne m'y connais pas.

— Oui, je sais ben que c'est un bon garçon, dont j'ai depuis longtemps deviné les intentions, et que j'aurais congédié de la cantine, où qu'il ne vient que pour en conter à Toinon; mais c'est une bonne pratique, et je l'ai enduré, tout en ayant soin d'avoir l'œil sur lui.

— Allons, parle, Rifolet, tâche de décider maman Chacal.

— Pas de peine, garçon! car tant que tu seras bourgeois, Toinon te passera devant le nez... Vois-tu, petit, j'ai amassé ma petite fortune avec le militaire; or, il est juste que la dot que je donne à Toinon retourne dans la poche d'un de ceux qui me l'ont fait gagner. Ensuite, mon homme, feu Criquet Chacal était soldat; enfant de régiment moi-même, je suis née sur un champ de bataille, où l'affût d'un canon m'a servi de berceau; je tiens donc à l'état, et ne veux pas que la famille y déroge.

— Or donc, pékin, je ne vois qu'une manière d'arranger la chose, c'est de te faire soldat, dit Xavier en frappant sur l'épaule de Rifolet.

— Merci! pas de vocation, répond ce dernier.

— Allons, garçon, file ton nœud et renfonce ton amour, car tu n'auras pas ma fille.

— Ce que vous faites là, mère Chacal, est une affreuse boulette; songez donc qu'un soldat est incapable de nourrir votre fille, et que, moi, grâce à mon emploi, à mes six cents francs d'appointements, je peux déverser sur elle toutes les jouissances d'un luxe effréné, dit enfin Rifolet, qui avec regret et douleur voit sa septième passion près de lui échapper.

— Toinon a douze cents francs de dot, de la jeunesse, du courage; en v'là, j'espère, assez pour rendre heureux le soldat qui sera le mari de ma fille.

— Ainsi tel est votre dernier mot, cruelle cantinière? demande Belhumeur.

— Foi de femme Gertrude Chacal! il n'y a pas à en revenir.

— Et toi, Rifolet, tu ne te sens pas capable de te faire soldat par amour?

— Impossible! la gabelle donc, que ferait-elle sans moi?

— Amen! la chose est jugée, mère Chacal, sans rancune, répond Belhumeur.

Cela dit, le soldat aux gardes emmène Rifolet, Rifolet dont la mine

a une aune de long, Rifolet qui jure, tempête, et dans cet état se présente à Toinon, qui impatiente de connaître les résultats de la démarche, attendait le retour des deux amis dans la salle de la cantine.

— Inutile de se désespérer ainsi, enfant; si l'ordonnance ou plutôt la boulette du roi Louis XVI ne condamnait un pauvre militaire à végéter toute sa vie, j'engagerais fort l'ami Rifolet à se faire soldat, pour devenir un jour capitaine. Mais au point où en sont les choses, cent fois mieux vaut le métier de gabelou, et je me garderai fort d'en priver Rifolet, dit Xavier en voyant les deux amants se lamenter.

— Ainsi plus d'espérance! soupire Toinon en essuyant ses larmes avec un coin de son tablier.

— Toujours, si tu consens, petite, à recevoir ce soir ton amant dans ta chambrette en l'y introduisant par la fenêtre de ta chambre, qui par son peu d'élévation sera facile à atteindre et à escalader, dit Belhumeur.

— Par exemple, et si ma tante venait à l'y surprendre, ça ferait de beau bruit! répond Toinon effarouchée par la proposition.

— C'est justement ce qui arrivera, car j'aurai soin d'en prévenir la maman Chacal, laquelle, afin de réparer l'honneur de sa fille, ne pourra faire autrement que de consentir au conjungo.

— Fichtre! voilà qui est bien raisonné, quoique l'expédient soit hardi et dangereux, dit Rifolet.

— Ah çà! Cascaret! ne vas-tu pas encore reculer lorsqu'il s'agit de te trouver la nuit en tête-à-tête avec une jolie fille?

— Non, militaire, mais la maman Chacal ne me fait pas l'effet d'être du tout facile.

— Je conviens qu'il y aura quelques taloches à recevoir; mais, l'orage passé, viendront la noce et les violons... Qu'en dis-tu, Toinon?

— Recevoir la nuit un jeune homme dans ma chambre, oh! je n'oserais, répond Toinon.

— Ose ou n'ose pas, que nous importe, petite, pourvu que tu ouvres ta fenêtre lorsque ce soir, à minuit, ton amoureux viendra y frapper?

— Dame! si j'ai trop peur, je vous préviens que je n'ouvrirai pas!

— Si tu as peur, raison de plus pour ouvrir, en ce que, lorsqu'on est deux, on est plus rassuré.

— L'ami Belhumeur parle juste, dit Rifolet; à ce soir donc, Toinon; car, pour mon compte, l'amour m'encourage à braver les coups de bâton de la maman Chacal.

Cela dit, Rifolet et Belhumeur entendent les pas de la cantinière et craignant une surprise, s'éloignent au plus vite en répétant : A ce soir! à ce soir! Toinon ne répond que par un geste incertain.

C'est dans une rue étroite, déserte et boueuse, que Xavier conduit Rifolet. C'est dans cette rue qu'il lui indique une croisée, située au premier étage d'une maison, dont le rez-de-chaussée est surmonté d'une large corniche servant de balcon aux fenêtres du premier.

— Tu vois, l'ami; ton pied là, d'abord, puis ensuite l'autre dans cette crevasse, puis après, sur cette barre de fer, et tu atteins la corniche et la croisée de ta belle; tu frapperas doucement aux carreaux, Toinon t'ouvrira, et tu seras le regarde. Surtout, sois audacieux, impitoyable aux prières et aux lamentations, et tu seras heureux. Pendant ce temps, j'irai moi-même frapper à la porte de la maman Chacal, dont la chambre est séparée de celle de Toinon, par deux vastes pièces, je lui ferai entendre qu'un homme vient de pénétrer par la fenêtre chez sa fille; là-dessus, la dame se jettera à bas du lit et viendra vous surprendre; mais il sera trop tard pour empêcher que le mariage ne soit nécessaire.

— Bien! très-bien! fort bien! je veux me surpasser, emporter fillette et maman d'assaut, enfin être un fieffé scélérat; grâce à vos conseils, cher ami, je vous suis redevable d'être depuis trois mois un effronté séducteur, répond Rifolet en se frottant les mains de joie.

Les amis se séparent après un long entretien encore passé au cabaret voisin, puis la journée s'écoule, mais pas encore assez vite au gré de l'impatient Rifolet.

Le soir arrive, minuit enfin! heure du berger et des amours, heure chérie. L'amant de Toinon, après avoir corroboré son courage de plusieurs petits verres, se dirige vers la rue qu'habite sa belle. Voilà la maison, la fenêtre, la rue est déserte! Rifolet n'hésite pas, quoique son cœur batte à toute outrance. Après quelques efforts et quelques meurtrissures, n'importe, Rifolet a atteint le but, et à travers les vitres, il jette un regard dans la chambre où il n'aperçoit rien, grâce à l'obscurité qui y règne. Mais est-ce bien cette croisée? car elles se ressemblent toutes.

Et sans se rendre compte de rien, notre amoureux frappe aux carreaux.

Après un instant d'attente, une femme en chemise vient ouvrir la fenêtre, et se sauve ensuite avec vitesse dans le fond de la chambre, où Rifolet ne tarde pas à s'introduire et à refermer la croisée.

— Cher ami, je t'attendais demain, comme nous en étions convenus... Prends garde de faire du bruit, et d'éveiller ma cousine, qui dort dans la chambre voisine, dit une petite voix que Rifolet entend et comprend à peine, tant il est troublé et agité.

— Eh bien! qu'attends-tu pour venir m'embrasser? reprend la voix.

— L'embrasser! oh! bonheur! fait notre amoureux en se dirigeant vers un lit qu'il aperçoit dans l'obscurité; et là, deux bras potelés l'enlacent avec amour, une bouche comprime la sienne, et Rifolet en perdant la tête, se rappelle et met à profit les conseils de Belhumeur.

Durant cette dernière scène, un homme s'avançait silencieusement dans la rue, et après s'être arrêté devant la même maison, cet inconnu sans hésiter s'empresse de prendre le même chemin que Rifolet, c'est-à-dire de grimper et de s'élever jusqu'aux fenêtres du premier étage, et de frapper de même doucement sur la vitre de la croisée voisine de celle qui s'est ouverte pour Rifolet. Encore une femme qui vient ouvrir; mais celle-là est habillée, et loin de fuir, elle aide le galant à pénétrer dans la chambre.

La promenade aux champs.

— Vous ne m'attendiez pas sitôt, reine de mon cœur, dit l'inconnu à voix basse.

— Si, mon ami, car il est minuit et demi.

— D'accord, mais nous étions convenus que ça serait pour demain, et mon impatience, mon amour, n'ont pu se résoudre à rester loin de vous tout ce temps.

— Vous vous trompez, la chose était convenue pour ce soir, je me le rappelle bien.

• — Enfin, n'importe! ma Dulcinée, si mon empressement me vaut une récompense.

Ce disant, notre inconnu entourait Toinon, car c'était elle, et ses bras amoureux essayaient quelques tendres privautés.

— Voyons, Rifolet, finissez, soyez sage.

— Rifolet! mais, belle Lelièvre, vous faites erreur en me citant un rival odieux; c'est Merlandin, votre humble adorateur, Merlandin, qui vous presse en ce moment dans ses bras, à qui, ce matin, en vous échappant de la demeure de votre barbare époux, vous avez donné l'adresse d'une cousine chez qui vous deviez vous réfugier.

— Ah ben! en v'là une belle, que vous m'apprenez là, il y a erreur de votre part, mon cher, et c'est chez la voisine qu'il faut vous en retourner plus vite que ça.

◦ — Comment, ce n'est pas mon amante que je serre en ce moment sur mon cœur?

— Eh! non, j' vous dis, mais ben Toinon Chacal, l'amoureuse de Rifolet, l'employé aux gabelles; ainsi donc, lâchez-moi, et bonsoir.

— Partir, pas si bête, car en faveur de ton amour, belle Toinon, l'heureux Merlandin, la coqueluche du beau sexe, renonce pour la vie à celui de dame Lelièvre, répond le peintre en essayant de violenter Toinon, qui, le repoussant durement, l'envoie rouler au loin sur une table couverte de verrerie, laquelle se renverse avec fracas en entraînant Merlandin dans sa chute.

Ici, la scène change, une porte s'ouvre, et madame Chacal, une lumière d'une main, un bâton de l'autre, apparaît soudain pour fondre sur Merlandin, qu'elle assomme de coups sans pitié pour ses cris.

— Ah! chien! tu viendras caresser et déshonorer ma fille! tiens! tiens, gredin, en voilà de l'amourette!

Et Merlandin désespéré, la tête perdue, se précipite vers la fenêtre, et d'un bond tombe sur le pavé, où il se donne une forte entorse qui le contraint à demeurer sur place, rompu, moulu et sanglant. Maintenant, retournons chez la voisine, puis sachons ce qui s'y passe.

— Ainsi, monsieur, je suis la victime d'un quiproquo.

— Écoutez donc, il fallait m'avertir que vous n'étiez pas celle qui m'attendait, alors mes affaires ne seraient pas gâtées ainsi que je crains qu'elles le soient.

— Comment! vous vous levez, vous allez me quitter aussi malhonnêtement après ce qui vient de se passer!

— J'en suis désespéré; mais Toinon m'attend.

— Vous êtes un polisson! on ne se conduit pas ainsi après avoir trompé une pauvre femme.

— J'en suis fâché, mais Merlandin vous consolera.

— Rifolet, je vais vous arracher les yeux!

— Je ne puis rien entendre; Toinon m'attend, vous dis-je.

— Monstre! mais je suis ta victime, et désormais ton amante...

— Merci! je ne veux pas empiéter sur les privilèges de votre Merlandin.

En écoutant et en répondant Rifolet se rajustait à la hâte, et, prêt à partir, essayait de se débarrasser des étreintes de la cordonnière, qui venait de le saisir par le bras, lorsqu'un coup violent enfonce la porte de la chambre. Elle tombe avec fracas, et le cordonnier Lelièvre, armé de son terrible tire-pied et d'une lanterne allumée, se montre, le regard terrible et menaçant. Alors Rifolet tremble comme la feuille à cette apparition inattendue, et pousse des cris déchirants en sentant tomber sur ses reins les coups redoublés du tire-pied; mais, plus adroit que Merlandin, qu'au même instant la mère Chacal assommait de coups dans une pièce voisine, Rifolet fuit autour de la

Mademoiselle Toinon.

chambre, gagne le lit, saisit une couverture, la jette sur le cordonnier, qu'il enveloppe et paralyse, et sur qui, en sus, il renverse matelas et meubles. Cela fait, et gagnant la fenêtre, il saute sur le pavé et tombe au côté de Merlandin, qui l'avait précédé d'une seconde dans cette fuite aérienne.

V. — La protectrice et le protecteur.

Il était six heures du matin, lorsqu'une jeune et jolie fille, dont les traits pâles et altérés annonçaient le chagrin, se promenait en long en large non loin de la caserne du régiment des gardes françaises, le regard sans cesse fixé sur la porte, afin d'observer chaque militaire qui rentrait ou sortait. Après deux heures d'attente, Nanette, car c'était elle, lasse et impatiente, se dirige en soupirant vers la sentinelle en faction, qu'elle aborde en tremblant et les yeux baissés:

— Monsieur, dit-elle, ne pourrais-je parler à M. Xavier?

— Facile, ma belle enfant, en le faisant demander, vu qu'une consigne injuste et brutale bannit le beau sexe de la caserne, répond le factionnaire en souriant et en fixant sur la lingère un regard de convoitise.

— Le faire demander !... mais par qui ?... s'informe Nanette.

— Par moi, la cantinière du quartier, ma petite, si vous voulez bien permettre à Toinon de vous rendre ce service, lui dit une grosse boulotte, qui, plantée les bras croisés sur la porte de la caserne, avait entendu la demande de Nanette.

— Volontiers, mademoiselle, vous m'obligerez infiniment.

— Alors attendez un instant, et je vous amène votre homme.

Cela dit, Toinon prend sa course et disparaît. Nanette, afin de se soustraire aux regards curieux de plusieurs soldats, qui, à la vue d'une jolie fille cherchant l'un de leurs camarades, s'amassent autour d'elle, dont, sur les joues de qui l'incarnat a remplacé la couleur du lis, se hâte de s'éloigner pour aller se placer à quelque distance. Après cinq minutes d'attente, Xavier Belhumeur paraît et accourt près de la jeune fille, dont il s'empare du bras.

— Toi, à cette heure, Nanette ! qui t'amène, enfant, d'aussi grand matin et te fait désirer à ce point ma présence ? dit Xavier avec douceur et bonté.

— L'inquiétude, Xavier, le désir impatient de connaître la réponse de ton colonel, à qui hier tu devais demander ce grade qui t'est promis, ce grade qui fera consentir ma tante à notre mariage.

— Eh bien ! ma belle, tout va bien ; mon colonel m'a reçu hier soir chez lui en ami, en frère ; j'ose dire enfin que j'en étais tout bête et confus...

— Très-bien ! mais sa réponse...

— Est qu'il me faut encore attendre un quinzaine de jours, parce que le caporal, que je dois remplacer, ne quittera le régiment qu'à cette époque. Ce bon colonel, il me contait cela avec une bonhomie, une franchise ! puis en me versant coup sur coup un polisson de vin qui était drôlement chenu !

— Quinze jours, mon Dieu ! hélas ! pourrai-je encore cacher tout ce temps à ma tante mon affreuse position, et me faudra-t-il éprouver la honte de l'avouer avant que je sois ta femme ? dit Nanette les larmes aux yeux et d'une voix altérée par la douleur.

— Allons, patience, ma colombe, une quinzaine est bientôt passée, dit Xavier avec insouciance.

— Xavier, mais tu oublies donc que depuis six mois bientôt je porte dans mon sein le fruit de ma faute ? que dans trois, je serai mère avant d'être épouse peut-être ?

— Patience, patience encore, et tout ira bien.

— Patience, lorsque je souffre, lorsque chaque regard que ma tante fixe sur moi me remplit de honte et d'effroi !

— Enfantillage, ma colombe, il eût mieux fallu cent fois avouer depuis longtemps la brioche à maman Badouret, qui d'abord aurait fait les hauts cris, puis ensuite aurait pardonné et choyé sa chère nièce, afin qu'elle aurait fait de suite la femme de Xavier Belhumeur.

— Oui, je le pense, car l'honneur de sa nièce est tout pour elle, mais je n'ai osé, répond Nanette tristement.

— D'accord, mais comme il est toujours temps de réparer une sottise, allons de ce pas trouver la respectable tante, et lâchons-lui la bordée, afin qu'elle nous mène chez le curé et m'accorde mes grandes entrées chez toi, ma mignonne.

— Ton colonel, Xavier t'accorde-t-il la permission de te marier tout de suite ?

474.

— Demain, s'il était possible, vu l'urgence et ta réputation, telles sont ses paroles ; or, en route chez la respectable tante ! s'écria Belhumeur en entraînant Nanette.

— Non, non, pas encore, car je ne me sens pas la force de faire moi-même l'aveu de mon crime, répond Nanette en ralentissant le pas.

— C'est moi qui m'en charge, ma toute belle.

— Non, Xavier, non, mais je connais une grande dame qui m'aime, c'est près d'elle que je vais courir implorer secours et protection en la priant d'aller trouver ma tante et de l'instruire de ma grossesse.

— Le nom de cette femme ?...

— Madame la marquise de Chamalais.

— Superbe : en ce que son époux est l'ami intime de mon colonel, et qu'à la recommandation de la marquise, les grades se feront moins attendre !

— Je lui en parlerai, Xavier ; maintenant conduis-moi jusque chez elle.

Belhumeur consent, lui et Nanette doublent le pas et atteignent bientôt le noble faubourg, puis l'hôtel de Chamalais ; mais ne voilà-t-il pas qu'à la porte de la somptueuse demeure, le courage faillit chez Nanette, elle n'ose pas entrer, et l'émotion, en lui brisant les jambes, la contraint de s'appuyer fortement sur le bras de Xavier. Alors force raisonnements de la part du jeune homme, afin de ranimer la résolution de Nanette ; puis celle-ci, prenant son courage à deux mains, quitte brusquement Xavier et se précipite dans l'hôtel, dont elle franchit la cour et la montée. La lingère traverse d'un pas rapide une longue enfilade d'appartements, une camériste l'introduit près de la marquise assise à une croisée et occupée à un ouvrage de broderie. Seule avec la grande dame, Nanette, les larmes aux yeux, se précipite à genoux en s'écriant :

— Secours et pitié, madame!

— Mon Dieu ! qu'avez-vous ? qu'est-il arrivé, mon enfant ? dit la marquise effrayée en s'empressant de relever la pauvre fille.

— Ah ! madame, oserai-je jamais vous faire un tel aveu !

— Allons, du courage, mon enfant, ne suis-je pas votre amie ?...

— Grâce ! madame, et n'accablez pas de votre mépris la malheureuse qui s'est rendue indigne de votre estime, et vos bontés.

— C'est douter de la sincérité de l'une ou de l'autre, Nanette, que d'hésiter autant à m'ouvrir votre cœur.

— Madame, je vais être mère et ne suis point épouse ! s'écria la jeune fille en retombant à genoux et cachant son visage dans ses mains.

— Imprudente ! et quel est l'auteur de cette faute ?...

— Celui que j'aime malgré son crime ; Xavier, soldat aux gardes françaises, que ma bonne tante avait éloigné de chez nous par prudence, et dont mon cœur s'est rapproché malgré moi.

— Pauvre petite ! je t'absous en faveur de ton repentir, de ton désespoir !... Parle, Nanette, qu'exiges-tu de moi ? parle sans crainte.

— Ah ! que vous êtes indulgente et bonne, madame ! Hélas ! je souhaite du plus profond de mon cœur que ce soit votre bouche qui, pour une pauvre fille, aille demander grâce et pitié à celle qui éleva son enfance et lui tint lieu de mère ; je désire que ce soit vous qui révéliez ma faute, et obteniez de ma tante la permission d'épouser le père de mon enfant, dit Nanette le front courbé, à travers les sanglots et les soupirs.

— Je le ferai, Nanette, aujourd'hui même ; mais pourquoi ne point avoir avoué avant la faute cette inclination à votre tante, et demandé la permission d'épouser celui que vous aimez ?

— Mon Dieu ! qu'avez-vous ? qu'est-il arrivé, mon enfant ? dit la marquise.

2

— Xavier a fait la demande de ma main, madame, mais il n'est qu'un simple soldat, et ma tante exige, avant de nous marier, qu'il soit caporal ou sergent.

— Ce jeune homme est-il de bonne mine? a-t-il quelque instruction?

— Xavier est beau, il est spirituel, madame.

— Allons, j'engagerai le marquis, mon époux, à parler en sa faveur au colonel de son régiment.

— Ah! madame, que de reconnaissance ne vous devrai-je pas!

La marquise, après avoir essuyé les pleurs de Nanette, agite une sonnette et donne l'ordre d'atteler les chevaux à sa voiture. La bienfaisante dame, après avoir fait asseoir dans le riche carrosse sa protégée à son côté, roulait vers le quai de la Ferraille pour aller s'arrêter à la porte de la boutique du perruquier Badouret.

— Femme! madame Badouret! vite un coup de torchon, enlevez les plats, les linges à barbe! voici la voiture d'un riche seigneur qui vient se faire coiffer.

— Qui, la voiture?

— Eh! non, le seigneur, répond M. Badouret se hâtant de secouer la poudre qui couvrait les chaises et allant et venant comme un fou.

La porte s'ouvre, et la marquise paraît, soutenant Nanette, qui, les yeux baissés, n'ose avancer et tremble comme la feuille agitée par le vent. Le perruquier et son épouse reconnaissent la dame qu'ils ont vue plusieurs fois, et la reçoivent avec force révérences et salutations; c'est dans l'arrière-boutique que madame Badouret s'empresse de faire entrer la noble visiteuse, et Nanette tombe aussitôt en larmes sur un siège.

— Hélas! qu'a donc cette chère enfant? s'écrie avec inquiétude la perruquière en courant vers sa nièce pour la presser dans ses bras.

— Une vive douleur, un sincère repentir d'une faute irréparable, mes amis, dit la marquise.

— Un repentir!... une faute!... grand Dieu! qu'est-il donc arrivé?... dit madame Badouret.

— Ah! je devine : moi, l'enfant au lieu d'aller à son ouvrage ce matin a fait l'école buissonnière, et vient en demander pardon, c'est sûr. En v'là de la soumission, chère petite, va! dit en souriant le perruquier.

— Nanette, qu'as-tu donc, ma chère, conte cela à ta bonne tante, qui t'aime et t'excuse d'avance, dit madame Badouret en caressant la jeune fille.

— Votre nièce, madame, victime de la séduction, d'un trop confiant amour, doit être mère dans trois mois, dit la marquise avec émotion.

— Mère! Nanette enceinte! misérable enfant! s'écrie la perruquière en reculant avec effroi, indignation.

— Je parie vingt-quatre sous que c'est ce polisson de Rifolet qui lui aura fait cet enfant, dit Badouret avec naïveté et sang-froid.

— Ma tante, ma bonne tante, ne me maudissez pas! s'écrie Nanette en tombant à genoux et élevant vers la perruquière des mains suppliantes.

— Te pardonner! jamais, monstre! sors de chez moi, car je te chasse et te méprise.

— Ah! madame, pouvez-vous ainsi accabler une pauvre fille qui, repentante à vos pieds, implore votre miséricorde?

— Madame la marquise, pardonnez de ce qu'en votre présence je ne peux maîtriser ma vive indignation, mais au roi lui-même je refuserais la grâce de cette fille indigne.

— A vous cette faute, madame, dont l'ambition a repoussé le séducteur de votre nièce lorsqu'il la demandait pour épouse, répond la marquise.

— Mais enfin, quel est ce misérable madame Badouret.

— Un nommé Xavier, soldat aux gardes françaises, dit madame de Chamalais.

— Ah bah! j'aurais perdu, s'écrie Badouret.

— Un soldat! un simple soldat! dit la perruquière avec mépris.

— Honnête homme quoique coupable, il attend votre consentement pour réparer ses torts, et par le crédit de mon époux, il ne peut tarder d'obtenir un grade.

— Qu'ils se marient ou ne se marient pas, que m'importe, puisque je ne veux plus les revoir ni entendre parler de cette fille indigne?

— Ma tante! pitié! pitié! s'écrie Nanette en se traînant à genoux et livrée au plus violent désespoir sur les pas de l'inflexible perruquière, qui la repousse avec dureté.

— Assez, assez, mon enfant, et puisque le cœur de votre tante ne connaît ni l'indulgence ni le pardon, venez près de moi, chez moi; alors je serai votre mère, je vous marierai et vous prodiguerai tout le bonheur qui dépendra de moi, dit la marquise en ouvrant ses bras, dans lesquels Nanette se précipite.

— Eh bien! et ton oncle, petite, qui te pardonne trois fois plutôt qu'une, est-ce que tu veux l'oublier? s'écrie Badouret les larmes aux yeux.

— Vous, mon bon oncle, oh! jamais, jamais! dit Nanette en quittant le sein de la marquise pour se jeter sur celui du perruquier.

— Vois, Nanette, vois ta tante qui, malgré son air rébarbatif, ses grands serments, pleure en cachette et voudrait déjà t'avoir pardonné, dit Badouret en montrant sa femme, laquelle sanglote à cœur fendre.

— Eh bien... oui, je... je pleure, mais de ra... ge d'aimer encore cette malheureuse enfant et de lui pardonner mal... gré moi, balbutie madame Badouret, qui, avant sa phrase terminée, presse déjà Nanette dans ses bras en la couvrant de baisers.

— J'aurais parié la pièce de douze sous que ma femme n'y tiendrait pas ; comme dit le proverbe : chacun juge le prochain d'après son propre cœur.

— Ah Nanette, qu'est-ce qui aurait dit cela? imprudente! combien tu me fais de chagrin! Mais je te pardonne, enfant, en faveur de ton repentir, du cher petit que tu portes dans ton sein et à qui il faut nous empresser de donner un père afin de sauver, autant que possible, l'honneur de la famille.

— Xavier ne demande pas mieux, ma tante.

— Mais où est-il, ce beau godelureau, qu'on s'entende avec lui?

— Présent! fait Belhumeur entrant dans l'arrière-boutique la main à son chapeau, Belhumeur qui a attendu Nanette à la porte de l'hôtel, et l'a vue sortir avec la marquise; qui a suivi la voiture et est entré sans bruit dans la boutique du perruquier, afin d'écouter l'entretien dont il n'a pas perdu un mot.

A l'apparition inattendue du militaire, chacun paraît surpris; Nanette manque de s'évanouir, madame Badouret fronce le sourcil, le perruquier sourit et se frotte les mains, la marquise examine, et, voyant la bonne mine de Xavier, sa belle et noble figure, trouve la jeune fille moins coupable.

— Quand la noce, maman Badouret? s'écrie Belhumeur.

— Mais, le plus tôt possible, mauvais sujet, répond la perruquière.

— Suffit; et si madame la marquise à toutes ses bontés voulait joindre celle de dire un petit mot à mon colonel, la chose n'en irait que mieux et plus vite.

— Telle est mon intention, monsieur; venez donc demain soir à mon hôtel chercher la réponse que m'aura faite votre chef.

— Je n'y manquerai pas, madame la marquise, répond Xavier en saluant.

— Nanette, reprend madame de Chamalais en pressant amicalement la main de sa protégée, maintenant que le sourire a remplacé chez vous la douleur, je vous quitte, mon enfant; mais souvenez-vous, le jour de vos noces, de venir près de moi y recevoir la dot que je me fais un plaisir de vous offrir.

Grands remerciements et force salutations de la famille, qui accompagne la dame jusqu'à son carrosse, et ne rentre qu'après l'avoir perdu de vue.

Rentrée chez elle, la marquise fait prévenir son époux qu'elle souhaite l'entretenir. Le marquis se présente, prend un siège près de sa femme, et lui prête une oreille attentive.

— Mon ami, je vous ai fait appeler afin d'exiger de votre part un service en faveur de deux jeunes gens que je protège.

— Parlez, chère marquise, vos désirs, vous le savez, sont des ordres pour moi.

— De votre complaisance, de votre amabilité, je n'attends pas moins... Il s'agit, marquis, de faire une visite au colonel des gardes françaises en garnison en ce moment à Paris...

— Rien de plus facile, madame.

— Il est de vos amis, à ce que je crois me rappeler...

— Camarade d'enfance, répond le marquis.

— Fort bien! vous lui demanderez qu'il protège et grade le plus tôt possible, le nommé Xavier dit Belhumeur, soldat de son régiment ; plus qu'il accorde à ce jeune militaire la permission de se marier dans quelques jours.

— Pourrait-on savoir, marquise, d'où naît l'intérêt que vous portez à ce soldat?...

— Il est le prétendu de ma gentille lingère, la jolie Nanette.

— Ah! ah! fait le marquis en se mordant les lèvres.

— La tante de Nanette repousse ce mariage parce que Xavier est un simple soldat, mais une visite de moi à cette femme vient d'aplanir toute difficulté ! et il ne manque plus que la permission du colonel pour que le mariage se fasse aussitôt.

— Vos souhaits vont être comblés, chère marquise, car à l'instant même je vais me rendre chez le colonel... où j'avais eu d'abord envie d'aller moi-même; mais j'ai réfléchi en revenant ici qu'il était plus convenable que vous vous chargiez de cette démarche.

— Je préfère que ce soit vous.

— Cent fois merci, madame, d'une préférence qui vous évite une peine et que je vais m'efforcer de mériter encore plus à l'avenir.

M. de Chamalais quitta sa femme pour se jeter dans sa voiture et se faire conduire chez le colonel qu'il trouva à grand'peine et chez qui il ne pénétra qu'en forçant la consigne.

— Ah! pardon, mon cher, je ne te savais pas en bonne fortune, s'écrie le marquis en découvrant le colonel au fond d'un petit boudoir, en tête-à-tête avec une jeune femme qu'il faisait danser sur ses genoux, après un excellent déjeuner dont les débris encombraient une table placée près du couple galant.

— C'est toi, Chamalais! parbleu! sois le bienvenu, tu vas m'ai-

der à vider ce dernier flacon de champagne, dont cette petite fait fi !
s'écrie le colonel en riant et tendant la main au marquis.

— Très-volontiers, mon cher ; cependant, il me semble que ma présence doit être importune en ce moment.

— Du tout ! car un bon drille de plus n'effarouchera en rien la pudeur de la gentille Thisbé, la reine des danseuses du théâtre de Nicolet, dit le colonel en montrant sa maîtresse, à qui il donne un gros baiser, et qu'il fait asseoir sur un canapé.

— S'il en est ainsi, buvons et causons, car je viens, mon brave, colonel, te demander un service.

— Explique-toi, Chamalais, entre gentilshommes on se doit aide et protection.

— Il y a dans ton régiment un soldat nommé Xavier dit Belhumeur...

— Oui, un brave, un bon militaire...

— Un drôle qui se permet de vouloir épouser une grisette dont je suis amoureux fou, un vrai trésor, un morceau friand, digne en tout des regards d'un gentilhomme.

— En vérité ! fait le colonel.

— Aussi viens-je te prier, en bon et ancien camarade, de me débarrasser de ce honteux rival, de refuser à cet homme la permission de se marier, de lui interdire tout avancement, et pour plus de sûreté, de l'expédier sur quelques garnisons lointaines.

— Diable ! tu es exigeant, Chamalais, tu me demandes la chose qui me coûtera le plus, celle de chagriner un homme que j'estime. C'est le plus brave du régiment que je commande.

— Allons donc ! mon cher, ne vas-tu pas te faire tirer l'oreille en faveur d'un manant ?

— Non, mais sache, marquis, que, pas plus tard qu'hier, j'ai promis à Belhumeur les galons de caporal et de signer à son contrat de mariage ; or, puis-je de but en blanc, sans un motif quelconque, manquer ainsi à une parole donnée ?

— S'il ne te manque qu'un prétexte, je te le fournirai, mon cher.

— Comment cela ?...

— En empêchant Xavier de rentrer ce soir au quartier, et en te le renvoyant demain matin ivre et insubordonné.

— C'est un guet-apens, une action peu loyale que tu me proposes là ; mais enfin comme je ne peux te refuser, fais ce que bon te semblera.

— Tu t'engages donc à recevoir demain notre drôle lors de sa rentrée à la caserne ?

— Oui.

— A l'expulser de Paris ?...

— Pour le faire filer sur Strasbourg, où le régiment de mon frère le recevra.

— Colonel, je suis content de toi ; maintenant, buvons ! reprit M. de Chamalais en s'emparant d'une bouteille et versant à pleins bords.

Le même jour de cet entretien, sur la brune, comme Xavier, après avoir quitté Nanette et les Badouret, s'acheminait vers sa caserne en société de Rifolet, qu'il venait de rencontrer, un ouvrier de bonne mine l'accoste, pousse un cri de surprise et se jette dans ses bras.

— Quoi donc, pékin ? ça ne se passe pas ? dit le militaire en repoussant l'inconnu.

— Quoi, Xavier ! tu ne reconnais pas Poulo, avec qui tu as joué si souvent étant enfant ? Poulo, le fils à la mère Vincent ?...

— Eh oui ! je te reconnais, après que tu sois grandi et enlaidi à l'avenant... Ah çà ! d'où viens-tu ? que fais-tu ?... Et Xavier presse la main de Poulo, grand flandrin au teint blême.

— Mon cher, j'ai fait mon chemin ; oui, je suis calé, très-calé, grâce à la place d'économe que j'occupe chez un de nos grands seigneurs.

— Où tu mets les économies dans ta poche, n'est-ce pas, farceur ?

— Pas souvent, pas souvent ; mais quelquefois, car ma manière de penser à moi, vois-tu, Xavier, est que le riche ici-bas est le banquier du pauvre.

— Pas mal ! mais au revoir, camarade, car j'entends la retraite qui me rappelle au quartier, sous peine d'enfoncement, répond Belhumeur en faisant un pas pour s'éloigner.

— Depuis quand d'anciens amis se quittent-ils sans boire un coup ? dit Poulo reprenant le bras de Xavier et l'entraînant vers un marchand de vin.

— Un coup, soit ! mais hâtons-nous, dit le soldat aux gardes en suivant Poulo, accompagné de Rifolet.

On s'attable, le vin est de première qualité ; mais chose étrange, il monte vite à la tête des buveurs, qui, à leur cinquième bouteille, chantent, déraisonnent et oublient l'heure.

C'est que ce Poulo, tout en était une vieille connaissance de Xavier, était aussi le valet de chambre du marquis de Chamalais, lâché par ce dernier pour débaucher et griser le militaire, ce dont cet homme s'acquitta à merveille, au moyen d'une poudre étourdissante qu'il mêla au vin sans que Rifolet, victime aussi de la fraude, s'en doutât le moins du monde.

Cinq heures du matin, et Xavier, dans son ivresse, se rappela enfin que la retraite du soir était sonnée, qu'il lui faut rentrer à la caserne, vers laquelle il se dirige chantant et trébuchant. Il ne rentra

que pour être conduit par quatre de ses camarades à la salle de police, pour de là paraître deux heures après devant son colonel, dont le regard sévère acheva de dégriser notre soldat aux gardes.

VI. — 1792. — Quatre ans après.

Au mois d'août 1792, époque de troubles, moment funeste où la monarchie croulait et s'ensevelissait dans des flots de sang, où un peuple faible, épouvanté, abandonnait l'infortuné Louis XVI, le meilleur des rois et des hommes, à la fureur des factieux, à des juges sanguinaires ; Louis XVI, monarque trahi, abandonné par une lâche noblesse, qui n'avait su que fuir et non le défendre au jour du malheur, noblesse égoïste, rampante, ingrate ! noblesse perfide aux Bourbons, à l'empereur, et qui sera toujours la même envers tous les rois lorsque ces derniers ne pourront plus payer sa monnaie de singe, ses basses flatteries avec la sueur du peuple.

Au mois d'août 1792 donc, et dans la rue Saint-Antoine, non loin de la rue Cloche-Perche, se voyait une petite boutique sur l'enseigne de laquelle se lisait en gros caractères :

Mademoiselle Badouret, tient lingerie et nouveautés.

Boutique dont les montres ornées de gracieux chiffons, de bonnets coquets, invitaient le passant à entrer et à faire emplette, ce à quoi les engageaient encore plus la jolie figure, les gentilles manières et la politesse de la maîtresse du lieu.

Or, c'était le 16 août, et sur la brune, six jours enfin après l'horrible massacre du 10, que Nanette Badouret s'empressait de fermer son petit magasin, et de clore ses portes, à l'exemple des marchands ses voisins, car le bruit circulait dans le quartier que les Marseillais et les fédérés étaient en marche pour le faubourg Saint-Antoine, et que le passage de cette canaille sanguinaire ne pouvait manquer de se signaler, selon l'habitude, par la violence et le vol.

Les volets placés, la porte bien fermée, Nanette, toujours aussi gracieuse, plus belle encore que lorsque nous la connûmes il y a cinq ans, Nanette donc va s'asseoir près d'un petit comptoir sur lequel brûle une chandelle, et là, en soupirant, reprend l'ouvrage qu'elle avait quitté pour fermer sa boutique.

— Mon Dieu ! où est-il ? pourquoi ne revient-il pas lorsque je l'en ai prié ? lorsqu'il sait que j'ai absolument à sortir ? ah ! mon oncle ! pour un homme de votre âge, vous êtes peu raisonnable, murmura Nanette avec une impatiente résignation.

Quelques instants encore, et trois petits coups, frappés avec le doigt sur un des volets de la boutique, font accourir Nanette, qui ouvre la porte.

— Enfin, vous voilà, mon oncle, je vous attendais avec impatience... Franchement, vous êtes peu prudent, être ainsi sans cesse dehors dans un temps comme celui-ci, où l'on peut rencontrer la mort à chaque pas !

— Ne gronde pas, chère enfant, j'arrive de l'Assemblée nationale, où la séance a été chaude, et d'où il m'était impossible de sortir plus tôt, car les portes en étaient closes, répond Badouret, dont une large cocarde orne le chapeau à trois cornes, dont une bouffette aux couleurs nationales couvre un revers de l'habit.

— Dites-moi, mon oncle, ont-ils parlé du roi et de sa famille, qu'ils ont enfermés il y a trois jours dans la forteresse du Temple ?

— Certainement ! car après les avoir entendus, je crains fort que ça n'aille mal pour notre bon monarque.

— Hélas ! un si brave homme ! que peuvent faire ces monstres après l'avoir ravi sa couronne et sa liberté ?

— Silence ! silence donc, petite ! il faut que tu sois bien téméraire pour oser t'informer tout haut du sort de cette famille ; tu ne sais donc pas qu'au temps qui court les murs ont des oreilles ?

— Beau temps et belle chose, ma foi ! qu'une révolution.

— Silence ! encore une fois, petite, tu vas nous compromettre... Mon Dieu ! ne l'entendait !

— Oui, les Marseillais, les sans-culottes, affreux coquins, aussi féroces que sanguinaires !

— Tais-toi, tais-toi, enfant ! car si comme moi tu étais un profond politique, tu comprendrais tous les avantages de notre belle révolution.

— Je n'ai encore vu que des horreurs, car enfin qu'a-t-elle produit jusqu'ici que l'exil et le massacre ?

— La liberté, ma nièce, l'abolition des privilèges et celle d'une noblesse orgueilleuse.

— Belle liberté que celle qui menace vos jours à chaque instant, et vous clôt la bouche sous peine de mort.

— Attends, Nanette, laisse passer l'orage, et tu diras ensuite comme le proverbe : à quelque chose malheur est bon, la preuve, c'est que l'abolition des privilèges t'a permis d'ouvrir cette boutique de lingerie aussitôt après la mort de ta pauvre tante, ma chère femme, décédée voilà deux ans bientôt.

— Oui, et la réforme des maîtrises ayant transformé en maîtres tous les garçons perruquiers, la concurrence vous a forcé de fermer boutique, répond Nanette.

— Et de venir vivre près de toi, avec toi, ma chérie, afin de te porter aide et protection.

2.

— Allez, allez, mon oncle, je ne peux, malgré tout ce que vous me dites, aimer une révolution qui, attirant l'ennemi sur notre sol, contraint Xavier, le père de mon fils chéri, à vivre aux armées éloigné de moi depuis quatre ans bientôt, sans lui avoir seulement laissé le temps de venir m'épouser.

— C'est cela, plains-toi, Nanette, lorsque cette même révolution a puni dans le marquis de Chamalais, aujourd'hui en fuite et privé de ses titres, l'homme qui, par une ruse, une méchanceté indigne, a empêché jadis ton mariage avec Xavier en envoyant ce pauvre garçon en exil.

— Monsieur de Chamalais! oui; mais, hélas! combien il est puni en ce moment! depuis près d'un an, séparé de sa vertueuse femme, qui mourante l'appelle à chaque instant! Ah! mon oncle! il est de ces infortunés devant qui toutes les rancunes doivent s'éteindre.

— A propos! mais il y a longtemps que nous n'avons reçu de nouvelles de ce brave Xavier.

— Il y a un mois, mon oncle, et j'en attends bientôt.

— Oui, s'il n'est pas mort...

— Ah! mon oncle, quelle horrible pensée! s'écria douloureusement Nanette.

— Dame! comme dit le proverbe, le danger est pour celui qui le cherche, et Xavier, qui a juré de monter en grade lors de son départ pour la guerre, n'y va pas de main morte, à ce que nous marquait Rifolet dans sa dernière lettre, Rifolet, son camarade de régiment, gaillard jadis capon comme la lune, et dont l'amour a fait un brave soldat.

— Savez-vous bien, mon oncle, que sans mon fils, mon petit André, j'aurais voulu, ainsi que Toinon, l'épouse de Rifolet, suivre mon Xavier à la guerre?... oui, je me serais fait cantinière du régiment! dit fièrement la jeune femme.

— Et moi, Nanette, sais-tu que malgré mes soixante-dix ans, entraîné par l'élan général, j'ai été sur le point de m'enrôler? mais les imbéciles n'ont pas voulu de moi et m'ont conseillé d'aller me replanter afin de reverdir.

— Comment, mon oncle! vous avez eu la pensée de quitter votre nièce, votre fille? Ah! c'est vilain, bien vilain!

— Dame! petite, l'enthousiasme m'avait tourné la tête, je voulais aussi aller battre les Prussiens!

— O ciel! déjà neuf heures, et j'oubliais qu'il faut que je sorte absolument! s'écrie Nanette, dont les yeux viennent de se fixer sur l'horloge de bois suspendue à la muraille de la boutique.

— Es-tu folle, enfant, de penser à sortir à cette heure lorsqu'il y a du bruit dans la ville, et que tu serais exposée à faire quelque fâcheuse rencontre?

— N'importe, mon oncle, ma chère malade m'a fait demander tantôt, je dois me rendre à ses ordres.

— Mais, Nanette, quelle est donc cette femme à la santé de qui tu t'intéresses si vivement?

— Une infortunée souffrante et chagrine, que vous ne connaissez pas, mon oncle, et de qui je suis la seule amie, le seul soutien! répond Nanette avec tristesse, tout en couvrant ses épaules d'un mantelet d'une couleur foncée.

— Je vais t'accompagner, petite.

— Non, mon oncle; ce n'est pas la peine, je ne vais qu'à deux pas; occupez-vous seulement de préparer le souper, car je ne tarderai pas à rentrer; et surtout s'il y a du bruit dans la rue, gardez-vous d'ouvrir la porte et de vous mêler à la foule, ainsi que cela vous arrive chaque fois.

— Sois sans crainte, petite, car prudence est mère de sûreté, comme dit le proverbe; aussi je ne m'aviserai pas de laisser ta boutique sans gardien, pour la faire dévaliser.

Nanette, après quelques recommandations encore, s'éloigne d'un pas rapide, descend la rue Saint-Antoine jusqu'à celle de la Tixeranderie. Là, elle entre dans une allée obscure et infecte, franchit un escalier tortueux, atteint le troisième étage et frappe doucement à une porte que vient lui ouvrir une vieille femme.

— Arrivez donc, amie secourable, l'infortunée est bien mal et vous attend avec impatience, dit tout bas la vieille en reconnaissant Nanette et en l'introduisant dans la chambre meublée avec simplicité, mais où règne la plus grande propreté, et dans laquelle, sur un lit, est étendue, pâle, défigurée, la marquise de Chamalais, près de qui avec empressement s'avance la lingère.

— C'est toi, mon ange tutélaire, j'avais hâte de te voir et je craignais que tu n'arrivasse trop tard, dit la marquise d'une voix faible en sortant de dessous la couverture une main blanche et décharnée qu'elle présente à Nanette.

— Pardon, pardon, madame, de vous avoir fait attendre, mais mon oncle est rentré tard, et puis j'avais peur de sortir, car, dit-on, il y a ce soir grand tumulte dans la ville.

— Pauvre petite! comme je te donne du mal! comme je t'expose pour moi! et cependant ils nous ont dépouillés de tout, Nanette, nous sommes pauvres maintenant, il nous sera impossible de te récompenser du bien que tu me fais.

— Ah! madame! pourquoi parler ainsi lorsqu'en m'accueillant avec bonté au temps de votre opulence, vous m'avez récompensée

d'avance au delà de tout ce que je fais pour vous dans ces jours de calamité!

— Non, non, je n'ai rien fait pour toi, mon ange, pour ton bonheur, que je désirais cependant; et toi, me voyant séparée de mon époux qu'ils ont mis en prison pour le punir d'un crime imaginaire, obligée de fuir mon hôtel qu'envahissait une populace furieuse, qui m'y cherchait pour me donner la mort, tu m'as recueillie, Nanette, ainsi que mon enfant, ma chère petite Charlotte! J'étais malade, mourante, après de si terribles secousses, enfin dénuée de tout, et c'est encore toi qui as placé ma fille et qui pourvois chaque jour aux besoins sans cesse renaissants de sa mère...

— Assez, assez, madame, pitié pour vous que ces paroles fatiguent! interrompt Nanette en pressant la main de la marquise.

— Ange de bonté! laisse à une mourante le droit d'exhaler ses dernières volontés, ses dernières pensées.

— Vous, mourir! oh! non, madame, vivez pour revoir votre époux, vivez pour votre chère petite fille et pour moi, qui vous aime tant! répond la lingère d'une voix émue et les yeux mouillés de larmes.

— Non, n'espère plus, Nanette, car je sens mon âme prête à quitter mon corps pour s'envoler vers Dieu, que je prierai pour mon époux et pour mon enfant; aussi ai-je voulu te revoir encore, mon ange, afin de te remettre cette lettre pour mon époux s'il échappe à la haine de ses persécuteurs, si tu le revois un jour, reprend la marquise en remettant à la lingère une lettre cachetée.

— C'est inutile, madame, vous vivrez pour être heureuse et chérie!

— Non, n'y compte pas, mon ange, et permets-moi de mourir moins malheureuse lorsque tu m'auras fait le serment de servir de mère à ma fille, d'élever son enfance, qu'en faire ainsi que toi un modèle de vertu et de bienfaisance; car si la pauvre petite, après m'avoir perdue, devait encore ne plus revoir son père!

— Ah! je vous le jure, madame! oui, votre Charlotte deviendrait alors ma fille, la sœur bien aimée de mon petit André.

— Merci, Nanette, du haut du ciel je prierai pour toi, et Dieu te bénira, mon ange.

Ces derniers mots ont été prononcés par la marquise d'une voix éteinte; la fatigue venait d'anéantir les forces de la malade, sa tête retomba sur l'oreiller, et ses yeux se fermèrent comme ceux d'un mourant.

— Pauvre femme! dit douloureusement Nanette en s'éloignant du lit après avoir longtemps contemplé la marquise et s'être assurée qu'elle reposait.

— Mère Chatelain, qu'est-ce qu'a dit le médecin aujourd'hui? demande la lingère à la vieille garde, qui n'est autre qu'une pauvre ouvrière, locataire de la chambre et propriétaire du mobilier. Elle l'a louée à Nanette afin d'y placer la marquise, qu'on cherchait, et qu'elle ne trouvait pas assez bien cachée dans sa boutique, où cette femme infortunée, la tête perdue et tenant son enfant dans ses bras, était venue d'abord lui demander asile et secours.

— Hélas! il n'y a plus rien à espérer, et elle passera d'un moment à un autre, répond la vieille, à la grande douleur de Nanette.

— S'il en est ainsi, mère Chatelain, je vais profiter du sommeil de notre chère malade pour courir rassurer et prévenir mon oncle, puis je reviendrai veiller et prier avec vous au chevet de cette infortunée.

Ces paroles dites, la bonne fille s'échappe en silence, et d'un pied léger regagne son logis, dont une clef lui donne l'entrée, mais où elle trouve son oncle absent : le couvert était dressé, le souper sur la cendre chaude, et sur le comptoir de la boutique elle lut écrit en grosses lettres avec du blanc d'Espagne ces mots tracés de la main de l'ex-perruquier :

Ne soit point inquiète, je cuis avec notte voisin le rautisseur, allé faire un tourre.

Nanette, après avoir murmuré une plainte sur l'imprudence du vieillard, s'empresse de tracer ces mots sous ceux écrits pour son oncle :

« Et moi, je vous gronderai fort à mon retour; je vais accomplir le devoir d'une amie, d'une chrétienne, en passant cette nuit entière au chevet d'une pauvre femme prête à rendre son âme à Dieu. »

Cela fait, et la douleur lui ôtant tout appétit, Nanette sortit presque aussitôt de chez elle, se dirigeant de nouveau vers la rue de la Tixeranderie, lorsque, arrivée sur la place Baudoyer, une masse de brigands, hurlant la *Marseillaise*, couverts de boue et de sang, et tous armés de torches, sabres et piques, débouchent de la rue des Barres, et dans leur course entourent la pauvre fille, qui n'a pu leur échapper, et qui s'efforce de sortir de ce ramas impur. Saisie à bras-le-corps par un de ces hommes affreux, elle sent aussitôt ses lèvres comprimées par celles du bandit. Nanette pousse un cri d'effroi se débat, et par ses efforts impuissants ne fait que provoquer l'hilarité de la bande atroce.

— C'est une aristocrate!

— A la lanterne, la bégueule! s'écrie un autre.

— Crie vive la nation ou la mort, la citoyenne!

— Grâce, messieurs, laissez-moi continuer ma route ! supplié Nanette hors d'elle en joignant les mains.

Vaine prière, car la pauvre fille, renvoyée brutalement de l'un à l'autre de ces brigands, sent la bave impure qui s'échappe de leurs lèvres souiller son visage si pur et si charmant ; puis, tombée dans les bras du dernier, c'est une tête tranchée et sanglante qu'un de ces monstres met en contact avec celle de la jeune fille, qui est inondée de sang, cela au bruit des fous rires de la bande infernale.

Libre enfin et la raison perdue, Nanette oublie la marquise ; dans son effroi, elle fuit en courant, regagne sa demeure, s'y introduit, et tombe sans connaissance sur le carreau, où, en rentrant une heure après, Badouret la trouve inanimée.

— Ma nièce ! ma chère Nanette ! s'écrie le bonhomme tout effrayé en relevant la pauvre fille, qu'il voit couverte de sang.

— Elle est tuée, assassinée ! mon Dieu ! au secours ! au secours ! s'écrie le vieillard ; et à ces cris les voisins d'accourir, d'aider l'oncle à relever Nanette, sur qui ne se montre nulle blessure.

A force de soins, la lingère revient à la vie ; en peu de mots elle raconte son aventure, et, saisie d'une fièvre violente, elle est mise au lit par deux voisines obligeantes.

Après trois jours de souffrance et d'un affreux transport, durant lesquels Badouret n'a pas quitté le chevet du lit de sa nièce, la jeune femme revint à la raison ; plus calme et moins souffrante, elle reconnut son oncle, et répondit à son sourire par un sourire.

Enfin, te v'là hors de danger, ma pauvre Nanette, mais franchement tu m'as fait une furieuse peur.

— Merci de vos bons soins, mon oncle ; et moi aussi j'ai eu bien peur en me voyant au milieu de cette lie du peuple et l'objet de leur brutalité.

— Pauvre petite, que n'étais-je là pour te défendre !... Ah çà ! mais, Nanette, sais-tu que tu n'as pas mal battu la campagne depuis trois jours que tu es dans ce lit malade ?

— Trois jours, trois jours ! mon Dieu, est-ce bien possible ?

— Rien de plus certain, t'agitant, criant, parlant et t'entretenant avec une marquise de je ne sais quoi...

— Une marquise... Oui... La mémoire me revient !... C'est elle ! elle ! l'infortunée !... Trois jours sans la voir... Que sera-t-elle devenue ?... Mon oncle, il faut que je me lève, que je sorte...

— Eh bien ! est-ce que ça te reprend, Nanette ? dit l'oncle avec inquiétude en retenant sa nièce prête à s'élancer hors du lit.

— Non, mon oncle, soyez sans crainte, j'ai toute ma raison ; mais un être souffrant m'attend et s'inquiète de mon absence, il me faut aller près d'elle.

— Impossible, mon enfant, tu es trop faible, tu es incapable de te soutenir ; patience encore, car, comme dit le proverbe, la guérison n'est pas si prompte que la blessure.

— Oui, mon oncle, je suis guérie, je suis forte, voyez plutôt ! Et en parlant ainsi la jeune femme, qui s'était posée sur ses pieds, faiblissait et perdait l'équilibre.

Badouret, effrayé, s'empresse donc de la remettre sur sa couche, tout en la grondant de sa désobéissance.

— Mon oncle, à vous le soin de calmer une vive inquiétude en vous rendant tout de suite près de la marquise de Chamalais, qui, malade, expirante, pauvre, et n'ayant désormais d'autre amie et d'autre soutien que votre nièce, souffre et languit dans une mansarde de la rue de la Tixeranderie. Partez, partez vite, mon oncle, et hâtez-vous, après l'avoir visitée, instruite du motif de ma longue absence, de venir m'apporter de ses nouvelles ; allez, et Dieu veuille que vous la trouviez encore !

— Ah ! cette femme est la marquise de Chamalais, l'épouse de ce scélérat de seigneur qui, amoureux de toi, d'après ce qu'a raconté à Xavier une danseuse du théâtre de Nicolet, a fait expédier ce cher Belhumeur pour l'Amérique, afin de se débarrasser d'un rival ?

— Oui, mon oncle, c'est la marquise elle-même, fort innocente du mal que m'a fait son époux. Elle ignore toujours le fol amour de son mari pour moi ; ruinée, poursuivie, elle est venue me demander asile pour elle et son enfant, c'est elle qui se meurt et près de qui je vous supplie de vous rendre à l'instant même.

— Je pars, je pars, ma mignonne... Mais son époux, où donc est-il ?

— Dans les prisons de la Force et sous le poids d'une injuste accusation, celle d'avoir eu des intelligences avec les ennemis de la France.

— Alors, gare à lui ! car sa tête n'a plus guère de temps à rester sur ses épaules.

— Hélas ! dit Nanette à cette cruelle réflexion de son oncle.

L'ex-perruquier, après s'être informé de la demeure de madame de Chamalais, s'éloigne aussitôt, atteint la maison où habite la malade, et sous la porte se heurte à un cercueil, celui de la marquise, morte la veille et qu'on portait à sa dernière demeure.

— Voilà ma commission faite, dit froidement Badouret, après information prise, en tournant les talons pour regagner la boutique de la lingère.

VII. — L'échappé.

Depuis huit jours déjà la terre renfermait la dépouille mortelle de la marquise de Chamalais, et depuis ce temps Nanette pleurait la perte de cette amie. Qui pourrait dire toutes les larmes que versèrent ses beaux yeux !

L'oncle Badouret, témoin d'un aussi violent désespoir, s'efforçait en vain d'en arrêter le cours en cherchant à distraire la jeune femme ; il lui tenait compagnie, il l'entretenait de Xavier, et lui parlait surtout de son fils, de son petit-fils André, joli enfant, âgé de trois ans, et en nourrice au village de Gonesse, à quatre lieues de distance de Paris.

— Oui, mon oncle, mon André ; ah ! c'est lui qui m'attache à la vie, lui et un second enfant que le ciel m'a donné, et à qui je dois tenir lieu de mère, disait Nanette après avoir longuement écouté les consolantes et amicales paroles du perruquier.

— Comment, comment ! un second enfant ! tu comptes mal, ma mignonne, Dieu merci ! c'est bien assez d'avoir la charge d'un, sans en souhaiter un second, surtout dans ce moment de calamité, à la veille d'une affreuse disette, et lorsque le commerce est tout à fait abattu.

— Et pourtant, mon bon oncle, il va falloir que votre nièce redouble de courage et d'activité, car ce qu'elle vient de vous dire est la vérité ; oui, en quittant cette vie, la marquise de Chamalais lui a légué sa fille, sa petite Charlotte, pauvre enfant de deux ans, en la suppliant de lui tenir lieu de mère quand elle ne serait plus, et Nanette ne trahira pas la confiance que son amie a placée en elle, en repoussant l'orpheline au berceau.

— Mais cette petite a encore son père, fit observer Badouret avec humeur.

— Oui, mais en prison, sous le poids d'une funeste et mensongère accusation, son père dont, il y a peu de jours, vous me fîtes, mon oncle, entrevoir la perte inévitable, répond Nanette en soupirant.

— Inévitable en effet, ma pauvre enfant, en ce que les gredins qui sont nos maîtres aujourd'hui ne font grâce à personne, encore moins aux aristocrates conspirateurs... Mais, dis-moi, Nanette, le marquis de Chamalais mort, ne reste-t-il donc personne de la famille de ce noble qui puisse prendre soin de cette petite fille ?

— Non, mon oncle, car tout ce qui tient à cette famille est mort ou a émigré.

— Je conçois, aussi lâches que les princes du sang, que les d'Artois, les Provence, les Condé, tous ces nobles ont abandonné notre bon roi, et se sont sauvés comme de vrais capons, pour ne revenir qu'après le danger passé réclamer titres et honneurs, puis insulter le peuple, et se venger sur lui des malheurs qu'ont seuls causés leur orgueil et leur corruption. Mais, pour en revenir à notre affaire, je crains que tu ne fasses une sottise, Nanette, en prenant cette petite fille à ta charge ; c'est trop de deux enfants à élever et à nourrir pour une faible femme telle que toi ; prends garde ! c'est pour le souci d'autrui, comme dit le proverbe, qu'il en coûte la vie à l'âne ; puis encore : le trop, même dans le bien, ne vaut presque jamais rien, et c'est trop aimer que de risquer d'en mourir.

— Mon oncle, Dieu m'aidera et tout ira bien !

— D'accord ! mais Xavier, que dira-t-il à son retour en voyant un second enfant ?

— Il dira que j'ai bien fait de recueillir l'orpheline et ne m'en estimera que davantage.

— Mais ce même orphelin est l'enfant de l'homme à qui il en veut le plus, du marquis de Chamalais, à qui il a juré une haine à mort.

— Mon oncle, la haine échoue devant le malheur ! répond Nanette.

— Pour mademoiselle Nanette Badouret, dit le facteur de la petite poste en entr'ouvrant la porte de la boutique de la lingère et jetant une lettre sur le comptoir où causaient en ce moment l'oncle et la nièce.

— Mon oncle, c'est une lettre de Xavier, quel bonheur ! s'écrie Nanette en rompant vivement le cachet.

— Ah ! ah ! voyons ce qu'il nous dit, fait Badouret en se frottant les mains joyeux.

« Ma bonne Nanette, ma chère petite femme, la présente est pour t'annoncer que je suis encore de ce monde, vu que les balles, biscaïens et boulets se sont contentés jusqu'alors de siffler autour de moi sans oser m'atteindre ; et cependant ça chauffe terriblement fort ici, où ces gueux de Prussiens nous donnent le plaisir de nous escrimer sur leurs peaux du matin au soir, et de les battre à plate couture. Je t'apprendrai en plus, ma chérie, que mon général, le brave Kellermann, ayant trouvé que je ne m'escrimais pas mal dans l'action, et qu'un colonel prussien que je lui amenais en qualité de prisonnier après l'avoir été pincer à la tête de son régiment, et cela de ma propre main et autorité, était une prise qui en valait une autre, m'a nommé, il y a huit jours, sergent sur le champ de bataille en me promettant les épaulettes d'adjudant à la première occasion, qui, je te le jure, ma chère, ne se fera pas attendre longtemps. Encore quelques jours, et l'ennemi chassé de notre beau sol de la France, je demande un congé afin de voler vers toi, t'embrasser comme je t'aime et légitimer l'existence de notre cher petit André par un bon mariage que cette fois ne viendront pas interrompre les perfides menées d'un Chamabais, de ce noble audacieux qui osait convoiter de ses désirs libertins la femme qu'avait choisie Xavier Belhumeur; ce noble à qui j'accorde oubli et pardon, si le peuple dans sa vengeance a eu soin de satisfaire la mienne, mais à qui j'ai juré d'arracher une vie odieuse, s'il existe encore et que le hasard nous mette un jour face à face. Maintenant, ma Nanette, parlons de notre petit André, comment se porte ce chérubin? vas-tu souvent le visiter chez sa nourrice? Je m'en doute, car je sais que tu l'aimes comme tu aimes son père. Aie donc soin de l'embrasser fort et beaucoup pour moi, ce trésor chéri, dont je veux faire un jour un beau et brave soldat, duquel je ferai cadeau à la France en faveur de sa belle délivrance. Car actuellement, Nanette, un soldat peut prétendre à tous les grades; son épée, son courage lui ouvrent le chemin des honneurs et de la fortune, grâce à notre grande révolution, à l'abaissement de cette noblesse insolente qui se disait être tout et le peuple n'être rien, de cette caste égoïste, qui, au moment du danger n'a su que fuir et non défendre son roi qu'elle a abandonné lâchement. Voilà donc ces hommes, se disant, avec orgueil, d'une essence supérieure à la nôtre! On dit ici qu'à Paris ça ne va pas trop bien, qu'un ramas d'intrigants, se disant partisans des libertés, se disputent le pouvoir qu'ils viennent d'arracher aux mains du bon Louis XVI. On dit aussi qu'un autre ramas de canailles, dits les Marseillais, les sans-culottes et autres, déshonorent aussi notre révolution par des cruautés infâmes, et jettent par leur hideuse présence l'effroi chez les honnêtes gens. Combien il tarde à l'armée, ma chérie, après avoir repoussé l'ennemi au delà des frontières, de venir purger le pays de ces malfaisants! De la patience, ma petite femme, car je me dépêche de taper les Prussiens, afin d'être plus tôt près de ta gentille personne. En attendant ce doux instant, tant désiré de mon cœur, écris-moi souvent, donne-moi des nouvelles de notre André, de l'excellent oncle Badouret, à qui je rapporterai une queue superbe à faire et à poudrer. Je te dirai encore que Rifolet est décidément devenu brave, qu'à la dernière affaire il s'est dignement montré, ce qui lui a valu les galons de caporal. Cet ami, ainsi que Toinou, sa femme, notre bonne vivandière, te disent mille choses aimables. A bientôt, ma chérie! N'oublie pas d'embrasser notre fils comme je t'embrasse, mille et mille fois.

» XAVIER dit BELHUMEUR,
» sergent-major, deuxième division de la demi-brigade
» de l'armée du Nord, etc. »

— Il va venir, mon oncle, concevez-vous mon bonheur, ma joie? s'écrie Nanette en baisant la lettre.
— Tant mieux! tant mieux! ça fait que nous serons de noces, ça me va, moi, les noces, avec ça qu'il y a longtemps, enfin depuis la perte de feu ma femme, que je n'ai fait une petite ripaille!
— Mon oncle, je veux tout de suite lui obéir, aller à Gonesse embrasser son fils pour lui et en même temps voir mon second enfant, ma pauvre petite Charlotte, à qui je dois aussi aller rendre le dernier baiser que sa mère infortunée m'a donné pour elle. Vous m'accompagnerez, mon oncle, car c'est dimanche aujourd'hui et rien ne nous empêche de fermer la boutique?
— Tout ce que tu voudras, petite! répond Badouret. Et, cela convenu, on fait un peu de toilette et l'on se met en route vers le petit Saint-Denis, où un coucou reçoit l'oncle et la nièce qu'il cahote jusqu'à Saint-Denis d'où partent pédestrement nos deux voyageurs pour le village de Gonesse les poches garnies de sucre et de pâtisseries à l'usage des marmots. Non loin du village et au fond d'un verger situé sur la grande route, entre la jolie mère en embrassant coup sur coup le petit garçon. Et toi, chère petite! tu vis, tu ris, pauvre enfant! ah! tu ne sais pas la perte que tu viens de faire, heureux ange! pauvre petite!... Tiens, voilà d'abord le baiser de ta mère! son dernier, pauvre enfant, car elle ne te reverra plus! maintenant, embrasse ta nouvelle mère, embrasse-la bien fort, Charlotte!... Tiens, comme cela, mon petit ange! et, en parlant ainsi, Nanette inondait de baisers le visage de la petite fille, qui, en récompense, lui souriait et la baisait aussi.

— Maman! s'écrie André en élevant ses petits bras vers Nanette.
— Maman, balbutie Charlotte en imitant le geste de son petit compagnon.
Et les deux bambins de tomber ensemble sur le sein de Nanette, qui s'est baissée pour les y recevoir.
— Tiens, André, voilà de la part de ton père, et puis ceci est pour mon compte, disait la jolie mère en embrassant coup sur coup le petit garçon. Et toi, chère petite! tu vis, tu ris, pauvre enfant! ah! tu ne sais pas la perte que tu viens de faire, heureux ange! pauvre petite!... se perd dans un épais feuillage. Devant la porte de cette champêtre habitation, sur la grande route dont la toiture en chaume se perd dans un épais feuillage. Devant la porte de cette champêtre habitation, sur une jolie pelouse de gazon, et sur ce gazon, deux jeunes enfants aux blonds cheveux, aux frais et charmants visages, qui jouent, se roulent sur l'herbe d'une villageoise, gardienne prévoyante et attentive. La porte du verger s'ouvre pour donner entrée à deux personnes qui ne sont autres que Nanette et son oncle. Les enfants aperçoivent de loin Nanette, et sa présence anime leurs yeux de l'expression du plaisir et arrache de leurs jolies bouches un cri de bonheur et de joie.

— Ce petit gaillard-là sera tout mon portrait, dit Badouret en fixant la tête blonde, les traits doux et candides d'André, qui durant cette inspection prend les gâteaux dans la poche de son grand-père.
— Regardez donc aussi Charlotte, quelle jolie figure espiègle, n'est-ce pas? dit Nanette en levant la tête de la petite fille, dont, cette fois, les traits sont remplis de finesse et de malice.
— C'est vrai! figure charmante, charmante! un peu trop décidée, cependant.
— Ah! mon oncle, dites que l'esprit, l'espièglerie s'annoncent déjà chez cette jeune fille, comme chez mon André la douceur et la timidité.
— C'est juste! l'un et l'autre semblent avoir un caractère, une expression de physionomie tout opposé à leur sexe. Enfin, à les voir, on prendrait André pour une fille, et Charlotte pour un garçon. Cela dit, et laissant les enfants manger les gâteaux dont ils leur ont empli les mains, Nanette et l'oncle suivent la nourrice dans la chaumière, où cette femme leur sert des rafraîchissements. Là s'entame une longue causerie.
— Oui, mère Groslot, Charlotte n'a plus que moi pour amie et soutien; aussi, je vous la recommande, traitez-la comme mon André, car ces deux enfants me sont également chers, disait Nanette.
— Mère Groslot, est-ce qu'il ne vous reste plus de ce petit polisson de vin dont votre mari me fit goûter la dernière fois que je déjeunai ici avec lui?
— Faites excuse, m'sieur Badouret, j'en avons toujours.
— Eh bien! nourrice, offrez-m'en, ça conviendra mieux que le lait à ma petite estomac.
— Volontiers, d'autant plus que v'là notre homme qui revenont des champs, et qui aura bon de la satisfaction à trinquer avec vous.
Un instant après, le pain bis, l'omelette au lard et le jambon fumé couvraient la table accompagnés d'un énorme pot d'un petit vin clairet, cousin germain du vinaigre d'Orléans, mais duquel la fumée ne laissait pas de grimper à la tête lorsqu'on s'avisait d'en user largement, ainsi qu'était en train de le faire Badouret, à qui sa nièce, tout entière au bonheur de caresser les deux enfants, portait fort peu d'attention. Sept heures sonnent, il faut regagner Paris, et pour cela quitter la table, où depuis trois heures l'ex-perruquier et le père nourricier ne cessent de boire et de trinquer. En se levant, Badouret, les yeux brillants comme des soleils, éprouve certaine difficulté à se soutenir sur ses jambes flageolantes. Cela excite le mécontentement de Nanette, et elle engage la nourrice à offrir son âne pour transporter l'intempérant perruquier jusqu'à Saint-Denis, où lui et sa nièce prendront la voiture de Paris.
La proposition est acceptée, et Badouret est hissé sur la monture de Sancho. On se met en route. C'est à grand'peine que le père Groslot chargé de maintenir l'équilibre de l'oncle, s'acquitte de cette pénible mission; car ce dernier, dont la verve animée s'exerce en ce moment avec peu de révérence aux dépens des affaires politiques du temps, se remue et s'agite en tous sens.
— Mon oncle, de grâce, taisez-vous! Est-il prudent de s'exprimer ainsi en pleine route sur un sujet aussi dangereux et par le temps qui court? Encore une fois, silence! car si on vous entendait, vous courriez le risque d'être arrêté.
— Bah! ne sommes-nous pas au beau règne de la liberté? chaque citoyen n'a-t-il pas maintenant le droit suprême de proclamer tout haut ses opinions?
— D'accord, mon oncle; mais lorsqu'elles s'accordent en tous points avec celles des gouvernants, des plus forts enfin.
C'est en vain que Nanette raisonne et supplie, Badouret n'en continue pas moins sur le même ton, excité par le père Groslot, grand partisan d'une révolution qui a réformé la dîme et autres droits vexatoires, et à qui le bon sens ne dit pas en ce moment que, tôt ou tard, ce qu'il sauve de la flûte retourne au tambour, et qu'au lieu de payer un léger impôt au curé et à son seigneur, il sera contraint d'en verser un autre d'une valeur double et triple dans la caisse du percepteur, car rien n'est plus cher en ce monde qu'un gouvernement à bon marché!
On arrive à Saint-Denis, puis on prend la voiture publique, où, tout en roulant vers la capitale, Badouret, au grand déplaisir de sa nièce, fait connaissance avec un monsieur, son voisin, homme insinuant, grand questionneur, et qui, abondant sans cesse dans le sens de l'ex-perruquier, excite son bavardage politique et imprudent, et ses sarcasmes contre les actes de la Convention nationale. On est à Paris, puis dans la cour où vient s'arrêter la voiture publique, et où descendent les voyageurs. Sur un signe du monsieur, voisin de l'ex-perruquier, une demi-douzaine de chenapans à figures rébarbatives, ignobles, entourent Badouret et l'arrêtent au nom de la loi, à la grande surprise et douleur de Nanette, qui, pâle, tremblante, en larmes, supplie de l'innocence de son oncle et demande sa liberté.
Vaine supplication! Badouret, tout à fait dégrisé par cet incident, est forcé de marcher avec les gens de police, que précède le monsieur, qui n'est autre que leur chef, enfin un mouchard de profession.
C'est à la préfecture qu'on conduit l'ex-perruquier plus mort que vif en ce moment, à la préfecture, où l'accompagne sa nièce éplorée.
Là, elle se jette aux pieds d'un chef, devant lequel est conduit son

oncle en qualité d'ennemi de la Convention nationale, et de partisan aristocrate de Louis Capet.

— Qu'on fasse sortir cette pleurnicheuse, si mieux elle ne préfère aller en prison et tenir compagnie à l'accusé, dit le chef avec colère, en repoussant du pied la jeune femme qui l'implore.

— Allons, la belle! hors d'ici ou en prison, dit un argousin de police en relevant brusquement Nanette, et en la poussant rudement hors de la salle où se passait cette scène, et en refermant brusquement la porte sur elle.

— Mon oncle! mon pauvre oncle! s'écriait Nanette au désespoir, en se tordant les bras et en s'efforçant d'ouvrir la porte et de rentrer dans la salle.

— Que fais-tu là, petite? des jérémiades qui ne te serviront qu'à te faire envoyer en prison avec celui que tu réclames! Crois-moi, décampe au plus vite, et si tu as quelques protecteurs puissants dans la ville, fais-les agir en faveur de ton parent; car ici, quand tu gémirais cent ans, tu n'obtiendrais nulle pitié, nulle grâce, bourdonne à l'oreille de Nanette un homme en veste et coiffé d'un bonnet rouge en laine.

— Hélas! monsieur, mais je ne peux partir sans mon pauvre oncle, le plus honnête homme du monde, et dont le seul tort est de s'être grisé tantôt...

— Ce qui le fait bavarder sans doute à tort et à travers, et se compromettre comme un imbécile?...

— Hélas! oui, répond Nanette en sanglotant.

— Encore une fois, va-t'en, te dis-je, et hâte-toi, avant qu'on rouvre cette porte; va-t'en, crois-moi, s'il est hors d'ici un mari ou des enfants qui t'attendent, car une fois coffrée par eux, tes amis t'attendraient longtemps en vain.

— Des enfants! oh! oui, il en est deux qui ont besoin de moi, répond Nanette en s'éloignant vivement et désespérée.

Sortie de la préfecture, elle regagne au plus vite sa demeure, où elle s'enferme et pleure toute la nuit en pensant à son oncle, son oncle! à la liberté de qui elle jure de travailler sans relâche ni repos. Cela fut cause que le lendemain elle se mit en route dès la pointe du jour.

Huit jours se sont écoulés depuis que Nanette, négligeant son commerce, tenant sa boutique fermée, court la ville et fait mille démarches sans pouvoir rencontrer de protecteur assez puissant pour lui rendre son oncle, pour lui obtenir seulement la permission de le visiter à la prison du Châtelet, où a été conduit et enfermé l'ex-perruquier. Puis, pour comble de malheur, le temps, qui s'écoule si vite, fait que la première des terribles journées de septembre vient surprendre Nanette un matin, au moment où elle se disposait à se remettre en route. C'était le 2 du mois de septembre 1792, jour néfaste, où commença le massacre des prisons; affreuse agonie qui dura quarante-huit heures, où la désignation d'aristocrates conspirateurs, et sans jugement régulier, une bande affreuse de bourreaux, de bouchers de chair humaine, massacrèrent impitoyablement nobles, prêtres et bourgeois détenus à la Force, à la Conciergerie, à l'Abbaye-Saint-Germain-des-Prés et autres prisons. Ces monstres, désignés de nos jours sous le titre de septembriseurs, firent rouler cinq mille têtes dans le précipice où s'engouffrait la monarchie. Or donc, impossible à une jeune femme, peureuse et timide, de mettre ce jour-là les pieds hors du logis, car un tumulte extrême, une stupeur horrible régnaient dans tout Paris, surtout rue Saint-Antoine, où de la boutique de Nanette, située non loin de la Force, on entendait les cris des victimes, qui en passant le guichet de cette prison et en rêvant la liberté, se trouvaient aussitôt en présence d'infâmes bourreaux, qui les massacraient sans nulle pitié. Ainsi donc Nanette, glacée d'épouvante et prosternée à terre, priait Dieu pour les infortunés qui expiraient en cette affreuse journée. Sur la brune la jeune femme n'entendant plus que peu de bruit, inquiète et désireuse de savoir ce qui s'était passé, entr'ouvrait sa porte avec précaution et silence, lorsqu'un homme se précipite sur elle, la repousse dans la boutique, où il pénètre aussi, et referme vivement la porte sur lui.

— Au secours! s'écrie Nanette glacée d'effroi.

— Silence! silence et pitié, madame! s'écrie aussitôt l'étranger, dont les traits sont hagards, les habits en désordre et tachés de sang, et en tombant aux genoux de la jeune femme.

— Qui êtes-vous? que me voulez-vous, monsieur?

— Un malheureux, un noble qui, à la faveur des ombres de la nuit, vient d'échapper à la fureur d'une bande d'assassins, un infortuné que l'on poursuit, et qui est perdu si vous appelez ou si vous le chassez de chez vous.

— Hélas! est-ce bien vrai, ce que vous me dites là, monsieur? car en ce moment affreux, on a tant à craindre, tant à se méfier! répond en tremblant Nanette.

— Ah! que ne pouvez-vous voir mes traits, le sang qui ruisselle de la blessure qu'ils m'ont faite, puis mes larmes, ma douleur! alors vous ne douteriez plus! répond l'étranger.

— Vous dites, monsieur? Ah! il fallait donc le dire tout de suite. Attendez! attendez! je vais allumer la chandelle; mais dans mon arrière-boutique, afin que la lumière ne se voie pas de la rue; venez, monsieur, ou plutôt prenez ma main et suivez-moi.

— Ange secourable! béni soit le ciel qui m'a conduit vers toi! murmure l'étranger en suivant Nanette d'un pas faible et chancelant.

— Asseyez-vous là, il y a une bergère; maintenant je vais battre le briquet. Quelques coups sur la pierre, l'amadou s'enflamme, et la chandelle est allumée. Alors les yeux de Nanette se fixent sur l'étranger, puis la lingère pousse un cri affreux en apercevant un visage dont le sang, qui coulait en abondance d'une large blessure à la tête, cachait tous les traits.

— Ne vous alarmez pas, mademoiselle! un peu d'eau seulement, un peu d'eau, demande l'étranger.

Nanette s'empressa d'apporter tout ce qu'il fallait, et de sa main bienfaisante, d'étancher et d'arrêter le sang au moyen d'une compresse; puis ensuite de laver le visage de l'inconnu, que l'excès de la souffrance venait de plonger dans un profond évanouissement.

— Ô ciel! mais je ne me trompe pas, c'est lui! c'est M. de Clamalais! s'écrie la lingère, qui, après avoir enlevé le voile de sang, a reconnu les traits du marquis.

— Oh! n'importe! secourons-le, car c'est son épouse qui, du haut des cieux, a dirigé vers moi les pas de cet infortuné! Après des soins prompts, efficaces, le marquis ouvre les paupières, fixe son regard sur sa bienfaitrice, puis fait un profond mouvement de surprise.

— Vous me reconnaissez aussi, monsieur? dit la lingère.

— Nanette! Nanette!... Oublie, fille angélique, mes torts d'autrefois, et conserve-moi une existence que j'emploierai à te respecter, à te bénir.

— Dieu m'ordonne de rendre le bien pour le mal, monsieur le marquis; n'ayez donc aucune crainte, et livrez-vous à mes soins.

— Oh! je ne redoute rien, les anges, dont tu fais partie, ignorent le mal, et ne conçoivent que le bien. Nanette, ta famille...?

— Ma tante est morte, monsieur; mon pauvre oncle est en prison; enfin je suis seule, seule, et bien chagrine!

— Et sans moi, Nanette, sans l'amour que j'avais osé concevoir pour tes charmes, sans ma déloyauté, enfin, tu aurais, en ces jours de malheur et de larmes, un époux pour te défendre, des enfants pour te chérir...

— Ne parlons pas de cela, monsieur le marquis; pensons plutôt en ce moment au moyen de vous dérober à toutes les recherches en vous cachant dans quelque lieu sûr et secret.

— Quoi! Nanette, penses-tu à m'éloigner d'ici?... Ignores-tu que, passé le seuil de ta porte, la mort est là pour moi?

— Hélas! comment donc faire alors? car, je vous l'ai dit, monsieur le marquis, je suis seule ici.

— Alors, si tu crains ma présence, si tu doutes de mon respect et de ma reconnaissance, ouvre-moi ta porte, et que j'aille livrer ma tête aux assassins.

— Oh! non, non! je réponds de vous devant Dieu! Restez, monsieur, restez chez moi.

— Nanette, que ne sais-je, hélas! en quel lieu sont mon épouse, mon enfant!... Près d'eux que j'aurais plaisir à me rendre!

— Votre épouse, monsieur le marquis? hélas!

— Nanette, pourquoi ce soupir?... Ah! parle! Connaîtrais-tu l'asile de la marquise?

— Votre épouse, monsieur le marquis, est au ciel, où ses vertus et ses souffrances l'ont envoyée, répond tristement Nanette en baissant les yeux afin de cacher son émotion.

— Morte! morte!... Est-ce possible? ô mon Dieu! s'écrie le marquis avec désespoir.

Puis il reprit avec anxiété:

— Et ma fille, ma Charlotte?

— Confiée par moi à la nourrice de mon fils, votre fille est heureuse et en bonne santé.

— Quoi! c'est vous, Nanette, qui avez recueilli mon enfant? Ici, prend le marquis dans la surprise et l'admiration; et, les mains jointes, il se prosterne presque aux pieds de la jeune femme.

— Monsieur, lisez cette lettre que pour vous, avant de rendre son âme à Dieu, votre épouse me confia, dans l'espoir qu'un jour je vous reverrais, après avoir pris la lettre dans le tiroir d'un meuble, et en la présentant au marquis, qui aussitôt en rompt le cachet et en prend connaissance.

— Lisez, ô noble bienfaitrice! lisez ces lignes où une épouse près d'expirer m'apprend que vous seule fûtes son amie, son soutien dans le malheur, où elle vous bénit, et m'engage à partager un jour avec Nanette, son sauveur et son ange gardien, tout ce que nous possédons de fortune, si un jour les hommes, moins égarés, plus justes, nous la restituent; où elle m'ordonne d'avoir pour votre vertu tout le respect et toute la vénération possibles... Nanette, je suivrai tes conseils que me dictait déjà; oui! viennent des jours heureux, et votre bonheur sera mon but, ma seule occupation.

— Assez, assez, monsieur; tant d'émotions peuvent être nuisibles à votre santé; une autre fois nous causerons davantage; ce soir il faut prendre du repos...

— Encore un mot, Nanette; vous êtes mère, m'avez-vous dit?

— Oui, monsieur le marquis, j'ai un fils que vous privâtes d'un père, il y a quatre ans, en faisant exiler Xavier, mon prétendu, aux colonies américaines.

— Grâce pour cette faute que je m'efforcerai de réparer, Nanette, en servant de père à votre fils, si Dieu et les hommes permettent que je vive !

— Xavier n'est point mort, monsieur ; en ce moment il sert la France sous les drapeaux, il est honoré d'un grade ; bientôt il doit venir ici serrer nos nœuds et légitimer la naissance de notre enfant.

— Qu'il daigne alors me pardonner mes torts à son égard, et nous serons amis et frères ! Nanette, je souhaite que ma fille trouve un jour un époux dans le fils de Xavier et de Nanette ; tel est mon vœu le plus ardent et le plus doux à mon cœur.

VIII. — Retour, départ, enlèvement.

Un mois entier s'est écoulé depuis la soirée où le marquis de Chamalais est venu demander asile à Nanette, depuis que cet infortuné proscrit passe ses jours et ses nuits enfermé dans un cabinet situé au

Le marquis de Chamalais avant la révolution.

fond de l'arrière-boutique de la lingère, prenant jour par une petite lucarne sur une cour sombre, étroite et humide, dont Nanette seule a la jouissance. Ce n'est donc que le soir, fort tard, après la fermeture de la boutique, qu'il a été permis au marquis de sortir de sa triste demeure pour venir s'asseoir au petit couvert de la jeune femme, et partager avec elle un modeste repas préparé par ses mains. M. de Chamalais ne la contemple plus, comme jadis, d'un regard libertin et de convoitise ; mais devant elle, plein de respect et de reconnaissance, il s'incline avec admiration.

Durant le laps de temps qui vient de s'écouler, les affaires politiques ont marché grand train ; la république française a été proclamée et fondée en quelque sorte ab irato, sur un sol miné par les factions intérieures et embrasé par les flammes étrangères ; la Convention a institué l'ère républicaine et rayé tous les saints du calendrier ; puis, la victoire de Valmy, peu importante comme faste militaire, a procuré à la cause nationale un immense résultat : les Prussiens, qui s'étaient audacieusement avancés jusqu'au cœur de la Champagne, se sont retirés avec précipitation. Ce dernier événement a réduit au désespoir les hommes de l'émigration. Un coup funeste leur est porté le 23 octobre par la proposition du conventionnel Garnier des Saintes, proposition adoptée, laquelle bannit à perpétuité du sol français tout émigré, sans distinction d'âge et de sexe, et punit de mort ceux des individus frappés de cette proscription qui rentreraient en France sans autorisation.

— Hélas ! tout est perdu pour moi, Nanette, même l'espoir de récompenser ta vertu et les services que tu nous as rendus ! s'écrie le marquis de Chamalais en apprenant le terrible décret de la Convention qui le bannissait à jamais.

— Du courage, monsieur le marquis ! Les lois des hommes ne sont pas les injonctions de Dieu, et le temps détruit vite leur ouvrage ! lui répond la jeune femme.

Malgré le surcroît d'embarras que lui a occasionné et que lui occasionne encore en ce moment le séjour du proscrit chez elle, la jeune lingère n'a pas cessé de travailler à la délivrance de son oncle Badouret. Elle n'a pu, il est vrai, réussir encore, mais il lui a été permis de le visiter dans sa prison, où le cher homme a blanchi et vieilli encore plus en fort peu de temps. Nanette a depuis fait deux voyages à Gonesse afin d'embrasser ses enfants, et sur la prière de M. de Chamalais, envieux de revoir sa fille, de lui prodiguer ses caresses paternelle, Nanette a pris jour avec la mère Groslot, la nourrice, pour amener les deux bambins à Paris passer quelques heures, voyages et visites qui devaient avoir lieu deux jours après celui où nous reprenons le récit de cette histoire véridique.

La dixième heure de la journée venait de sonner à l'horloge de la boutique ; Nanette avait reçu le matin la visite d'une ancienne connaissance, le peintre Merlandin, devenu employé du gouvernement ; et elle travaillait silencieuse dans son comptoir à la confection d'une grande quantité de bouffettes, nœuds et cocardes tricolores, seuls articles dont la vente était assurée dans ce temps de terreur et de révolution, où, loin de se parer et de chercher à briller, chacun, au contraire, cachait son aisance sous l'apparence de la simplicité. Tout à coup elle entend ouvrir sa porte, lève les yeux, pousse un cri et rougit en reconnaissant dans les deux militaires qui envahissent bruyamment sa boutique Xavier et Rifolet.

— Mon Dieu ! c'est toi, Xavier ?

— Eh oui ! moi-même, ton amant, ton époux, qui vient t'embrasser et t'épouser, ma chère petite Nanette ! que signifie cet air embarrassé ? Pourquoi ne viens-tu pas te jeter aussitôt dans mes bras ? N'aimerais-tu plus ton Xavier ? dit le sergent en présentant ses bras ouverts à la jeune femme, qui, après un peu d'hésitation encore, et revenue de sa surprise, s'y précipite en larmes.

Pourquoi ce trouble, cet embarras chez notre héroïne, que le retour de l'amant aimé, du père de son enfant devrait combler de joie ? C'est que la haine de Xavier pour le marquis, qu'il a juré de tuer à la première rencontre, s'étant aussitôt présentée à la pensée de Nanette, cette dernière, ayant caché chez elle M. de Chamalais, calcula tout de suite ce qu'aurait de funeste une rencontre entre ces deux hommes

— Eh bien ! et moi, corbleu ! saperbleu ! mille dieux ! est-ce que l'on ne m'embrassera pas un petit brin aussi ? dit Rifolet, au teint mâle et bruni, dont une large paire de moustaches ombrage une partie du visage, et dont les allures sont celles d'un vieux et solide soldat.

— Monsieur Rifolet ! répond Nanette en se jetant de même dans les bras de son ancien amoureux.

— J'espère que je l'ai drôlement métamorphosé, ce gaillard-là ? Cherchez donc maintenant sous cette tenue crâne et martiale le gabelou pusillanime ayant nom Rifolet, et premier capon de France, dit Xavier en riant et frappant amicalement sur l'épaule du caporal Rifolet.

— Palsembleu ! vingt mille millions de tonnerres ! c'est que tu m'as dégoisé au pas de course, et m'en as fait voir de cruelles en peu de temps, sergent, répond Rifolet en se redressant et se dandinant avec une grâce tout à fait troupière.

— Ça, c'est vrai que vous n'êtes plus reconnaissable, Rifolet, et franchement je vous aime mieux comme cela que dans le temps avec votre petit habit noisette et votre culotte bleu de ciel, répond en souriant Nanette.

— Dame ! j'étais alors dans toute ma fraîcheur, dans toute mon innocence, tandis que maintenant, ma chère, je suis un véritable sacripan, mille canons !

— Nanette, embrasse-moi encore, ma douce mignonne ! Vrai ! le temps n'a fait que t'embellir, ma tourterelle... Maintenant, et notre cher fils, mon petit André ?

— Chez sa nourrice, Xavier, elle doit me l'amener après-demain.

— Diable ! mais je l'adore sans le connaître, ce bambin, et ne sais si j'aurai la patience d'attendre tout ce temps pour l'embrasser. Si nous y allions tout de suite, Nanette, qu'en dis-tu ?

— Et ma boutique, qui la gardera, Xavier ?

— Au tonnerre la boutique ! car je t'emmène dans trois jours avec moi pour t'épouser à la face de mon régiment.

— Trois jours, Xavier !

— Impossible, ma toute belle, de rester davantage à Paris, car la bataille de Valmy n'a pas encore chassé de la France tous les ennemis qui du Nord nous tombent en masse sur les bras, et on nous attend là-bas pour leur tailler des croupières.

— Dans trois jours... impossible, Xavier ! reprend Nanette, qui pense au marquis, qu'elle ne peut abandonner.

— Pourquoi donc impossible ? Ne m'appartiens-tu pas ? ne suis-je pas tout pour toi ? Qui t'arrêterait alors ?

— ... Mon oncle, Xavier... répond Nanette après un instant d'hésitation.

— Mille noms de noms ! c'est vrai ; nous n'y pensions pas, à ce cher oncle. Mais où donc est-il, ce brave père Badouret ? demande Rifolet.

— En prison, répond tristement Nanette.

— En prison! un si brave homme! s'écrie Xavier.

— Tiens! tiens! tiens! murmure le caporal avec surprise.

— Mon oncle a exprimé imprudemment ses opinions sur les actes de la Convention, et...

— Et il s'est fait pincer; diable! reprend Xavier en fronçant le sourcil et en branlant la tête.

— Xavier, il faut joindre tes prières aux miennes pour obtenir sa liberté, dit Nanette.

— Certainement, demain au plus tard, j'irai trouver un comédien dont j'ai fait autrefois la connaissance étant en faction dans les coulisses de certain théâtre, et ayant nom Collot-d'Herbois, lequel particulier est une puissance aujourd'hui à la Convention, et qui ne me refusera pas, à ma demande, d'élargir le cher oncle.

Des septembriseurs.

— Le ciel t'entende, Xavier! répond Nanette.

— Belle mercière, est-ce qu'il n'y aurait pas moyen de se rafraîchir le gosier cher toi avec un petit verre de vin? demande Rifolet.

— Et même de nous reposer dans cette chambre, dont tu sembles nous interdire l'entrée, chère amie? ajoute Xavier en indiquant l'arrière-boutique.

— C'est qu'un ouvrage pressé m'a empêchée de faire aujourd'hui mon ménage, et que tout y est en désordre.

— Le désordre, superbe! c'est l'élément du soldat, du vainqueur, répond Rifolet.

— Entrez donc alors! dit Nanette avec contrainte.

Et, la permission accordée, les deux militaires s'emparent de la chambre, y déposent leurs armes et se placent à table. Nanette leur apporte verres et bouteilles, non sans être poursuivie par le regard de Xavier, qui, mécontent d'une réception où il remarque froideur et contrainte, cherche à en deviner la cause.

— Citoyenne Nanette, je bois ce vin à ta santé.

— Merci, Rifolet; à la vôtre aussi et à celle de votre épouse, répond Nanette en effleurant un verre du bord des lèvres.

— Ah! oui, Toinon, ma femme et mon maître, gaillarde excellente et qui ne se mouche pas du pied.

— Vous ne l'avez pas amenée avec vous?

— Non, citoyenne, ma moitié est restée en Champagne afin d'abreuver le régiment durant son absence.

— Ah ça! ma Nanette, il te sera facile sans doute de bâtir un lit de camp au camarade, que nous ferons coucher cette nuit dans ta boutique? dit Xavier.

— Tandis que toi, heureux coquin, tu partageras avec la citoyenne ce beau petit lit blanc et douillet, de compagnie avec ce polisson de Cupidon, s'écrie Rifolet, dont les paroles font frémir Nanette en redoublant son embarras.

— Eh bien! reine de mon cœur, tu ne dis mot et rougis; est-ce que, par hasard, tu n'approuverais pas le conseil de l'ami Rifolet? Est-ce que tu craindrais, Nanette, de recevoir à tes côtés l'amant qui

t'aime, que tu aimes, et qui dans huit jours au plus sera ton mari? dit le sergent en fixant attentivement la jeune femme.

— Grâce, Xavier! je t'aime, oui, je t'aime de toute mon âme; mais permets avant de t'obéir, de combler tes vœux, que le mariage m'ait donné entièrement le titre de ton épouse.

— Tu plaisantes, n'est-ce pas, Nanette, et tu ne portes pas aussi loin le scrupule? dit Xavier d'un ton sérieux.

— Tels sont mes désirs, une volonté inébranlable, Xavier, répond Nanette en baissant les yeux et d'une voix émue.

— Écoute, Nanette, ton oncle avait raison lorsque, dans sa manie des proverbes, il me disait autrefois : Les absents ont souvent tort. Oui, je crains que l'éloignement, l'absence n'aient apporté dans ton cœur un grand changement à mon égard...

— Ah! Xavier, qu'oses-tu dire? moi, hélas! cesser d'aimer le père de mon enfant! est-ce possible?

— Alors d'où naît cet embarras, cette contrainte que je remarque en toi? Pourquoi ce refus de me donner asile à tes côtés?...

— Xavier, je fus faible un jour, et j'ai longtemps pleuré cette faute; permets que jusqu'au moment de notre union je sois fidèle au serment que j'ai fait de n'appartenir qu'à mon époux.

— Mais je suis le tien, enfant!

— Pas encore, Xavier.

— Citoyenne, tu portes le scrupule à l'excès, ceci est fallacieux et incohérent, fait entendre Rifolet.

— Allons, je n'insisterai pas davantage, Nanette, et laisserai à la nuit le soin de te porter conseil, de te rendre moins réservée avec celui que tu dis aimer d'un amour sincère, mais à qui ta froideur du moment donne droit d'en douter.

— Méchant! tu m'affliges par l'expression d'un doute injurieux, soupire Nanette en se penchant sur Xavier, qui dépose un baiser sur son front.

— En vérité, Nanette, si l'infâme marquis de Chamalais, cet homme, ce traître que je voudrais tuer de mes propres mains, était encore à même de déshonorer et flétrir les pauvres filles comme au temps de sa splendeur, je dirais qu'il a su te plaire et me supplanter dans ton cœur.

Madame de Chamalais pendant la terreur.

— Tais-toi, Xavier, épargne cet infortuné, qui, veuf de la meilleure des femmes, est encore en ce jour errant et proscrit.

— Ah! tant mieux! le ciel m'a enfin vengé des maux qu'il m'a fait endurer en m'éloignant de toi, en provoquant par une manœuvre perfide ma rébellion contre mon colonel, en me faisant enfin condamner à la déportation et exiler de ma patrie comme un malfaiteur, et cela afin de m'enlever ma maîtresse, la mère de mon enfant! dit Xavier avec rage et frappant du poing sur la table.

— Bah! à tout péché miséricorde; et puisqu'il est enfoncé, n'en parlons plus, de ce marquis de Carabas, dit Rifolet avec insouciance.

— Non pas; car s'il n'a pas quitté la France, et si jamais je le rencontre, malheur à lui! Je le livre sans pitié, et charge le bourreau du soin de ma vengeance!

— Non, tu ne le ferais pas, car ce serait horrible! s'écrie Nanette.

— Je le ferai, jour de Dieu! s'écrie le sergent avec violence.

Des pleurs abondants s'échappent des yeux de Nanette; leur vue calme les transports de Xavier, et le lui font intérieurement repentir de sa violence et presser dans ses bras avec tendresse la pauvre Nanette, dont il essuie les larmes abondantes.

Un peu de gaieté succède à cet orage; puis une heure après vient le repas qu'a commandé Nanette chez un rôtisseur son voisin; cela en courant, et tremblante de laisser seuls à son logis les deux militaires, dans la crainte qu'ils ne découvrent ou n'entendent M. de Chamalais, qui, prisonnier et silencieux jusqu'alors dans le cabinet qui lui sert de cachette, a dû tout entendre et tout craindre.

Après le souper vient le récit des batailles auxquelles ont pris part nos deux soldats. Dix heures tintent, et Xavier, accompagné de Rifolet, s'éloigne à regret, en promettant de revenir le lendemain matin instruire Nanette du résultat de la démarche qu'il comptait faire près de Collot d'Herbois en faveur de l'oncle Badouret. C'est vers un modeste garni situé dans la même rue que les deux militaires vont demander asile et louer pour la nuit une chambre à deux lits, où, tous deux étendus, ils commencent l'entretien suivant, provoqué par Xavier, dans l'intention de distraire son camarade des noires pensées dans lesquelles il semble être enfoncé.

— Sais-tu, Xavier, que tu as été un peu dur à cuire, ce soir, avec cette bonne Nanette?

— J'en conviens, mais je n'ai pu être maître du mouvement d'humeur que m'a inspiré sa contrainte avec nous. Oui, j'attendais de sa part une réception plus amicale, plus franche, et non cette gêne que notre présence semblait lui occasionner; ensuite, Rifolet, je t'avouerai que cet intérêt que Nanette semble témoigner à ces Chamalais m'a déplu infiniment.

— C'est ce qui a, sans doute, occasionné cette virulente sortie contre ce marquis déchu?

— Comme tu le dis, camarade.

— Car enfin, Xavier, je ne peux croire qu'un soldat français soit jamais un lâche délateur...

— Tu as encore raison, l'ami, et ce que j'en ai dit n'était que par fanfaronnade, afin de punir Nanette de sa pitié pour notre persécuteur commun. Vienne ce Chamalais, que le hasard le jette sur mes pas, et je le force de s'aligner avec moi; mais pour le livrer au bourreau, à donc! jamais!

— A la bonne heure! ceci me raccommode avec toi; et pour te récompenser, je vais te faire part d'une bonne idée que me rappelle un vieux souvenir.

— Je t'écoute, camarade.

— Veux-tu décidément coucher avec Nanette avant le conjungo?

— Dame! ça ne me ferait pas de peine.

— Alors, sache donc brusquer l'indécision de la petite.

— Comment cela?

— En s'introduisant chez elle au moment de son coucher par la croisée, qui, de l'arrière-boutique, donne sur une petite cour, dans laquelle il sera facile de t'introduire, d'après ce dont je me suis assuré en flânant dans ladite maison.

— Voilà bien des façons pour coucher avec une femme à qui on a fait un enfant, et qui doit être la mienne dans peu! répond Xavier avec insouciance.

— Dame! c'est que la chose serait piquante et aurait presque le charme de la nouveauté, et l'aventure serait plus aimable que celle qu'éprouva le pauvre Morlandin lorsque, en semblable circonstance, il fut rossé par ma très-chère belle-mère feu madame Chacal.

— Non, je ne violenterai pas Nanette, dont, franchement, je respecte et approuve les sages scrupules; ensuite j'ai cru remarquer que cette fenêtre dont tu parles est fermée à l'intérieur par de forts barreaux de fer.

— Tu crois? c'est dommage! Alors...

— Que de temps encore à attendre! s'écrie Xavier après un instant de silence et en faisant un bond d'impatience dans son lit.

— A quoi penses-tu donc, camarade? s'informe Rifolet.

— A mon petit André, que je brûle d'impatience de voir et d'embrasser.

— Ah! oui, le bam... bin... répond le caporal en s'endormant. Ce que fit bientôt Xavier à son exemple.

— Le citoyen Collot-d'Herbois? demandait le lendemain Xavier, suivi de Rifolet, au concierge de la Convention.

— Grimpe un étage, la porte à gauche, et tu trouveras le citoyen conventionnel dans les bureaux.

— Salut, citoyen!

— Qui es-tu, militaire, et que demandes-tu? dit le conventionnel en fixant Xavier, qui, sans se faire annoncer, a pénétré jusqu'à lui et vient le surprendre à son bureau, où il est en train d'écrire.

— Citoyen, avant de t'expliquer ce qui m'amène près de toi, il est utile, je pense, que nous renouvelions connaissance.

— D'abord! qui es-tu? dépêche, car les affaires de la nation exigent tout mon temps répond Collot-d'Herbois en fixant attentivement Xavier d'un œil dur et scrutateur.

— Je m'appelle Xavier, garde-française, aujourd'hui soldat de la république, une et indivisible!

— Ah! ah! tu as été soldat du despote, du tyran!...

— Je ne crois pas, répond naïvement Xavier.

— Toi même viens de m'avouer que tu avais été garde-française et soldat de Louis Capet...

— J'y suis, citoyen!... oui, comme vous dites, soldat de Louis XVI, brave homme s'il en fut!

— Qu'est-ce aristocrate, à ce que je devine, et partisan du tyran... Sais-tu ce qu'il en coûte pour cela?... la tête!

— C'est juste! j'ai dit une bêtise, citoyen; je me rétracte.

— Il serait trop tard avec un autre que moi, mais en faveur de notre prétendue connaissance, je veux bien oublier... Voyons, qui es-tu? que veux-tu?...

— Le soldat qui, de faction un soir dans les coulisses du théâtre dont vous étiez un des comédiens, vous ayant insulté d'abord, se disposaient lâchement à joindre le geste à l'insulte.

— En effet! je me souviens, répond le conventionnel en rougissant.

— Oui, j'ai pensé qu'en revanche de ce léger service, qui nous lia presque d'amitié, le citoyen Collot ne se refuserait pas à m'en rendre un autre.

— Explique-toi.

— Il y a dans une de ces prisons où sans rime ni raison vous emballez le premier venu, un vieux brave homme de ma connaissance, le moins offensif et le moins dangereux des hommes, qu'un petit verre de vin du cru a rendu bavard comme une pie et qu'un de vos mouchards a arrêté en traître sous le prétexte que le pauvre vieillard avait un peu mécanisé les actes de votre Convention; ce qui fait que je viens, citoyen, te demander ta protection, afin de faire élargir ce bon vieux.

— Grâce pour un ennemi de la nation, un aristocrate, impossible; demande-moi celle d'un assassin, et je me fais fort de l'obtenir.

— Excusez! en voilà de la justice! et de la belle! Ah çà! citoyen Collot, tu te f... moques de moi.

— Nullement! que ton aristocrate attende son jugement.

— C'est cela, et qu'on lui coupe le cou... Pas de ça, je veux sa liberté et je te la demande, citoyen.

— Et moi je te la refuse, car je suis trop dévoué à la nation pour protéger ses ennemis.

— Cette bêtise! qu'est-ce qu'elle peut donc avoir à craindre d'un vieillard, cette nation?

— Silence! et va-t'en!

— Volontiers, mais avant, je veux mon vieux.

— Sors à l'instant, ou je t'envoie lui tenir compagnie.

— Mille tonnerres! je veux mon vieux, encore une fois! et je me f... de la nation! s'écrie Xavier emporté par la colère.

— Ah! c'est ainsi que tu traites la patrie? attends!

Et ceci disant, le conventionnel, furieux et lançant au militaire un regard foudroyant, agitait violemment le cordon d'une sonnette.

— Tu viens de faire une boulette soignée, mille potences! Filons au pas de charge, ou nous sommes pincés, dit Rifolet présent à l'entretien.

La porte s'ouvre, deux gendarmes se présentent.

— Ces hommes à l'Abbaye! dit Collot en indiquant les deux militaires.

— Rifolet, mon brave camarade, enfonçons ces grippe-jésus, s'écrie Xavier.

— Et tous deux, briquet en main, fondent impétueusement sur les gendarmes, qui, ne s'attendant pas à cette brusque attaque, sont renversés à droite et à gauche dans la pièce. Rifolet ferme la porte du dehors à double tour avant de s'enfuir avec Xavier. Ils franchissent au pas de course une longue distance, puis, hors de danger tous deux, ils s'arrêtent, se regardent, et partent d'un d'un grand éclat de rire que vient interrompre, en frappant sur l'épaule de Xavier, un homme de moyenne taille, boiteux, d'une mine assez propre et le corps ceint d'une écharpe tricolore.

— Eh bien! on ne reconnaît plus les amis donc? dit l'étranger en ricanant et montrant deux rangées de dents longues et jaunes.

— Le diable m'emporte! mais c'est l'ami Merlandin, fait Xavier.

— Mille millions de nom de nom! c'est bien lui, je le reconnais aussi, dit Rifolet.

— Eh! oui, lui-même, le mauvais sujet, le séducteur de Merlandin, l'effroi des époux, le conquérant des belles, répond le peintre en secouant la main de chaque militaire.

— Dis donc, citoyen Merlandin, est-ce que tu es pour quelque chose dans le tripot gouvernemental, que tu es ainsi barbé de rouge, de bleu et de blanc? demande Rifolet en indiquant la ceinture.

— Un peu! qu'on est quelque chose, même un personnage conséquent, et c'est au cabaret, en vidant une vieille bouteille, que je vais vous conter ça.

Ces paroles dites, Merlandin entraîne les deux amis dans le cabinet d'un cabaret voisin, où ils s'attablent tous trois.

— Vous saurez donc, camarades, reprend le peintre, que tôt ou tard le mérite devait être récompensé, le mien m'attira l'attention et l'estime des gens en place et m'a valu celle de commissaire de ma section, emploi que j'exerce avec intégrité.

— Ah bah! et ta femme, citoyen? demande Xavier.

— Défunte, voilà deux ans, le ciel ait pitié de son âme! ce qui m'a procuré le bonheur ineffable de m'unir en secondes noces avec la délirante Lelièvre, veuve aussi de son sournois d'époux.'

— Excusez! en voilà du changement et des individus qui manquent à l'appel! dit Xavier.

— Ah! tu es à présent le mari de la petite Lelièvre! je t'en fais mon compliment, citoyen, dit Rifolet.

— Eh oui! il m'a fallu céder aux désirs de cette femme qui m'adorait, enfin lui assurer ma délicieuse possession. Ah! c'est une femme précieuse, qui, par son adresse, a beaucoup aidé à me faire avoir la place que j'occupe. Par son audace, son intrépidité dans l'art de solliciter, elle me poussera loin, très-loin.

— Est-ce en te poussant trop vite que, par hasard, elle t'a procuré l'avantage d'aller marcher cahin-caha, et de boiter comme un caniche auquel une roue aurait écrasé la patte? s'écrie Rifolet.

— Du tout, cet accident est une suite de mon goût infiniment prononcé pour le sexe. J'ai été forcé de sauter d'un premier étage dans la rue, afin de sauver l'honneur d'une très-jolie femme avec qui je venais de passer une nuit d'amour et de délire, et dont l'époux était près de me surprendre couché à ses côtés.

— Ah! ah! fait Rifolet en souriant.

— Et vous, amis, contez-moi donc vos aventures! et comment vont les amours avec la gentille Nanette, que j'ai l'avantage de visiter quelquefois?

— A notre égard, rien de nouveau, rien de neuf, si ce n'est que nous arrivons de l'armée pour y retourner dans deux jours, répond Xavier.

— En plus, deux gendarmes de la république que nous venons de rosser en présence du conventionnel Collot-d'Herbois, farceur qui avait la prétention de vouloir nous faire coffrer en faveur de quelques bêtises que Xavier venait de lâcher sur la Convention.

— Peste! s'il en est ainsi, le cas est grave! insulter la Convention et battre ses gendarmes, il y va de la tête!

— Ah! bah! fait de nouveau Rifolet en ouvrant de grands yeux et fixant attentivement Merlandin.

— A un tel point, que je vous conseille, camarades, de ne point attendre plus tard qu'aujourd'hui pour filer loin de Paris, si vous n'aimez mieux voir mettre à exécution le mandat d'arrêt qui doit être lancé contre vous.

— En vérité, la chose est sérieuse à ce point? demande Xavier.

— Très-sérieuse, et je m'y connais, moi, que mes fonctions contraignent d'arrêter, à chaque heure, des individus que, sur la simple accusation d'être suspects, l'on envoie peu de jours après à l'échafaud.

— Nom d'une pipe! nous sommes enfoncés, camarade, fait Rifolet en pâlissant.

— N'aie pas peur, capon! nous saurons bien leur brûler la politesse, répond Xavier.

— D'autant plus qu'en qualité d'ami je viens de vous avertir, et qu'en plus, afin de vous soustraire à toutes recherches, je vous offre de venir passer cette nuit chez moi, pour en décaler demain avant le jour.

— Accepté! s'écrie Rifolet.

— Toi adieu, Merlandin, et ce soir nous sommes tes hôtes; car, pour le moment, il faut aller rue Antoine, où m'appellent bonheur et joie, ma Nanette, qui déjà doit m'accuser de lenteur, et puis j'ai mon fils à embrasser!

— Tout cela est très-beau; mais impossible, car vos signalements doivent être déjà répandus dans toute la ville, et la police est sur pied, vous n'aurez pas fait cent pas, mes amis, que vous serez pincés... Oh! le citoyen Collot est un homme qu'il ne badine pas.

— Mille tonnerres! s'écrie Xavier en frappant du pied.

— Ainsi, mes enfants, il s'agit d'être prudents, sous peine de mort, d'attendre ici la nuit, et de gagner mon domicile ce soir, au moyen d'une voiture de place qui viendra vous prendre, et dans laquelle vous trouverez deux manteaux, dont il sera important de couvrir vos uniformes.

— Quoi! ne restes-tu pas avec nous? dit Rifolet en voyant Merlandin se lever de table.

— Ne faut-il pas que j'aille prévenir ma femme, vaquer aux soins de mon emploi, et prendre pour vous l'air du bureau?

— C'est juste; mais la demeure, en cas d'accident? dit Xavier.

— Rue Martin, 22, en face la Lanterne.

Cela dit, Merlandin s'éloigne après avoir recommandé de nouveau aux deux militaires d'être prudents et silencieux.

— En voilà, de l'ouvrage! Est-il possible de se mettre ainsi dans le pétrin! fait Xavier en cognant du poing sur la table.

— C'est drôle! et Merlandin me fait l'effet d'être moins bête qu'autrefois... Ah! sa femme l'aura formé, dit Rifolet.

— Et Nanette, que doit-elle penser de mon absence? elle qui attend pour placer mon André dans mes bras!

— Dame! à qui la faute?

— A moi, mille tonnerres!

— Allons! ne t'emporte pas comme ça; ce soir nous nous ferons conduire chez elle, et demain nous filerons tous ensemble pour l'armée.

— Oui, ce soir chez elle, tu as raison, Rifolet; mieux vaut lui devoir un asile et notre sûreté qu'à un affidé de la Convention. Ces gens je les estime fort peu, malgré les services qu'un d'eux vont bien nous rendre.

— Fort bien; mais la prude Nanette consentira-t-elle à nous accorder cette fois ce qu'elle nous a refusé la nuit dernière?

— En doutes-tu, camarade, lorsqu'elle nous saura en danger?

— Hum! je ne sais pas trop!...

— Allons, tu es fou, Rifolet! tu connais mal le cœur et l'esprit de Nanette.

— Dame! ce n'est pas ma Toinon qui, après plus de trois ans d'absence, m'aurait, au retour, envoyé coucher en ville.

— Trêve à tes observations, si tu ne veux augmenter ma mauvaise humeur, répond brusquement Belhumeur les coudes appuyés sur la table.

Un long silence s'établit entre les deux amis; puis vint la nuit, et peu après la voiture promise par Merlandin s'arrêta à la porte du cabaret.

— Cocher, rue Antoine, dit Xavier en montant dans le fiacre, où il trouve deux manteaux bleus, dont lui et Rifolet couvrent aussitôt leurs uniformes.

Arrivé dans la rue indiquée, le cocher, ignorant la maison, s'arrête au hasard et à quelque distance de la demeure de Nanette. Nos militaires s'empressent alors de descendre, de payer et de congédier le cocher, puis ils s'acheminent vers la boutique, dont la porte de laquelle ils frappent d'abord doucement. N'obtenant pas de réponse, ils frappent plus fortement que la première fois.

Personne ne répond, et cependant, à travers une vitre située au-dessus de la porte, Xavier croit apercevoir la réverbération d'une lumière.

— Il n'y a personne, dit Rifolet.

— Attendons, elle ne peut être loin.

— Elle s'est endormie en nous attendant, ce dont nous pouvons nous assurer en pénétrant dans la petite cour de la maison, dit Rifolet.

— Essayons, répond Xavier.

Et tous deux pénètrent dans l'allée, non sans avoir cherché longtemps le secret de la serrure de la porte.

— Voilà la petite cour, mais elle est fermée. Comment faire pour y pénétrer?

— En enfonçant la porte, propose Rifolet.

Non, car Xavier veut du silence pour surprendre Nanette, s'il est possible. Puis leur position exige des précautions, la venue des voisins, que ne manquerait pas d'attirer le bruit, et qui, les prenant pour des voleurs, exigeraient qu'ils se fissent connaître. Une idée, celle que propose Rifolet, d'escalader la porte, puisque entre son sommet et le plafond de l'allée il y a un grand vide, est acceptée, et Rifolet fait la courte échelle à Xavier, qui, à cheval sur la porte, aide le caporal à monter. Ils sont dans la cour, ils s'avancent près de la croisée grillée, que couvre à l'intérieur un épais rideau blanc. Oh! bonheur! une fente par où l'œil de Xavier perce dans la pièce, où brûle sur la table une chandelle dont la mèche charbonnée annonce qu'il y a longtemps qu'elle n'a été mouchée. Oh! surprise! un bruit de porte se fait entendre : un homme paraît dans la salle et vient ranimer la lumière.

Un homme! quel est-il? que fait-il à cette heure chez Nanette? Il disparaît; plus personne dans la pièce. Il faut attendre, pense Xavier le cœur agité par la colère, la crainte, la jalousie. Encore un quart-d'heure, et un mouvement s'opère, celui qu'occasionne le retour de Nanette, qui entre dans la salle et dépose un panier sur la table; Nanette, dont M. de Chamalais, car c'était lui que Xavier venait d'apercevoir, vient baiser la main avec transport, à qui la jolie lingère sourit amicalement.

Mais laissons nos deux militaires pour un instant, et entrons dans l'arrière-boutique afin d'entendre ce qui se dit, avantage dont a privé Xavier, pour lequel la fenêtre intercepte le bruit.

— Oui, monsieur le marquis, calmez votre inquiétude; aucun malheur n'est arrivé à nos chers enfants; et si la nourrice, m'a dit tout à l'heure le voiturier, nous a manqué de parole aujourd'hui, il ne faut en accuser qu'un malaise subit qu'a éprouvé le père Groslot au moment où son épouse se disposait à partir pour Paris; ce qui a forcé cette brave femme de remettre à demain son voyage, à moins que son mari n'aille plus mal, ce qui l'arrêterait encore.

— Merci, cent fois merci! ma noble bienfaitrice, de ce que vous daignez rassurer mon cœur alarmé sur l'absence d'un être qui lui est cher! Maintenant, Nanette, je vous dirai qu'on est venu frapper à plusieurs reprises à votre porte il y a une heure au plus.

— Hélas! c'était sans doute mon Xavier, dont l'absence aujourd'hui m'inquiète cruellement. Mon Dieu! s'il était mécontent de mon accueil d'hier! si mon refus de lui donner asile pour la nuit devait altérer son amour!... Ah! monsieur le marquis, j'ai grand bonheur à vous obliger, mais que votre présence, hier, m'a causé d'embarras et de contrainte!

— Je le sais, Nanette; aussi avais-je envie d'ouvrir tout à l'heure à celui qui frappait, persuadé que cela ne pouvait être que Xavier; alors je serais tombé à ses pieds, je lui aurais demandé grâce en lui faisant entendre mon nom, persuadé qu'il m'aurait pardonné le passé, parce qu'un brave, un soldat français n'est point un vil délateur!

— Ah! gardez-vous, monsieur, de paraître à ses yeux; craignez le premier mouvement de sa colère!

— Eh bien! Nanette, laissez-moi partir, quitter cette demeure, où ma présence ne peut être pour vous qu'un sujet de contrainte et d'embarras.

— Hélas! vous avez entendu Xavier, monsieur; il veut m'emmener avec lui, et mon devoir est de suivre le père de mon enfant. Aussi me suis-je occupée aujourd'hui de vous procurer un passeport que me cédera dans deux jours, moyennant une légère somme, le fils d'un vieil ami de mon oncle, dont l'âge et la taille se rapportent aux vôtres; il lui devient inutile, puisqu'il renonce au voyage en Hollande qu'il avait projeté d'entreprendre pour affaire de commerce. D'ici là, monsieur, vous devez rester chez moi, car quel asile plus sûr pourrai-je vous offrir?...

— Il n'en est pas où je serai plus heureux, Nanette; mais Xavier, pensez-vous refuser de le suivre si dans deux jours il demande à vous emmener?...

— La captivité de mon oncle sera le prétexte qui me fera ajourner son départ et le mien, car derrière moi, monsieur le marquis, il me coûterait trop de laisser des amis malheureux dont le sort m'inquiéterait et empoisonnerait le bonheur que me promet une union fortunée.

— Oh! la meilleure des femmes, pourrai-je jamais m'acquitter de tant de bonté, de peines et de sollicitudes? s'écrie M. de Chamalais en pressant avec feu la main de la jeune femme, à qui cette caresse arrache une larme d'attendrissement.

— Ah! ne pleurez pas, ange du ciel! devant qui je me prosterne avec respect et reconnaissance! reprend le noble en enlaçant Nanette de son bras, la pressant sur son cœur pour déposer sur son front un baiser pudibond.

— Mille tonnerres! il l'embrasse! s'écrie Xavier en ce moment dans la cour, en trépignant de rage, de fureur, et prêt à briser les vitres à coups de poing.

— Pas d'extravagance, Xavier, songe à notre position, à la mort qui nous guette; crois-moi, brûlons la politesse à cette fille indigne, et filons.

— Cette fille! mais je l'aimais, je l'aime encore, malgré la preuve de sa perfidie, et c'est pour cela que je veux la tuer, dussé-je être guillotiné après! répond Xavier d'une voix que Rifolet s'efforce d'étouffer et en levant vers la fenêtre un poing menaçant.

— Xavier, mille noms d'un nom! pense un peu à moi, à ma femme, ma pauvre Toinon, qui m'attend, à notre chère patrie que l'étranger envahit et qui attend le secours de notre bras! Xavier! mon camarade, pense à ton petit André, à ce cher enfant, qui, si tu tues sa mère, sera orphelin, sans personne pour élever son enfance! dit Rifolet en se cramponnant de toutes ses forces après Xavier, dont subitement la fureur, au nom de son fils, se change en un silencieux abattement.

— ... Mon fils! Oh! tu as raison, camarade; il ne faut pas tout à la fois le priver d'un père et d'une mère... Oui, je dois mépriser la perfide, l'oublier, la fuir! car elle est indigne de ma colère... Vois, vois, Rifolet, la voilà qui, en souriant avec amour, donne de ses propres mains à dîner à cet homme; à ce rival que j'aurais mis bonheur extrême à tuer, à anéantir sous mes pieds! reprend Xavier en plongeant de nouveaux regards dans la chambre. Rifolet, voyant son sergent se ranimer peu à peu, l'arrache à ce dangereux spectacle, et lui dit en s'écriant:

— Ton fils! Xavier, ton fils! Courons le chercher à Gonesse, emmenons-le avec nous, et punissons une infidèle en la privant de ce qu'elle a de plus cher au monde.

— Bien dit! fameuse pensée! camarade. A moi ce cher enfant! à elle le désespoir et les remords!

Cela dit, la porte de la cour est escaladée de nouveau par les deux amis, qui, d'un pas précipité, s'éloignent de la demeure de Nanette, et, sur la place de l'ex-Bastille, dont les débris féodaux gisent encore sur le sol, s'arrêtent, se regardent, et se demandent où ils vont ainsi.

— A Gonesse, chercher André, répond Xavier.

— A mon avis, il serait imprudent à nous de cheminer à cette heure sur la grande route; or, camarade, si tu m'en crois, nous profiterons ce soir de l'hospitalité qui nous est offerte par Merlandin, et demain, de grand matin, nous filerons plus vite que ça.

Xavier se rend à l'avis de Rifolet, et tous deux, enveloppés de leurs manteaux, dirigent leurs pas à travers les plus désertes rues, vers celle Saint-Sébastien, où ils arrivent sans accident majeur.

Une maison d'assez mince apparence, un escalier rapide et tortueux, puis au deuxième étage la porte indiquée par Merlandin, que vient leur ouvrir son épouse, ci-devant madame Lelièvre,

— Arrivez donc, imprudents! y pensez-vous de courir les rues à cette heure, lorsque nous vous attendons depuis deux heures pour souper, et que, sans doute, d'après ce que m'a dit Merlandin, la police est à vos trousses? leur dit la dame d'un ton moitié colère en poussant les deux militaires dans la chambre.

Madame Lelièvre n'a pas changé; elle est toujours vive, alerte et gentille; ses yeux ont conservé cette expression spirituelle et agaçante que nous lui connaissons. Sa boutade passée, elle accueille ses anciennes connaissances avec franchise, cordialité, et sourit surtout à Rifolet d'une façon toute particulière; elle l'examine de la tête aux pieds en le félicitant sur le changement avantageux opéré dans sa personne.

— Où donc est Merlandin?

— A la Convention, où l'appelle son emploi; mais il ne peut tarder à revenir.

— Sais-tu, citoyenne, que ton mari n'est plus reconnaissable, et que nous le félicitons sur sa métamorphose.

— Merci, Rifolet, n'y a pas de quoi, mon garçon; d'autant plus que ce pauvre Merlandin n'a pas cessé d'être un imbécile qui n'entend rien aux fonctions de l'emploi que j'ai sollicité et obtenu pour lui, et qu'il aurait déjà perdu sans moi, qui, par les connaissances et les nombreux amis que j'ai à la Convention, pourrais en faire un représentant du peuple, s'il n'était maladroit au superlatif et incapable à l'excès. Ah! sans mes deux enfants et le dénûment où m'a laissée feu M. Lelièvre, plus souvent que j'eusse jamais consenti à épouser une semblable nullité!.. Mais qu'a donc ce cher Xavier? lui que j'ai connu jadis si gai, il me produit ce soir l'effet d'un enterrement, ajoute la dame.

— Une migraine, une migraine affreuse, qui l'absorbe, le rend tout je ne sais comment, répond Rifolet.

— Pauvre garçon! et moi qui voulais lui demander des nouvelles de Nanette, et à quand la noce?

A ce nom de Nanette, Xavier, s'arrachant à la profonde rêverie dans laquelle il était plongé, relève la tête, et d'un accent brusque et colère:

— La noce! jamais! dit-il en crispant les doigts avec rage.

— Jamais! vu que les femmes sont toutes des... enfin, suffit! dit Rifolet.

— Bah! est-ce que cette petite lingère vous aurait fait la queue, sergent?

Xavier, à cette indiscrète question, se disposait à répondre par une dure boutade, lorsque la porte s'ouvrit, et Merlandin, l'air effaré, inquiet, se précipita dans la chambre.

— Ah! c'est vous enfin! je tremblais que vous ne fussiez déjà mis en cage, mes amis; car, alors, il m'eût été impossible de vous rendre le même service que Xavier nous rendit jadis en nous faisant ouvrir les portes de certain corps de garde des Porcherons.

— Oui, oui, connu! Mais, est-ce qu'il y a du nouveau sur notre compte, citoyen commissaire? demanda Rifolet avec inquiétude.

— Comment, s'il y a du nouveau? immensément, mes gaillards! Sachez donc que le citoyen Collot-d'Herbois a fait contre vous un rapport épouvantable, où vous êtes dénoncés comme ennemis de la république, comme deux aristocrates audacieux venus à Paris pour tenter la délivrance de Louis Capet; vous êtes accusés d'avoir cherché à corrompre un membre de la Convention nationale, afin d'obtenir de lui l'élargissement d'un prisonnier d'une haute importance, et d'avoir maltraité, terrassé les soutiens de l'ordre public dans la personne de deux honnêtes gendarmes; or, trois délits dont chacun d'eux entraîne la peine de mort, ce qui fait, mes chers amis, que vous courez risque d'être guillotinés trois fois pour une; et, pour que justice se fasse, on vous cherche et l'on répand votre signalement en tous lieux avec ordre de vous saisir, et de vous livrer morts ou vifs; et moi-même, agent de la Convention, suis chargé de vous appréhender au corps.

— Ah! bigre! ah! fichtre! s'écrie Rifolet.

— Eh! mille tonnerres! qu'ils m'empoignent une bonne fois et me coupent le cou, les gueux! s'écrie Xavier avec colère.

— Merci, merci! j'aime autant qu'ils ne nous coupent rien et nous laissent rejoindre notre régiment.

— Tu as raison, citoyen Rifolet, et c'est ce dont il faudra s'occuper cette nuit même, et sans retard, après avoir soupé ensemble, car pour vous garder longtemps chez moi, pas possible; il y a trop à risquer, dit Merlandin en se retournant et en riant dans sa barbe.

— Ah çà mais, citoyen Merlandin, fais-nous le plaisir de nous dire comment des gens qui nous ont à peine vus, qui ignorent nos noms et prénoms, ont pu faire notre signalement? observe Xavier.

— Belle malice! est-ce que le citoyen Collot-d'Herbois n'a pas eu le temps de vous envisager? Est-ce qu'il n'est pas des plus faciles de dépeindre deux soldats, le régiment auquel ils appartiennent, ce que trahit votre uniforme?

— C'est juste! et du moment que ce brigand de conventionnel s'est chargé de nous dénoncer et de nous signaler, la chose devient toute claire et limpide, dit Rifolet.

— A table! vous causerez en mangeant, dit madame Merlandin.

Ils se rendent à l'invitation; mais Xavier, dont le cœur est gros de chagrin, que l'inconstance de Nanette remplit de fureur et de regret, ne peut ouvrir la bouche que pour soupirer, ce qui fait que sa fourchette, ainsi que son verre, reste dans l'inaction. Rifolet, au contraire, mange comme deux et boit comme quatre.

— Je gage, mes gaillards, que, malgré la prudence et mes avis, il vous a été impossible de ne point aller flaner un instant près de la petite lingère de la rue Antoine, dit Merlandin.

— Tu es dans l'erreur, camarade, car nous n'avons pas revu Nanette depuis hier, répond Rifolet.

— C'est que je ne vous conseille pas du tout d'y aller, il y aurait imprudence et danger imminent à vous montrer dans ce quartier.

— Ne crains rien, Merlandin, telle n'est pas notre intention, répète Rifolet en mordant dans une tranche de gigot.

— Dites donc, mes enfants, pour sûr il y a de la brouille sous jeu entre vous et la lingère, car voilà une insouciance à son égard qui me paraît fort étrange, fait observer l'épouse de Merlandin.

— Oui, il y a un peu de refroidissement, un rien, une bêtise! répond Rifolet.

— Je ne m'étonne plus de ce que ce bon Xavier est si triste, qu'il ne mange ni ne boit... C'est mal, très-mal, de se fâcher ainsi, Xavier, entre amants qui s'aiment depuis un siècle, et se revoient après une longue absence... Je suis sûre que les torts sont de votre côté, sergent, car les hommes sont si injustes! Mon pauvre défunt, qui s'avisait d'être jaloux et avait pris l'habitude de me cloîtrer et me battre quotidiennement, fait observer l'estimable veuve.

— Et moi je soutiens que la petite lingère, coquette s'il en fut, a seule mécontenté Xavier, qui aura découvert quelque intrigue: car impossible, parmi la quantité de muscadins qui encombrent sa boutique du matin au soir, avec qui elle rit et badine sans cesse, qu'il n'y en ait eu un dans le nombre qui ait été assez adroit pour s'en faire remarquer, dit Merlandin d'un ton doucereux.

— Taisez-vous, vous êtes une méchante langue, Isidore, en bavardant ainsi sur le compte d'une pauvre fille, et en portant atteinte à sa fidélité.

— Palsembleu! Merlandin a raison! Nanette est une infâme coquette! un monstre de perfidie! s'écrie Xavier avec colère, en frappant la table du poing.

Puis reprenant avec sensibilité et les larmes aux yeux:

— Oui, je la méprise autant que je la chérissais! La malheureuse! m'avoir ainsi trahi! Ah! loin de moi son souvenir! je veux l'oublier, la haïr, la fuir pour toujours!

— Allons! pas d'emportement, pas de faiblesse, camarade; que ceci t'apprenne ce qu'on gagne à vivre loin de sa maîtresse; et, en lieu et place de l'estimable oncle Badouret, je te dirai ce proverbe : Les absents sont toujours tort.

— Et moi, je gage que dans tout cela vous n'avez ni raison ni preuve, Xavier, et que quelque mauvaise langue vous aura abusé par de mensongers rapports, dit la dame avec humeur.

— Non, non! j'ai vu, vu de mes propres yeux...

— Quoi? interroge Merlandin.

— Eh parbleu! la coquette, la perfide, en tête-à-tête avec son amant, à qui elle prodiguait ses caresses banales! répond le sergent avec colère.

— Cela me semble fort, car Nanette, dans son quartier, passe pour une fille d'une conduite irréprochable, dit madame Merlandin.

— C'est qu'à l'inconstance la petite joint l'hypocrisie; et voilà! réplique Merlandin.

— N'importe! je suis persuadé qu'il y a sous jeu quelque malentendu que nous éclaircirons demain, entendez-vous, Xavier? dit la dame.

— Demain! ah bien oui, demain! quand il s'agit de décamper cette nuit même, afin que le jour, à son aurore, ne nous rencontre que loin de Paris, très-loin s'il est possible!

— Merlandin a raison, diable! ne badinons pas; il faut filer, et le plus tôt possible, dit Rifolet en roulant sa serviette et se disposant à quitter la table.

— Oui, partons, camarade; fuyons cette ville de perfidie et de malheur; aussi bien, dame Merlandin, quand même l'infidèle, de qui vous prenez généreusement la défense, me jurerait et m'assurerait cent fois de son innocence, ces mensongères paroles ne me dépersuaderaient pas, car ce que mes yeux, mes propres yeux ont vu, la condamne à jamais! répond Xavier avec fermeté.

— Ainsi donc, plus rien pour cette femme que vous avez aimée quatre ans d'un amour fidèle et sincère? plus rien, Xavier, pour la mère de votre petit André?... reprend l'ex-cordonnière.

— Plus rien! Quant à mon fils, ceci me regarde, dit Xavier en hochant la tête et fronçant le sourcil.

— Chers amis, votre présence chez moi me flatte et m'honore, mais voilà la deuxième heure de la nuit qui sonne, à quatre heures il fera jour, c'est ce qui me fait vous prévenir qu'il est grand temps de vous mettre en route.

— Quoi, déjà! mais ils ont à peine eu le temps de se reposer, fait observer madame Merlandin.

— Chère amie, je voudrais ainsi que vous les gardez un siècle, ces bons camarades! mais il s'agit de leur existence, de leurs têtes! Or,

gardez-vous de les retenir davantage, craignez plutôt que votre imprudente amitié ne leur soit funeste.

— Merlandin parle sagement, très-sagement, en ami dévoué, et qui tient à ce que le cou de ses camarades reste intact... En route, Xavier, et au plus vite, mon bonhomme! car à chaque pas que j'entends dans la rue, à chaque coup de marteau donné aux portes, il me semble sans cesse que c'est nous qu'on a découverts et qu'on vient chercher.

— A ce qu'il paraît, le caporal Rifolet tient ferme à la vie, dit Merlandin en ricanant avec malice.

— Demande à Xavier si je la ménage sur le champ de bataille, farceur! mais pour la perdre de la main d'un bourreau, et innocemment encore, merci! je m'en passerai volontiers, répond Rifolet piqué de l'observation du commissaire de la Convention, en se redressant et mettant la main sur la poignée de son briquet.

— Pour mon compte, je suis persuadé que vous êtes deux braves, mes enfants, dit madame Merlandin en frappant sur l'épaule de Xavier, qu'elle arrache par ce brusque attouchement aux sombres et nombreuses réflexions dans lesquelle il était retombé.

— Un coup encore à notre santé, puis défions la parade, dit Xavier en se levant vivement.

— Amis, il est prudent de cacher encore vos uniformes sous ces manteaux, que vous me remettrez hors Paris, et après le danger passé, car je prétends vous faire belle et bonne sauve-conduite, dit Merlandin en versant rasade d'un excellent cognac.

— Bien dit! répond Rifolet.

Là-dessus, ils boivent, embrassent la dame tour à tour, lui souhaitent bonheur et santé, puis ils s'éloignent tous trois. C'est vers la barrière Saint-Denis qu'ils dirigent leurs pas dans l'obscurité. Ils l'atteignent, et près de la franchir, un gendarme, à la grande frayeur de Rifolet, les arrête et demande leurs papiers.

— Soldats de l'armée du Nord, rejoignant leur corps et que j'accompagne hors de Paris, répond Merlandin en présentant au gendarme son écharpe tricolore, cachée jusqu'alors sous sa houppelande, et devant laquelle s'incline le gendarme en livrant passage aux trois amis.

— A ce qu'il paraît, ce grippe-jésus n'avait point ordre de nous pincer au passage? dit Rifolet revenu de sa frayeur en cheminant sur la grande route.

— Au contraire, il n'est là que pour arrêter les suspects et les dénoncés; et c'est grâce à la charge que j'exerce, aux insignes qui me décorent, qu'il vous a laissé sortir sans plus d'examen, répond Merlandin avec importance.

— Ce qui prouve qu'il est utile d'avoir des amis partout, reprend Rifolet.

— Même dans les emplois où l'on rougirait de les chercher, murmure tout bas Xavier.

A Saint-Denis, Merlandin dit adieu aux deux militaires, leur souhaite un heureux voyage, et les quitte après leur avoir pressé la main et reçu leurs remerciments.

— Un instant, camarade! il ne s'agit pas de jouer ainsi des jambes, les bras ballants, mais bien d'emporter son bien après l'avoir pris où on l'a trouvé, dit Xavier en arrêtant Rifolet comme ils sortaient tous deux du faubourg de la ville de Saint-Denis.

— Notre bien! mais je crois qu'en ce moment nous portons sur nous tout ce que nous possédons.

— Toi, possible, camarade! mais moi, n'ai-je pas un enfant que j'aime, quoique n'ayant l'avantage de le connaître que de nom, mon petit André enfin, que je veux garder pour moi, l'arracher à son indigne mère, l'élever et en faire un troupier fini?

— C'est juste! je n'y pensais plus; à nous le momignard!

— Demi-tour à droite donc, et filons vers Gonesse, que nous allons trouver à deux petites lieues d'ici.

— Fort bien! mais la mère Groslot, ainsi que Nanette appelle la nourrice du mioche, consentira-t-elle à nous remettre ton André?

— Et les droits que me donne la paternité, pour quoi les prends-tu?

— Encore juste! mais qui, quoi prouvera que tu sois le père?...

— Mon nom, ma parole...

— Ça ne suffira pas, mon bonhomme, et tu échoueras; à mon avis, le mieux, le plus sûr, est d'enlever le petit sans rien dire, et je m'en charge, répond Rifolet.

— Es-tu certain du coup? de ne pas faire une brioche?... Songe, Rifolet, qu'il me faut mon garçon, dussé-je mourir à la peine pour le posséder et le ravir à sa perfide mère.

— Sois sans inquiétude, je réponds de tout sans te compromettre, sans qu'on sache qui aura fait le rapt, chose importante, qui, te mettant à l'abri des recherches, te garantira la possession pleine et entière du bambin, que ma Toinon t'élèvera avec un certain chic. Or, file ton nœud, Xavier, va m'attendre à Sarcelle ou Luzarche, tandis que je vais cheminer vers Gonesse.

Xavier refuse la proposition tant il a hâte de voir et d'embrasser son fils, c'est à Gonesse qu'il veut accompagner Rifolet, où il consent à l'attendre aux abords du village, afin de lui prêter main-forte en cas de besoin.

— En route donc, puisque telle est ta volonté! répond le caporal,

Il faisait grand jour lorsque les deux amis aperçurent les premières maisons de Gonesse et qu'ils se séparèrent, Rifolet pour se rendre au village, Xavier pour se jeter dans un petit bois qui bordait la route et y attendre le retour de son camarade.

— Salut et fraternité, citoyenne, dit Rifolet en se présentant chez la mère Groslot, dont on lui a enseigné la demeure, et qu'il trouve seule, la tête dans la cheminée, occupée à tourner une poêlée de bouillie.

— Monsieur, j'avons ben l'honneur d'être vot' servante, répond la paysanne en faisant une grande révérence, après avoir retiré sa bouillie du feu et en fixant Rifolet avec des yeux surpris.

— Qu'est-ce à dire, monsieur ! Tu es aristocrate, femme Groslot.

— Pas de ça, j' sommes tout bonnement cultivateur de not' métier, citoyen.

— Et nourrice, par-dessus le marché, citoyenne.

— Oui, mon... oui, citoyen; mais quoi qui y a pour vot' service?

— Il y a, brave femme, qu'amené par ta bonne réputation, je viens t'offrir d'allaiter de tes mamelles nourricières un superbe nouveau-né, magnifique enfant, gros comme toi et moi, et qui plus est, appartenant à une famille huppée.

— Merci d' la préférence, citoyen, mais je ne pouvons pas accepter, vu que j'avons déjà un nourrisson qui dormont en ce moment dans c'te chambre voisine.

— Un fils d'aristocrate, sans doute? interroge Rifolet avec sévérité.

— Dame! ce que je savons seulement, c'est qu' sa mère étiont une ben bonne et gentille femme nommée Nanette Badouret, lingère de son état.

— Suffit! enfant de petit monde, tandis que celui que je suis chargé de t'offrir, citoyenne, est de famille comme il faut, enfin le fruit illégitime des accointances charnelles d'un prince avec une danseuse du grand Opéra. Le père, forcé d'émigrer, a laissé une somme des plus rondes afin de pourvoir à l'éducation du marmot, laquelle somme, nourrice, serait déposée en tes mains, comme salaire de tes peines.

A ces derniers mots, la mère Groslot ouvre de grands yeux, et cupide, rapace comme le sont ordinairement les gens de campagne, les nourrices par-dessus tout, celle-ci commence à prêter une oreille plus attentive aux propositions de Rifolet. Elle avoue que, n'ayant plus de lait, elle ne pourrait nourrir le poupon nouveau-né qu'au gobelet, mais que ses soins, son amour pour les enfants sont un sûr garant que l'élève ne pâtirait en rien, pourvu que le sucre, le savon soient en sus des mois de nourrice, qu'elle porte à vingt-cinq livres par mois, plus un cadeau au baptême, un présent à la première dent, un mois payé d'avance, etc., etc.

— Tu es on ne peut plus raisonnable, citoyenne, ce qui fait que j'accepte tes conditions. Cependant, j'ajouterai celle que tu consentiras à recevoir cinq années d'avance, et aussitôt fait le cadeau du baptême, vu qu'il n'y a plus d'église ni prêtre pour le moment, et que tu risquerais d'attendre trop longtemps.

— J' voulons ben tout ce que vous voudrez, not' cher mo... citoyen ! s'écrie la mère Groslot enchantée, et calculant déjà la somme énorme que va mettre dans ses mains le solde des cinq années.

— Alors, puisque tout est convenu entre nous, il s'agit, nourrice, de partir à l'instant même pour Paris, de te rendre à l'instant même à la demeure que je vais t'indiquer, et d'y prendre l'enfant qu'on te remettra sur ma recommandation.

— Tout de suite!... Dame! j' voulons ben tout de même. Mais avant il fallont que j'aillons prévenir not' homme, qui en ce moment travaillont aux champs à une lieue d'ici.

— Eh bien ! nourrice, va prévenir ton homme et hâte-toi ! Durant ce temps, je vais rester ici et t'attendre.

— Ah çà ! citoyen, n'y a donc pas moyen de remettre la chose à demain?...

— Impossible, nourrice, le poupard a besoin de toi au plus tôt, sa mère part ce soir même pour la Belgique.

— Allons, attendez... Attends-moi ! citoyen, j'allons courir chercher not' homme et lui conter tout ça ; surtout ne t'ennuie pas, car je n' serons au plus qu'une petite heure absente.

— Suffit ! nourrice, suffit ! j'attendrai en me promenant dans ton jardin.

— Dis-donc, citoyen, si la marmaille qu'est là dedans venont à pleurer, fais-moi le plaisir de l'y donner un petit coup de berceau, une dodinette d'un instant, dit encore la mère Groslot en chaussant ses sabots et ajustant le mouchoir qui couvre son énorme gorge. Puis, cela terminé, elle s'éloigne en courant et recommandant à Rifolet de ne pas trop s'ennuyer.

Quelques instants après, et certain de l'éloignement de la paysanne, Rifolet ouvre une porte située au fond de la chambre, pénètre dans une seconde pièce fort obscure, où s'avançant, il va se heurter contre une barcelonnette d'osier, d'où s'échappe aussitôt un petit cri enfantin.

— Voilà mon affaire, dit Rifolet en s'emparant de l'enfant qu'il trouve dans le berceau et l'apportant dans la première chambre afin de mieux l'examiner. L'enfant, éveillé en sursaut, fait d'abord une petite moue des plus drôles, puis sourit après en saisissant et en tirant les moustaches du caporal.

— Tu me fais l'effet d'être un farceur et un bon enfant, petiot !... Comment t'appelles-tu ?

— Maman Nanette ! répond le bambin en lui tirant plus fort les moustaches et riant aux éclats.

— Maman Nanette, connue, mon chérubin, à ce cri de ralliement je te reconnais pour celui que je viens chercher ; en route, mon bijou ! Allons voir papa et maman Nanette.

Cela disant, Rifolet, chargé de l'enfant, gagne la porte du jardin, puis la route, sur laquelle il se met à courir de toute la vitesse de ses jambes, à la grande satisfaction du bambin, qui, enchanté de cette promenade, rit et se démène en vrai diable dans les bras du caporal.

— Arrive donc, camarade ! je désespérais de ton retour, s'écrie Xavier du plus loin qu'il aperçoit venir Rifolet.

— Sergent, voilà l'héritier de ton nom, répond Rifolet en plaçant l'enfant dans les bras de Xavier.

— Mille bombes ! qu'il est beau ! baise-moi, gamin, baise papa ! dit le sergent en contemplant son fils, en le couvrant de caresses.

— Sacré coquin ! je crois que tu pleurniches, Xavier.

— Eh oui ! ma foi, moque-toi de moi si tu veux, mais la vue de ce marmot m'attendrit jusqu'aux larmes... Est-il beau, mon André?... et je laisserais un semblab'e Amour à son indigne mère, pour qu'elle lui enseigne l'art perfide de tromper! Oh! non, à moi seul ce trésor précieux! à moi le soin de l'élever, de lui apprendre à m'aimer, à être un homme!

— Bien dit, sergent, mais filons au plus vite, si nous ne préférons voir la mère Groslot venir nous réclamer ce mioche. Fuyons à travers champs, afin d'échapper à toutes poursuites.

— En route donc et au pas de charge, camarade ! répond Xavier en pressant l'enfant sur son cœur.

Et ils se jettent dans les terres qui bordent la route pour disparaître bientôt au loin.

IX. — La Terreur.

Plusieurs mois se sont écoulés depuis les derniers événements racontés dans le précédent chapitre. Oui, plusieurs mois, durant lesquels Nanette, notre chère héroïne, a beaucoup souffert et pleuré, elle, si charitable, si aimante et sans cesse victime de ses bienfaits, de son noble dévouement. Avant de nous enfoncer davantage dans cette véridique histoire, jetons un regard en arrière, afin de reconnaître la cause des larmes et des douleurs de notre jeune lingère, et les principaux événements arrivés, dans ce long laps de temps, à ceux au sort de qui nous nous intéressons. D'abord il est utile de savoir que le commissaire Merlandin ne fut qu'un traître, un perfide ami, le jour où il conseilla à Xavier et à Rifolet de quitter Paris au plus vite, en les effrayant sur leur position, en leur faisant accroire que leur liberté et leur vie étaient en danger et qu'on les cherchait afin de s'assurer de leur personne. Car il n'était rien de tout cela, car le conventionnel Collot-d'Herbois, loin de penser à faire punir les militaires de leur brusquerie et de leur emportement, avait, au contraire, ri comme un fou de la manière leste et adroite dont ils s'étaient débarrassés des deux gendarmes et défendu à ces derniers de les poursuivre. Quelle fut donc l'intention de Merlandin en trompant ainsi nos deux militaires? Celle de se défaire d'un rival aimé dans la personne de Xavier, oui d'un rival : l'ex-peintre, toujours volage époux, s'était amusé à se prendre de belle passion pour Nanette, dont le sournois convoitait la possession en l'absence de Xavier, de qui il espérait d'un jour à l'autre apprendre la mort aux armées, et dont le retour venait contrarier ses projets.

Ce fut donc après le départ ou plutôt la fuite des deux amis que Merlandin se présenta chez Nanette, qui, habituée à ses visites, ne parut nullement surprise à sa vue; l'ex-peintre la trouva dans son comptoir, les yeux rouges, et occupée à lire une lettre qu'elle baignait de ses larmes.

— Oh! oh! qu'est-ce donc, lingère de mon cœur? tu parais être au désespoir.

— Hélas! oui, citoyen Merlandin, j'ai un grand et un vif chagrin, mon Dieu!

— Serait-ce la lecture de cette lettre qui te causerait tant de chagrin?

— Elle-même : je l'ai reçue ce matin, et je la relisais en ce moment pour la vingtième fois, sans avoir encore compris le motif qui l'a dictée, et l'accusation odieuse, injuste, qu'elle renferme.

— Une accusation!... portée contre une aristocrate, peut-être? s'écrie le commissaire en allongeant la main pour saisir le papier.

— Non, citoyen Merlandin, il ne s'agit point d'aristocrate, mais de Xavier, qui m'accuse de perfidie, d'inconstance, et me fait un éternel adieu!

— Ah! bah! s'écrie Merlandin en feignant la surprise.

— Moi qui l'aime tant! m'accuser d'inconstance! d'en aimer un autre! est-ce possible?

— Nanette, ce Xavier est un fou, qui ne t'aimait pas autant que tu le pensais, ma toute adorable ; crois-moi, oublie ce soldat volage, et daigne prêter une oreille attentive à mon doux langage, car tu sais que mon amour à moi, celui que je te porte, est sérieux, passionné ; ensuite, Nanette, réfléchis combien un amant de ma sorte te serait utile dans ces jours de terreur et de calamité ; songe à la charge importante que j'exerce, à la protection que je serai à même d'étendre sur toi...

La lingère ne répondit à ces mots que par un regard dédaigneux en haussant les épaules de pitié. Puis, voyant Merlandin recommencer le même langage avec plus d'aplomb et d'acharnement :

— Vous êtes fou ! citoyen, en persévérant à faire entendre de semblables paroles à une femme dont le cœur renferme un amour durable, éternel ; en espérant que j'oublierais Xavier pour devenir la maîtresse d'un homme marié. Voilà deux ans que vous me fatiguez sans relâche de votre ridicule passion : cessez cette persécution, sans cela, oubliant que vous fûtes l'ami de ma famille, je vous ferme ma porte pour toujours.

— Citoyenne Nanette, ton langage sent l'aristocrate, prends garde, je suis commissaire de la Convention et chargé en sus de l'arrestation des suspects, répond Merlandin avec humeur et en fixant sur la jeune femme un regard menaçant.

— Ces menaces, loin de m'effrayer, citoyen, me dévoilent toutes les perfidies de votre âme, et m'engagent, au contraire, à vous prier de sortir de chez moi à l'instant même.

— Nanette, ma jolie Nanette, ne nous fâchons pas, il y aurait peine pour moi et danger pour toi, ma mignonne.

— Citoyen Merlandin, ne me contraignez pas à porter plainte à votre femme, à l'instruire du motif des persécutions dont vous m'accablez, à lui demander aide et protection contre vous.

— Tu n'oseras, belle Nanette! dit Merlandin en rougissant de colère.

— J'oserai si vous me poussez à bout, citoyen commissaire.

— Nanette, j'ai mal choisi mon jour pour t'entretenir de ma flamme. Cette épître du soldat Xavier t'a mal disposée, ma charmante ; une autre fois j'espère être mieux écouté.

La lingère laisse ces paroles sans réponse et quitte son comptoir pour aller s'enfermer dans son arrière-boutique, où Merlandin n'ose la suivre.

Ce jour-là, lorsque la nuit fut venue et la boutique close, Nanette, alla, comme de coutume, trouver son prisonnier. Le marquis de Chamalais, pâle et souffrant, s'assit près d'elle, le regard triste, la bouche muette.

— Vous avez lu, monsieur? dit Nanette après un instant de morne silence en retirant de son sein la lettre de Xavier et la montrant au marquis.

— Non, car je n'ai pas osé sans votre ordre, Nanette.

— Cependant je l'avais placée sous votre porte afin que vous en prissiez lecture. Écoutez donc ce qu'elle renferme, et jugez de mon malheur.

Cela dit, la lingère, les yeux humides de larmes, ouvre la lettre et lit à haute voix ce qui suit :

« Adieu pour toujours, toi la plus indigne des femmes, toi dont l'inconstance a détruit tout le bonheur de ma vie! Ne cherche point à t'excuser, car mes yeux ont été témoins de ton inconstance, ils l'ont surprise recevant les caresses de l'homme que tu préfères au père de ton enfant, de l'homme que tu caches chez toi, et qui me valut de ta part, non le tendre accueil qu'avait droit d'attendre Xavier, ton amant, et bientôt ton époux, mais celui que la femme coquette et perfide fait à l'homme dont la présence inattendue contrarie ses coupables projets. Nanette, le soir où, rugissant de fureur, j'épiais ta perfidie à travers les vitres de ta chambre, j'aurais pu briser le faible obstacle qui me séparait de toi et de ton odieux amant; si je ne l'ai pas fait, infâme, si j'ai épars m'être précipité sur toi et ton complice, je ne vous ai point anéantis tous deux dans ma juste colère, rends grâce à la prudence de l'ami qui retint mon bras prêt à punir, et me fit comprendre que le mépris et l'oubli de la personne étaient la plus sévère et la plus noble vengeance que je puisse exercer à ton égard. Adieu, perfide, je pars et vais mourir! Veuille le ciel ne point te punir trop sévèrement de ta faute! et est encore le vœu que forme en s'éloignant de toi à jamais celui qui te méprise et te hait maintenant autant qu'il te chérissait.

» XAVIER. »

— Eh bien,... monsieur! dit Nanette d'une voix sanglotante en fixant sur le marquis un regard douloureux.

— Pauvre enfant! encore moi qui trouble ton repos, encore moi qui me ton bonheur et brise ton avenir! Nanette, chère Nanette! que ne m'avez-vous chassé, livré à mes bourreaux, lorsque, sanglant, poursuivi, j'osais venir chez vous demander asile, secours, et y amener avec moi la malédiction!

Et le marquis la regardait avec tristesse et abattement.

— Du courage, monsieur, et le ciel nous éprouve, oui, Dieu connaît son innocence, et sa bonté détrompera Xavier, me rendra son cœur, son estime! reprend Nanette en essuyant ses larmes et en s'efforçant de surmonter sa vive affliction.

— Et cet homme a pu vous croire coupable, capable de perfidie, vous, Nanette, l'ange de la fidélité, de la bienfaisance! Oh! c'est mal à lui de vous méconnaître ainsi!

— Ah! ne le blâmez pas, monsieur, car toutes les apparences sont contre moi; oui, je conçois que Xavier m'ait crue coupable!

— Nanette, je veux partir aussi, vous débarrasser de ma personne, d'un mauvais génie qui finirait par vous jeter dans un abîme de malheur! Nanette, la peine de mort vient d'être décrétée contre celui qui cacherait un noble, un suspect. Au nom du ciel! fille angélique, laisse-moi fuir cette nuit même, si tu me préfères que la fatalité que je porte avec moi ne te conduise à ta perte!

— Partir! y pensez-vous, monsieur? sans argent, sans passe-port!

— Le prix de ce diamant que j'ai su soustraire aux yeux de mes geôliers suffira à mes besoins. Quant au passe-port, celui que vous a promis le fils de l'ami de votre oncle...

— N'y comptez plus, monsieur; cet homme, chez qui je suis allée ce matin en visitant mon pauvre oncle à sa prison, me l'a refusé, sous le prétexte qu'il craignait de se compromettre.

— Alors je placerai toute ma confiance en Dieu, et je partirai sans papiers!

— Impossible! vous seriez arrêté aussitôt; gardez-vous de cette imprudence, monsieur, et attendez encore.

— Je ne puis, Nanette; votre sûreté me fait un devoir sacré de m'éloigner au plus tôt.

— Ainsi, vous renoncez à la vie, au bonheur de voir et d'embrasser votre petite Charlotte!

— Charlotte! ma fille! eh! Nanette! quel dangereux talisman employez-vous pour ébranler ma résolution?

— Celui de la nature et du cœur, monsieur le marquis! Oui, croyez-moi, restez encore ici; caché à tous les yeux, à l'abri de tous soupçons, votre vie ne court aucun risque. Renoncez donc à l'exposer par un excès dangereux de délicatesse, par une folle superstition.

— Ma fille, ma Charlotte! reprend le marquis avec enthousiasme et tout entier à cette pensée.

— Demain, décadi, je fermerai boutique, et j'irai à Gonesse embrasser nos enfants, m'informer de la cause qui a empêché leur nourrice de se rendre à mon invitation. Oui, j'irai embrasser mon cher petit André, ce pauvre enfant qui n'a plus de père, puisque le sien m'abandonne, dit la lingère en essuyant les larmes abondantes qui ne cessent de s'échapper de sa paupière.

— Que Dieu conserve mes jours, Nanette, et votre fils sera le mien! Que je rentre dans mes biens, et je les partagerai avec André et avec Charlotte, dit le marquis en pressant affectueusement la main de la jeune femme.

Le lendemain de cet entretien, comme la sixième heure de la matinée sonnait, Nanette, qui se disposait à ouvrir sa boutique, entend plusieurs coups appliqués avec force retentir sur les volets de sa demeure.

— Qu'est-ce? demanda la lingère, dont le cœur battait toujours avec violence au bruit d'un visiteur inattendu, tremblante pour la sûreté de son hôte secret.

— Moi, mère Groslot; ouvrez, ouvrez!

Nanette, qui pense qu'on lui amène ses enfants, pousse un cri de joie et s'empresse d'ouvrir.

Quelle pénible déception éprouva notre héroïne en voyant la paysanne seule et se précipitant en larmes dans la boutique!

— O ciel! nos enfants seraient malades? s'écrie Nanette pâle et tremblante.

— Charlotte! Charlotte! not' dame, perdue, enlevée hier par un gueux! un menteur, un scélérat enfin! répond la nourrice en gémissant et en se tordant les bras.

— Silence! silence! parlez bas, au nom du ciel! Expliquez-vous, expliquez-vous!... Charlotte perdue! ah! mon Dieu! s'écrie la lingère hors d'elle et prête à perdre connaissance.

Alors la paysanne explique l'aventure, la venue d'un étranger, la ruse dont il s'est servi pour l'éloigner de chez elle, et la cruelle surprise qu'elle a éprouvée lorsqu'en rentrant avec son mari, elle n'a plus trouvé l'inconnu ni la petite fille, qu'elle avait laissée endormie dans son berceau, à côté de celui d'André.

Cette pénible nouvelle met le comble à la douleur de Nanette, qui, voulant elle-même faire des recherches sur l'enfant, se hâte d'accompagner la mère Groslot à Gonesse, sans donner le temps à cette femme de se reposer avant de se remettre en route.

Un mois entier se passe dans les recherches, dans les démarches de tout genre. Charlotte ne se retrouve pas, et le marquis, en apprenant de la bouche de Nanette que tout espoir est perdu, tombe dangereusement malade, et sa compagne infatigable s'installe tristement au chevet de cet homme mourant.

Maintenant, c'est après dix mois passés et au fort de la Terreur, le 20 fructidor 1793, que nous allons reprendre et continuer le récit des malheurs de la lingère et du marquis de Chamalais. Or, celui ou celle qui, à cette époque, serait allé rue Saint-Antoine pour faire emplette de quelque objet de lingerie chez notre jeune héroïne, aurait trouvé la boutique nue, déserte et fermée. Puis, des voisins qui, au bruit des coups frappés en vain sur la porte, seraient accourus vous apprendre charitablement que, ruinée par les mauvaises affaires, mademoiselle Nanette Badouret avait, une nuit, décampé en silence et mis la clef sous la porte, et ils n'auraient pu indiquer la nouvelle demeure de la lingère. Mais nous, chers lecteurs et lectrices, pour qui rien ne doit être secret dans cette histoire, transportons-nous rue de Popincourt, entrons dans une maison de chétive apparence, portant le n° 17, montons un escalier tortueux et sombre, et, parvenus sous les mansardes, frappons à une petite porte, que viendra nous ouvrir silencieusement une jeune femme au teint pâle, aux traits fatigués, dont les vêtements, quoique annonçant la pauvreté, sont d'une propreté admirable. Cette femme, c'est Nanette, dont la longue et douloureuse maladie que fit le marquis, les lourdes charges qu'elle eut à supporter, la stagnation du commerce en ces temps malheureux, ont brisé le cœur, affaibli la santé.

Visite à la mère Groslot.

Entrons dans la chambre : ce bel enfant qui sourit avec grâce, qui s'amuse dans un coin avec un simple jouet, cet enfant est le fils de Nanette, le petit André.

Ce logement, asile de la misère, caché sous un toit, véritable fournaise en été et glacière en hiver, est garni d'un modeste lit entouré de rideaux bien blancs, d'une table, de plusieurs chaises, d'un petit miroir qui orne seul la cheminée. Dans un coin de cette première chambre est une porte basse, celle d'un petit cabinet mansardé dans lequel on ne peut se tenir debout, et dans ce cabinet se trouvent un grabat en guise de lit, une chaise, une petite planche en bois de sapin fixée à la muraille, faisant office de table.

Il est près de huit heures, et le jour commence à s'effacer; Nanette vient de quitter l'ouvrage à l'aiguille, auquel elle s'applique du matin au soir, pour prendre son enfant sur ses genoux et l'endormir sur son sein. La jeune femme paraît inquiète, elle prête une oreille attentive au moindre bruit qui se fait au dehors, puis, le bruit cessant, elle soupire :

— Ce n'est pas encore lui, mon Dieu!

Une demi-heure encore et la nuit est close, la porte de la chambre s'ouvre, puis paraît un homme grand, maigre, dont la mise est celle d'un ouvrier, dont une casquette de loutre couvre la tête. Un tablier de toile verte ceint ses reins. En entrant, cet homme sourit à Nanette, et dépose doucement un baiser sur le front de l'enfant qui sommeille.

— Enfin, vous voilà! j'étais fort inquiète, monsieur, en ne vous voyant pas rentrer à votre heure ordinaire, dit la jeune femme en pressant la main du marquis de Chamalais, car c'était lui!

— Excusez-moi, ma chère amie, mais le tourneur chez qui je travaille m'a prié de terminer à ce soir une pièce en ivoire qu'on attendait. Je n'ai pu refuser ce brave homme, c'est ce qui me fait rentrer aussi tard.

— Ah! que vos absences me donnent d'inquiétude, monsieur! Combien je tremble en pensant aux dangers où vous expose l'imprudente résolution que vous avez prise depuis trois mois de vous montrer ainsi dans la ville! Hélas! si on vous reconnaissait, si on vous arrêtait, monsieur!...

— Vaines frayeurs, Nanette! qui s'aviserait de reconnaître jamais dans Paul l'ouvrier tourneur, et sous ces vêtements du peuple, le brillant et riche marquis de Chamalais? De plus, ma chère Nanette, tous ceux que je connaissais jadis sont morts en exil à l'heure qu'il est.

— Et vos anciens fournisseurs, vos valets, monsieur, oubliez-vous qu'ils vivent et habitent Paris?...

— Ils sont tous honnêtes gens, et feraient semblant de ne m'avoir jamais vu. Nanette, cessez de blâmer un parti honorable, que la nécessité même nous a imposé. Pauvre femme! qui s'est ruinée pour moi, pour me secourir au moment de l'indigence, et qui voudrait encore me nourrir du travail de ses mains! Je dérobe à cet enfant une partie du pain que lui gagne péniblement sa mère! Oh! non, dussé-je heurter la mort en sortant d'ici pour courir où m'appelle le travail. Je ne peux davantage, ma pauvre amie, mésuser de votre cœur et de vos forces. Heureux, heureux mille fois si le faible salaire que j'apporte ici chaque jour peut contribuer à votre soulagement et adoucir votre existence!

— Au moins, monsieur, ne vous attardez plus ainsi, car vous me feriez mourir de frayeur!

— Non, Nanette, ou du moins je viendrai vous prévenir lorsque l'ouvrage exigera plus longtemps que de coutume ma présence en l'atelier.

— Nanette, en écoutant ces derniers mots, plaçait son fils sur le lit. Cela fait, ses mains s'empressent de mettre deux couverts sur la table, de servir le souper préparé d'avance, et elle prend place à côté du marquis.

— Quelles nouvelles aujourd'hui, monsieur? lui demande la jeune femme en servant.

— La terreur continue de moissonner à pleines mains dans les rangs représentatifs, et diminue chaque jour la majorité de l'Assemblée en égorgeant ou proscrivant les députés; les jacobins montagnards sont en ce moment maîtres de la révolution, et achèvent de

Rifolet le gavelou est devenu un brave et vigoureux soldat.

noyer dans le sang son principe sacré; la loi des suspects ne cesse point d'être en vigueur et décime les enfants de notre malheureuse France...

— Que d'horreurs! soupire tristement Nanette, à qui ces paroles ôtent le peu d'appétit qu'elle ressentait.

— Et vous, Nanette, vous est-il venu quelque bon renseignement de l'armée?

— Non, monsieur, depuis les dernières nouvelles qui m'annonçaient que toutes les recherches faites en ma faveur pour découvrir le sergent Xavier avaient été infructueuses; on craignait qu'il n'eût été tué dans une des dernières batailles.

— Xavier mort! oh! ce serait affreux! cela ne peut être, ou le ciel serait trop barbare envers vous, ma pauvre amie!

— Hélas! je ne le reverrai plus, monsieur! Xavier et Charlotte sont perdus pour nous! dit Nanette en pleurant.

— Charlotte! chère enfant! qu'es-tu devenue? Quelle est donc la main sacrilége qui t'a ravie à l'amour de ton père? s'écrie le marquis sensiblement affecté et levant ses mains au ciel.

Un long instant d'un douloureux silence, et le marquis reportant de terre son regard triste et morne sur Nanette :

— Votre oncle vous a-t-il écrit, mon amie? demande-t-il.

— Ce matin, j'ai reçu une lettre de lui, dans laquelle il se félicite d'avoir été chercher un asile aux champs dès sa sortie de prison, chez son ancien et voisin Patouchon, bon vieillard célibataire, qui l'a accueilli avec générosité.

— Dieu soit loué, Nanette! il est encore des cœurs généreux et compatissants dans ces jours de malheur et de crime, dit M. de Chamalais.

Après un long entretien, la onzième heure du soir se fait entendre au loin; le marquis prend une lumière, et se dirige vers sa mansarde, après avoir déposé une caresse sur le front de la jeune femme, qui elle-même tarde peu à se mettre au lit. Le lendemain, Nanette en soupirant avait vu, dès la sixième heure du matin, le marquis traverser la chambre d'un pas léger, gagner la porte, et s'en aller à sa journée. Elle s'était alors levée, et avait pris des chemises qu'elle confectionnait et devait rendre dans la journée. A quatre heures de l'après-midi, notre lingère, après avoir confié son enfant à une voisine obligeante, s'éloigne de chez elle tenant sous son bras le paquet qui contient son ouvrage, puis dirige ses pas rapides vers les boulevards et la porte Saint-Denis. Une heure plus tard, Nanette revenait à son logis, portant un ouvrage nouveau confié à ses soins, à son adresse, lorsqu'en la voyant passer près de lui, un homme dont le chapeau était orné d'une plume et d'une cocarde tricolores, la taille entourée d'une écharpe aux mêmes couleurs, et traînant derrière lui un grand sabre, un homme au regard dur et faux, portant les insignes d'un représentant du peuple, laisse échapper un cri de surprise, et se met à suivre les pas de la lingère, qu'il accompagne ainsi et en silence jusqu'à sa demeure, où il s'introduit peu d'instants après.

Nanette, voyant pousser la porte de sa chambre et un étranger y entrer sans façon, pousse un cri d'effroi, regarde, et reconnaît Merlandin!

— Vous ici, citoyen?

— Moi-même, charmante et trop cruelle Nanette, qui te cherche depuis un siècle, et remercie le hasard qui a voulu aujourd'hui te placer sur mon passage.

— Que me voulez-vous, et pourquoi vous introduire chez moi sans ma permission?

— Afin de renouer connaissance, ma reine, et t'entretenir d'un amour que l'absence n'a fait qu'augmenter, répond Merlandin avec une impertinente aisance, en se débarrassant de son chapeau et de son sabre qu'il place sur un meuble.

— Je croyais, citoyen Merlandin, vous avoir défendu de reparaître chez moi?

— Possible, citoyenne; mais vois-tu, la puissance donne de l'audace, et je suis maintenant représentant du peuple.

— Que m'importe à moi! ceci vous donne-t-il le droit de violer mon domicile? reprend Nanette avec fierté.

— Tous les droits possibles, ma chère, même celui de te faire jeter en prison et mettre en jugement si tu fais la bégueule... Allons, laisse là tes grands airs, grisette, et embrasse-moi.

Et Merlandin, qui s'était approché de la jeune femme, la prend dans ses bras, et, malgré sa résistance, vient à bout de souiller ses lèvres d'un baiser et de l'attirer sur ses genoux.

— Je croyais, citoyen Merlandin, vous avoir défendu de reparaître chez moi?

— Laisse-moi, misérable, ou j'appelle du secours!

— Et moi, j'envoie à la guillotine celui qui oserait prendre ta défense, répond Merlandin en torturant la pauvre fille qu'il offense par de honteuses caresses.

C'est en vain que Nanette résiste de toutes ses forces aux désirs de cet homme indigne, ses cris sont étouffés par lui, et déjà renversée sur le lit, elle sent ses forces trahir son courage; l'infortunée va être la victime d'une infâme violence, lorsque la porte s'ouvre avec fracas pour donner entrée à M. de Chamalais, qui, d'un bond, tombe sur Merlandin et le terrasse honteusement.

— Infâme misérable! s'écrie le défenseur en tenant le représentant du peuple sous ses pieds.

— Tremblez, Paul, cet homme est un dénonciateur! dit Nanette en se précipitant sur le marquis, dont elle retient le bras prêt à frapper.

— Grâce, jeune homme, pour les fautes de l'amour; je ne voulais qu'un baiser de cette femme en faveur de notre ancienne connaissance, dit Merlandin d'un ton suppliant.

— Laissez ce malheureux, citoyen Paul; qu'il s'éloigne et ne revienne jamais ici, dit Nanette.

— Pars donc, lâche misérable, puisqu'elle demande ta grâce, hâte-toi! ou je te tue sans pitié.

Merlandin ne se fait pas répéter deux fois cet ordre, et dans sa frayeur, oubliant son sabre et son chapeau, il s'élance hors de la chambre et à travers la montée.

— Fuyons, fuyons aussi, monsieur, car nous sommes perdus, cet homme va nous dénoncer! s'écrie Nanette hors d'elle et tremblante.

— Fuir! mais où? pauvre femme!

— N'importe! mais quittons ces lieux!

— Nanette, la frayeur vous égare; sur quoi cet homme fonderait-il son accusation?

— Eh! monsieur, est-il besoin d'un crime en ces jours de calamité pour être conduit à l'échafaud?...

Nanette terminait à peine ces mots qu'un bruit de pas se fit entendre dans l'escalier, ainsi que celui de plusieurs voix.

— Il n'est plus temps de fuir, Nanette, entends nos assassins!

— Perdus! perdus! et mon pauvre enfant, que va-t-il devenir? s'écrie Nanette avec désespoir.

— Au nom de la loi, moi, Merlandin Caracalla, représentant du peuple, je vous arrête en vertu de mon pouvoir discrétionnaire, dit Merlandin en se présentant dans la chambre accompagné de plusieurs brigands à l'aspect hideux, armés de sabres et de piques.

— C'est l'échafaud! la mort que vous nous réservez, misérable! Que l'un de vous du moins la reçoive avant nous! s'écrie le marquis avec fureur. Et dégaînant vivement le sabre laissé par Merlandin, il en porte un coup terrible sur ce dernier, qu'il étend à ses pieds, baigné dans son sang.

— Monsieur le marquis, qu'avez-vous fait? s'écrie Nanette éperdue.

— Un marquis! un ci-devant! à mort! à mort! hurle la hideuse bande de coquins en se précipitant sur M. le marquis de Chamalais, qui, adossé contre la muraille et tenant d'un bras Nanette pressée sur son sein, sabre à droite et à gauche les assaillants, dont il blesse cruellement plusieurs.

Mais, hélas! courageuse et vaine défense! Pressé, assailli par le nombre, le marquis est désarmé; puis, ainsi que sa malheureuse compagne, arraché du logis, battu, traîné dans la fange des rues, insulté par une horrible populace qui criait à tue-tête : — A la lanterne, les aristocrates! Puis enfin il est jeté dans les prisons de la Conciergerie, ainsi que Nanette, souillée de boue et de sang, pêle-mêle avec une foule de malheureux détenus, qui les accueillent avec un soupir, une plainte, une larme.

3

Huit jours après cet événement, et à la sortie du tribunal révolutionnaire, devant lequel elle venait de comparaître, ainsi que le marquis de Chamalais, Nanette, reconduite dans sa prison, pâle, mourante, mais résignée, écrivait ces tristes lignes à son oncle :

« C'en est fait, ils m'ont condamnée à mourir ; demain peut-être je monterai sur l'échafaud... Ah ! mon oncle, que ma douleur est vive, poignante en songeant à mon pauvre enfant ! Au nom du ciel ! recueillez cet orphelin, servez-lui de père et parlez-lui souvent de sa malheureuse mère !... Du haut du ciel, mon oncle, j'intercéderai pour vous deux le Dieu de l'univers, ce Dieu juste et bon, qui exaucera la prière de sa créature, parce qu'elle aura beaucoup souffert ici-bas, parce que des hommes sanguinaires l'auront tuée en récompense du bien qu'elle aura fait... Vous aussi, priez pour moi, apprenez à mon fils à prier aussi, à chérir ma mémoire... Mon oncle, mon cher oncle ! si Xavier existe encore, si jamais vous le retrouviez, dites-lui que je lui fus toujours fidèle, que je n'avais cessé de le chérir ; puis, lorsque, convaincu de mon innocence, le regret sera entré dans son cœur, lorsqu'au récit de mon malheureux sort des larmes auront mouillé sa paupière, placez-lui son fils, mon André, dans les bras, et implorez pour cet enfant l'amour et la pitié de son père... Adieu, mon oncle, adieu, je vais mourir !... »

X. — 2 décembre 1804.

Le 2 décembre 1804, le canon retentissait avec force afin d'annoncer aux Parisiens qu'on couronnait, ce jour à Notre-Dame le chef d'une dynastie nouvelle. Napoléon, colosse de gloire et de puissance, était salué empereur des Français. Ce jour fit donc d'un soldat un roi puissant. Un officier de la garde consulaire, au teint bruni, à la moustache grise, la poitrine décorée de la brillante étoile de la Légion d'honneur, ordre nouvellement fondé, marchait lentement dans la rue Saint-Antoine en s'arrêtant devant chaque boutique : au bras de ce vieux et brave militaire était passé celui d'un beau jeune homme d'une quinzaine d'années, à la mine éveillée, et en petite tenue militaire.

— Ah çà ! mon vieux grognard, auras-tu bientôt fini de me trimbaler ainsi dans cette éternelle rue, et la mémoire ne viendra-t-elle donc pas à ton aide afin de te faire reconnaître cette boutique tant désirée ? Songe, mon vieux, que l'empereur va sortir de la cathédrale, et que je tiens à le voir passer, dit le jeune homme en souriant.

— Mille cartouches ! ça t'est facile à dire, Charlot ; mais, mon bonhomme, pense qu'il y a douze ans que j'ai quitté Paris et que je n'ai vu cette boutique, où je n'entrai qu'une seule fois en ma vie ; que depuis ce temps tout a changé de face et de couleur.

— Allons, cherche bien, mon vieux Rifolet, rappelle tes souvenirs ; enfin faisons en sorte de contenter le colonel en lui rapportant tantôt les renseignements qu'il désire.

— Oui, car cette Nanette l'infidélité lui causa tant de chagrin, qu'il manqua d'en passer l'arme à gauche, répond Rifolet.

— Et qu'en cherchant la mort dans les combats, en place de la camarde, il trouva la gloire, des grades et la fortune.

— Et moi, qui le suivis en tous lieux, les épaulettes de sous-officier et la croix, mille cartouches !

— Et ma petite personne y a gagné, en qualité d'enfant de troupe et de tapin, un sourire de Bonaparte et une bonne tape sur la joue, dit l'enfant.

— C'est vrai, cela ! tu as dû être furieusement content de cette faveur, Charlot ?

— Cré coquin ! je crois bien, surtout lorsqu'en me tirant l'oreille de sa jolie main douce, il me dit :

— Tambour, malgré le canon et la mitraille, tu n'as pas cessé de battre jusqu'et d'aller en avant. Continue, garçon, et, de ce train-là, un bâton de maréchal pourra bien un jour remplacer tes baguettes.

— Saprebleu ! mille dieux ! c'est ça qu'était honorable ! Malheureusement c'est qu'il ne sera rien de cette prévision, répond Rifolet en souriant.

— Las, non ! en ce qu'il n'est point d'usage de faire des maréchaux femelles... Cré tonnerre ! nom d'une pipe ! pourquoi faut-il que je sois une fille, une demoiselle à jupon, moi, qui les combats, le canon sont l'élément ! répond Charlot en frappant avec colère le pavé de son pied mignon.

— Ou plutôt, pourquoi, il y a douze ans, ai-je été assez bête pour enlever une fille pour un garçon et de ne m'apercevoir de la méprise que sur la frontière d'Allemagne, lorsqu'il n'y avait plus possibilité de la réparer !

— Ce qu'il y a de plus curieux encore, c'est que sans ta femme, cette excellente Toinon, qui m'a élevée avec les soins, la sollicitude d'une bonne mère, le colonel et toi, mon vieux, seriez encore à me savoir pile ou face.

— Ma foi ! tout de même, mille cartouches ! Au fait, qui se serait jamais douté que ce crâne et mauvais sujet de tambour, si brave, si tapageur, était une vraie femelle !

— Sans compter que mon polisson de sexe m'embête terriblement,

l'ami, et que je ne prétends pas du tout m'astreindre à ses us et coutumes, ni me larder les doigts avec des aiguilles. Plus souvent ! je veux la guerre, des armes, des chevaux, des Prussiens et des Anglais à rosser ! ainsi que je l'ai fait jusqu'ici.

— Pas possible, gamin ! Il faut que cette vie-là cesse, que tu deviennes une demoiselle modeste et bégueule, puis que tu prennes un mari.

— As-tu fini, Rifolet, de me bailler tes bêtises ?... Un mari, à moi, pour le rosser s'il ne marche pas au doigt et à l'œil !

— Bien, très-bien, mon petit Charlot, c'est comme ça que le colonel et moi aimons à te voir. Va, sois tranquille, mon chou, nous ne te ferons jamais déchoir ; à la guerre, entends-tu, toujours à la guerre, ensemble et soldats ; puis quand nous serons vieux, que nous aurons gagné nos Invalides, alors la chasse et la bouteille !

— C'est dit ! mais en parlant bouteille, est-ce que, comme moi, tu ne te sens pas, mon vieux, le besoin d'humecter ton cornet du contenu d'un flacon de champagne ?

— Charlot, nous pensons de même et ressentons les mêmes besoins, mon chéri.

— Alors, en avant ! au premier café venu, s'écrie Charlot en entraînant Rifolet de toute la vitesse de ses jambes.

— Halte là ! petit, car voici une allée, une boutique, qui me semblent être de ma connaissance... Mais oui, ce doit être ça... Voilà la porte que nous escaladâmes, la petite cour, la fenêtre de l'arrière-boutique... Charlot ! nous y sommes, seulement c'est un épicier qui a remplacé la petite lingère, dit Rifolet après inspection faite, et tous deux entrent chez le débitant de denrées coloniales.

— Brave commerçant, pourriez-vous nous apprendre ce qu'est devenue une lingère qui occupait cette boutique il y a une douzaine d'années ? demanda Rifolet à l'épicier.

— Jeune homme, ne mangez donc pas mes pruneaux tandis que votre compagnon me parle, dit le marchand à Charlotte, qui sans façon puisait à même une caisse de pruneaux de Tours dont elle remplissait sa jolie bouche.

— Silence, épicier, on te les payera, tes pruneaux ! réplique Charlotte avec impertinence.

— Une lingère, disiez-vous ? connais pas ! répond l'épicier d'un air bête ; puis reprenant : Adressez-vous au pâtissier à côté, vieille maison qui fait des brioches depuis vingt ans dans la même demeure.

— Merci !

— Dites donc, militaire, et mes pruneaux ! s'écria l'épicier en voyant Rifolet et Charlotte se retirer sans payer.

— Voilà, pékin ! répond la jeune fille en jetant sur le comptoir une pièce de cinq francs et en sortant sans réclamer la monnaie, à la grande édification du débitant.

— Oui, oui, je me rappelle ! oh ! je l'ai connue, c'était une brave et bienfaisante fille, hélas ! la misère l'a forcée de quitter son commerce quelques mois avant son arrestation.

— Son arrestation ! s'écrie Rifolet avec surprise et effroi.

— Hélas ! oui, dénoncée comme suspecte, la pauvre demoiselle Badouret, m'a-t-on dit, a comparu devant cet infâme tribunal révolutionnaire.

— Qui sans doute l'aura condamnée à mort ? demande le vieux soldat avec inquiétude.

— A mort ! car ces misérables ne savaient point acquitter ! répond le pâtissier.

— Pauvre Nanette ! si jeune et si belle ! soupire Rifolet ; puis reprenant :

— Et son enfant !...

— J'ignore ce qu'il est devenu, répond encore le marchand.

— Diable ! voilà de tristes renseignements à reporter à notre colonel, Charlot.

— Sapresti, c'est embêtant, mille chiens !

— Charlot, tu sais que les démarches que nous faisons là ne sont absolument que pour tâcher de retrouver André, le fils du colonel, eh bien ! mon cher, il faut y mettre du zèle, de l'activité, et mettre à exécution une pensée que me passe par la tête, c'est de vider chacun quelques bouteilles pour nous donner des forces, afin de filer vers Gonesse, où nous chercherons le père et la mère Groslot, qui, s'ils vivent encore, auront adopté l'orphelin et nous donneront de ses nouvelles.

— Ça va, en route ! d'autant plus que ça me mettra à même de m'assurer si ces paysans ne sont pas les auteurs de mes jours, répond follement Charlotte.

— Dame ! je n'en sais rien, cela pourrait bien être...

— Comme tu dis, vieux, c'est possible. En tout cas, et si la chose était telle, motus sur mes noms et qualités, afin qu'il ne prenne pas envie à ces bonnes gens de contrarier ma carrière et mes goûts en me retenant près d'eux et en m'arrachant à celui qui depuis l'enfance m'a tenu lieu de père, l'amour de mon cher colonel enfin !

— Mille tonnerres ! je n'aurai garde, à moins de vouloir encourir la disgrâce de Xavier en le privant d'une fille dont il est si glorieux..

Cependant, Charlot, s'il allait se faire que ces bonnes gens fussent véritablement tes parents?...

— Je les embrasserais de tout mon cœur sans me faire connaître, et leur ferais tout le bien qui serait en mon pouvoir.

— Très-bien, petit, maintenant, allons nous mouiller le sifflet, et ensuite à Gonesse !

Une heure passée à boire et fumer, puis, nos deux militaires montent en voiture et roulent pour Gonesse, où ils arrivent gais et dispos.

— Le père Groslot, brave homme?

— Défunt, v'là sept ans, mon bon mosieur, répond le paysan en train de bêcher un champ et à qui s'adresse Rifolet.

— Et sa veuve?...

— Défunte il y aura deux ans aux cerises.

— Elle aussi! ces gaillards-là se sont donc fait mourir pour nous contrarier? dit Charlot; puis reprenant :

— Dites, brave homme, savez-vous si certaine petite fille qu'on enleva de chez eux, en 1792, fut retrouvée?...

— Pas le moins du monde, mon petit mosieur! répond le paysan.

— Cet enfant était-il le leur? demanda Rifolet.

— Eh non, mon brave, c'étoit seulement un nourrisson, une petiote fille confiée à c'te mère Groslot.

— Suffit! pas fâché du tout de la circonstance... Merci, brave homme, voilà pour votre complaisance.

Et Charlot jette un napoléon d'or au vieux paysan, qui, surpris de tant de générosité, demeure tout ébahi.

— Enfoncée Nanette, enfoncé le fils du colonel, enfoncée ta parenté, Charlot, enfoncé tout le monde! fait Rifolet en se tirant la moustache avec dépit.

— Ça m'embête terriblement, et notre colonel va être d'une humeur massacrante en apprenant tout cela; ensuite il n'y a plus d'espoir de savoir si je suis née chien ou chat.

— Mille cartouches et bombardes! ça fait que te voilà l'unique enfant de Xavier, héritier de son nom et de sa petite fortune, mon petit Charlot.

— Oui, mais le colonel eût préféré un garçon pour de bon, tandis que, malgré l'éducation masculine que vous m'avez inculquée, je ne suis toujours qu'une pauvre femme, un manche de quenouille, enfin!

— D'accord, mais tu es une fille première qualité, vrai dragon femelle, qui monte à cheval comme un maître d'équitation, qui fait des armes au pouce, se bat, boit et jure à ravir, en vrai sacripant, je m'en flatte, grâce à la peine que je me suis donnée afin de faire de toi un être accompli, un brave et crâne militaire, dit Rifolet en passant son bras autour du cou de Charlotte et lui donnant sur la joue un gros baiser amical.

— C'est vrai que toi, le colonel et Toinon avez eu assez de mal après moi. Dieu! en a-t-il fallu de cette patience pour chasser de mon âme cette pusillanimité féminique qui me faisait trembler comme un capon, une poule mouillée au milieu de la mitraille!... Te souviens-tu, mon vieux, continue Charlotte en s'appuyant familièrement sur l'épaule de Rifolet, te souviens-tu de la venette qui me talonna à Aboukir, et m'engagea à déserter tes côtés pour jouer des jambes vers l'arrière-garde?

— C'était pusillanime, j'en conviens, mais tu avais dix ans alors, mon mignon, et l'affaire était fièrement chaude! Ces gueux de mameluks se battaient en vrais démons; enfin, corps à corps avec nous. Heureusement tu as fait tes preuves depuis ce temps, Charlot, et tu te conduis de manière à mériter l'estime de tes chefs, et la mienne particulièrement. Oh! tu iras loin, chéri, si tu ne fais pas la bêtise de te laisser enjôler par quelques-uns de nos officiers, gaillards qui, instruits de ton sexe ne feroient que te jouer la figure, ont l'air de vouloir t'en conter.

— Laisse-les faire, Rifolet; ils en seront pour leurs frais.

— Dame! chéri, c'est qu'on dit, vois-tu, que l'amour est le maître à tout, que ce polisson de petit dieu possède l'art d'attendrir le cœur le plus rebelle. Preuve, le mien! qu'il a rendu jadis sensible pour Toinon, au point de transformer un employé aux gabelles en soldat de l'armée de Sambre-et-Meuse, condition imposée par feu mère Chacal pour devenir l'époux de sa fille, aujourd'hui ma légitime.

— N'importe, mon vieux; à ce dieu Cupidon ainsi qu'au mariage Charlot dit zute! et il ne s'embarliflicotera jamais dans toutes ces bêtises-là. La guerre, le canon, les Prussiens, Autrichiens et Anglais à rosser, tout le tremblement enfin, voilà mon élément, mon unique désir !

— Bien, petit! superbe! Aussi, sois béni, mon élève, mon brave enfant d'adoption! s'écrie Rifolet en s'arrêtant tout court sur la grande route où se passait cet entretien, et pressant Charlotte sur son sein.

— Oui, tout cela est fort beau; mais, cré coquin! c'est ce maudit sexe qui m'embête! s'écrie Charlotte avec dépit et en accompagnant ces mots d'un geste des plus énergiques.

— Oui, voilà ! c'est vexant! répond Rifolet.

L'entretien continue sur ce pied jusqu'à Saint-Denis, où les deux amis prirent la voiture qui devait les amener à Paris. Il était nuit close lors de leur retour dans la capitale, où brillaient des feux de

mille couleurs, où s'agitait une foule compacte conviée à la fête impériale et se rendant aux Tuileries ou aux Champs-Élysées.

— Vieux, pas mèche de rencontrer le colonel au logis et à cette heure où son service l'appelle près de l'empereur; or, prenons congé la soirée entière, allons à la fête, dit Charlotte.

— C'est dit; mais comme il n'est pas de belle fête pour ventre creux, allons dîner avant.

La proposition de Rifolet étant adoptée, c'est vers le Palais-Royal que ce dernier s'achemine avec Charlotte, où, chez le meilleur restaurant, ils commandent un dîner aussi copieux qu'excellent. Cela, d'une voix haute, d'un ton tranchant, après avoir dérangé ou bousculé une grande quantité de dîneurs afin de trouver une table qui soit disponible, et en s'attirant les regards de la société, ceux des femmes surtout, qui toutes trouvent Charlot très-joli garçon; Charlot, à qui un petit bonnet de police placé de travers et d'où s'échappent les boucles d'une belle chevelure noire donne un petit air crâne et charmant, dont la capote de drap bleu, boutonnée du haut en bas, dessine les formes sveltes et gracieuses.

— Ah çà! garçon, te fiches-tu de nous, pékin, de faire attendre ainsi à fricassée?... Tâche d'aller plus vite que ça, méchant bancal, si tu ne préfères que je houssine ta carcasse, s'écrie Charlot au garçon, pauvre diable boiteux et fort laid, qui lui fait attendre depuis un quart d'heure un poulet à la marengo.

— Bois donc, Charlot; ce vin de Romané est des plus chouettes.

— A ta santé, vieux!

— Garçon! du champagne, et preste! s'écrie Charlotte.

Nos deux militaires mangent comme quatre, et boivent de même; on n'entend qu'eux dans la salle du restaurant appeler et jurer après le garçon, ce qui égaie fort plusieurs jeunes gens en train de dîner à la table voisine.

— Garçon! du sauterne, et vite !

— Voilà, messieurs.

— C'est singulier, mais plus je te regarde, tout laid, plus il me semble t'avoir déjà vu, dit Rifolet au garçon en train de déboucher la bouteille de sauterne.

— Possible, mes officiers; mais moi je ne crois pas avoir jamais eu cet avantage.

— Eh bien! tu t'enfonces, pékin, car ici à ces dents longues et jaunes, à ces yeux ronds et saillants, à cet air tant soit peu sournois, je reconnais en toi une ancienne connaissance, un ex-commissaire de la Convention, le peintre Merlandin, enfin! reprend Rifolet.

En se voyant reconnu, Merlandin rougit. En vain cherche-t-il à donner le change, car Rifolet s'obstine et se nomme à lui. Merlandin, peu rassuré, finit pourtant par avouer son identité, ce qui fait que Rifolet lui prend la main et la lui presse avec affection, en le présentant à Charlotte comme un ami à qui lui et Xavier sont redevables de la vie.

— En vérité?... comment, garçon, tu as sauvé les jours de mon colonel et ceux de mon vieux camarade? touche là, et bois un coup avec nous, fait Charlotte en versant rasade.

— Certainement; j'ai en ce bonheur, et je m'en réjouis, répond Merlandin d'une voix doucereuse.

— Ah çà! conte-nous donc, Merlandin, comment il se fait que toi, dont la femme devait faire un représentant du peuple, et toi, ci-devant familier de l'infâme tribunal révolutionnaire, tu te trouves être autant débiné et garçon de gargote? interroge Rifolet.

— Hélas! telle est la position où m'a réduit une trop exquise sensibilité, mon désir d'arracher à l'échafaud une foule de victimes innocentes, ce dont s'est aperçu la Convention, qui, après m'avoir employé à arrêter les autres, voulait à mon tour me faire arrêter, acte arbitraire qui m'a forcé de prendre la fuite, de passer à l'étranger pour ne rentrer dans ma patrie que pauvre et sans autre ressource que celle de la domesticité.

— Fichtre! c'est embêtant... Et ton épouse, Merlandin?

— Morte en couches, mon cher Rifolet; oui, morte en couches!

— Diable! une bonne femme, quoiqu'un peu farceuse... C'est dommage!

— Je la regrette et la pleure chaque jour, reprend Merlandin avec sensibilité.

— C'est égal, Xavier et moi ne pouvons laisser dans le malheur le camarade qui nous a rendu un service aussi éminent; ce qui fait, ex-commissaire, que je t'engage à venir nous voir le plus tôt possible à notre hôtel, cela avant que l'empereur nous remmène; c'est te dire qu'il faut que tu te hâtes, camarade.

— Garçon, êtes-vous sourd? voilà dix fois que je vous appelle! dit un des jeunes élégants de la table voisine en s'adressant à Merlandin.

— Voilà, messieurs, voilà! répond Merlandin en faisant un mouvement pour se rendre à l'appel.

— Ne bouge pas, Merlandin, tu es avec nous, tu nous appartiens; causons, dit Rifolet en retenant le garçon par le bras.

— Messieurs, s'il faut un garçon pour vous seuls, dites-le, car enfin il est indécent que vous reteniez celui-ci aussi longtemps lorsque son service le réclame, dit un jeune homme.

3.

— Faites-nous donc le plaisir de vous servir vous-même, et de ne pas nous ennuyer plus longtemps, mon cher, ce garçon est un ancien ami avec qui nous renouvelons connaissance, et que nous dispensons de l'ennui d'être à vos ordres ; vous entendez ? suffit, dit Charlotte au jeune homme d'un air goguenard et en se dandinant sur sa chaise.

— Monsieur, vous êtes un impertinent ! s'écrie l'élégant jeune homme en se levant de table avec précipitation et en s'avançant vers Charlotte, qui reste calme et souriant.

— Monsieur, avez-vous entendu ?

— Certainement ; aussi je me propose demain matin, en faveur de l'épithète, de vous couper les oreilles, mon cher, répond Charlotte.

— Oui, monsieur, je le répète, vous êtes un impertinent blanc-bec !

— Mille noms d'un nom ! tonnerre de diable ! moi, blanc-bec ?

Et Charlotte, furieuse, applique un soufflet sur la joue de l'élégant, qui riposte par un autre. Alors notre fille-dragon saisit son adversaire à la cravate. Les dîneurs se lèvent en masse, crient à tue-tête, en donnant tort à Charlotte et à Rifolet, et séparent les deux champions après avoir renversé la table avec tout ce qui la couvrait.

— Charlot, mon bonhomme, tu te dégrades en jouant ainsi des poings, Charlot, je t'enverrai coucher ce soir à la salle de police, si tu ne termines à l'instant ce duel de crocheteur, lorsqu'il existe des armes !... Charlot, au nom de la discipline, finis, s'écriait Rifolet en s'efforçant de faire lâcher prise à l'enragée jeune fille, acharnée après son adversaire, qui à son tour n'y allait pas de main morte, et frappait sans pitié le corps le plus beau, le plus parfait du monde. Ce n'est pas sans peine qu'on parvient à séparer les adversaires, qui, contenus par leurs amis communs, se provoquent encore de la voix et du geste.

— Vous êtes deux braves, qui, je l'espère, videront cette querelle honorablement, or, demain, en quel lieu ? à quelle heure ? demande Rifolet.

— Au bois de Boulogne à huit heures précises, reprend l'élégant en se rajustant de son mieux.

— Et moi, mon avis est que nous en finissions à l'instant dans le jardin et à la lueur du premier lampion ! s'écrie Charlotte en grinçant des dents et crispant ses doigts.

— Charlot, je conçois ton impatience, mais le lieu, l'heure, sont choisis très-convenablement ; ainsi donc, à demain matin : à propos, quelles seront les armes ? reprend Rifolet.

— Le pistolet et l'épée ! s'écrie Charlotte.

— Soit ! dit le jeune homme en se remettant à table avec ses amis, à l'instar de Charlotte, qui verse déjà à Rifolet le champagne à plein verre.

— La carte !

— Deux cents francs compris la casse, que nos deux militaires acquittent en pièces d'or, sans oublier le garçon, autrement dire Merlandin, qui se pâme d'aise en admirant les quarante francs que Charlotte vient de lui glisser dans la main.

Rifolet et Charlotte se retirent après avoir échangé leur adresse avec celle de l'élégant et renouvelé à Merlandin l'invitation de venir les voir le lendemain.

— Petit, on ne soufflette une fois, ça va et c'est con ne peut plus juste, mais on ne redouble pas ainsi que tu l'as fait, du moment qu'il suffit d'une mornifle pour provoquer et légitimer un coup d'épée, disait Rifolet en chemin et les jambes flageolantes en s'appuyant sur le bras de Charlotte.

— Je conçois ; mais le soufflet rendu par ce pékin, ce stigmate infamant qui brûlait et qui brûle encore ma joue, m'avait exaspéré... Ah ! malheur à lui, demain je le tue sans miséricorde !

— Ou il te tuera, l'un ou l'autre, répond froidement Rifolet.

— Au petit bonheur ! fait Charlotte avec insouciance. Puis, reprenant :

— Tu sais, mon vieux, que j'ai la main malheureuse en diable pour mes adversaires.

— Oui ; comme preuve, ce fourrier du 2e de hussards que tu as mis sur le flanc durant deux mois.

— Et ce polisson de grenadier à qui j'ai, il y a six semaines, niché une balle dans les côtes. Je crois que le grand gaillard ne s'avisera plus, après cette leçon, de m'appeler roquet.

— Oh ! c'est égal, tu es rageur et duelliste en diable, petit, et un jour, si tu n'y prends garde, tu trouveras ton maître. Aussi, je veux ce soir, en rentrant au logis, te faire exercer une couple d'heures et répéter les deux bottes secrètes que je t'ai enseignées. Or, avant de nous livrer à l'exercice des armes et nous donner un peu du chique, je pense, Charlotte, que nous ferions bien d'entrer au café et de nous y rincer le bocal avec un bol de punch.

— Soit ! répond Charlotte.

Et tous deux entrent au café de Foy.

A minuit, dans une riche chambre à coucher située rue de Grenelle Saint-Germain, dans un bel hôtel garni, à la lueur de deux bougies, un homme grand et beau, dont les épaules sont ornées des épaulettes de colonel, se promène de long en large, à pas précipités, en jetant de fréquents regards sur la pendule et en donnant des signes

d'impatience. Le bruit d'une voiture qui se fait entendre dans la cour attire le colonel à la fenêtre.

— Enfin les voilà donc ! soupire-t-il ; et un sourire de satisfaction vient effleurer ses lèvres.

Quelques instants encore, et Rifolet ainsi que Charlotte se présentent dans la chambre et saluent le colonel.

— C'est heureux ! j'ai cru que vous ne rentreriez de la nuit, mes drôles ! dit le colonel avec sévérité.

— Père, ne gronde pas ; c'était une grande et glorieuse fête aujourd'hui, à laquelle notre empereur t'avait convié, toi, le plus brave de ses soldats ; aussi avons-nous voulu, Rifolet et moi, la fêter de notre côté, boire à la santé de Napoléon, à la tienne, mon ami, répond Charlotte en passant ses bras autour du cou du colonel, et en l'embrassant à plusieurs reprises.

— Oui, Xavier, l'enfant dit vrai ; nous avons riboté en diable, mille cartouches !

— En effet, vieux sacripant ! à ta démarche chancelante, je vois que tu ne t'en es pas mal acquitté. Bois, mon brave, bois tant qu'il te plaira ; mais, au moins, ménage cet enfant, chez qui la tempérance doit être une vertu principale.

— Moi, père, je bois comme quatre, mieux que ce vieux lapin ; oh ! il n'y paraît pas : regarde !

— Mille dieux ! gamin, c'est ce que je défends par-dessus tout. Belle qualité, ma foi ! que tu posséderais là, si un jour il te faut reprendre les mœurs et les vêtements de ton sexe.

— Père, pas de plaisanterie, s'il te plaît ; moi, femme, moi, m'affubler de chiffons ? oh ! jamais ! s'écrie Charlotte, que nous continuerons de nommer ainsi jusqu'à nouvel ordre.

— Çà, voyons, Rifolet, au lieu de t'endormir sur ce siége, ne ferais-tu pas mieux de m'instruire du résultat de tes démarches de ce jour, de m'apprendre si enfin tu as obtenu quelques renseignements sur mon fils et sa mère ?

— Laisse-le dormir, père ; puis, écoute, c'est moi qui vais t'instruire.

— Parle donc, enfant.

Et Charlotte raconte leurs démarches et leurs actions de la journée, et instruit Xavier de la fin malheureuse de Nanette, de la mort du père et de la mère Groslot, puis de la rencontre de Merlandin.

— Morte ! morte sur un échafaud ! et si jeune ! si belle ! la malheureuse ! s'écrie Xavier en essuyant les larmes que lui arrache cette affreuse nouvelle.

— Allons, père, du courage, ne pleure pas ainsi, rappelle-toi qu'elle t'avait trahi, que tu ne l'aimais plus, dit Charlot en caressant le colonel.

— Tu te trompes, enfant, ou plutôt je vous ai tous trompés en vous disant que Nanette, mes amours chéris, la mère de mon André, n'était plus rien pour moi ; oui, Charlot, je l'aimais encore malgré sa perfidie.

— Alors, père, pourquoi n'as-tu pas pardonné ? pourquoi ne t'es-tu pas fait son appui, son défenseur ?

— Charlot, je te répète qu'elle ne m'aimait plus, qu'elle me trompait indignement, l'honneur me faisait donc un devoir de la fuir et de l'oublier.

— Mais ton fils !...

— Tu sais que l'erreur te fit enlever à sa place. Erreur funeste ! qui me priva de mon André, et t'arracha, pauvre enfant ! à l'amour de ta famille. Tu sais que, proscrit, il fallut me cacher aux armées, habiter longtemps le sol étranger où nous entraînait la victoire. Tu sais que, lorsque la guerre nous accorda enfin un instant de repos, je donnai des ordres pour qu'on s'enquît à Paris de mon fils et de sa mère, mais qu'il n'était plus temps, puisque tous deux avaient disparu. Ce fut alors que je me plus à te regarder comme mon unique enfant, et que pour compléter l'illusion, je fis porter les habits de mon sexe, élever comme un garçon et partager nos dangers...

— Ce dont je rends grâce au ciel, car cela m'eût drôlement contrarié, mille chabraques ! d'être femelle au moral et au physique ; merci ! c'est déjà de trop de l'être d'un côté.

— Cependant, mon petit démon, il faudra bien un jour te décider à être une jolie femme, que je marierai à André ; si je le retrouve, s'entend !

— Femme ! moi femme ! tonnerre ! obéir à un homme, coudre, mettre le nez bas, plus souvent ! je préfère cent fois être soldat et me battre !... à propos, père, tu sauras que je m'aligne demain matin sur le terrain, ajoute Charlotte d'un air décidé.

— Quoi ! encore un duel, malheureux ! malgré ma défense ! mais tu es donc fou ou enragé ?

— Ni l'un ni l'autre, mais j'ai été insulté par un muscadin, un pékin, que je n'ai pu me dispenser de souffleter.

— Je te défends de donner suite à cette affaire, de te battre, entends-tu ? il n'y a que les misérables qui exposent ainsi dans un duel une vie utile à leur patrie.

— Je me battrai, père, il le faut absolument !

— Je saurai y mettre obstacle, mauvais sujet !

— Comment cela, père ?

— En te mettant aux arrêts.

— Père, tu veux donc me déshonorer! me faire passer pour un lâche? songe que les adresses ont été échangées, que le rendez-vous est pris...

— Je m'en moque, et préfère garder ma fille, mon unique enfant!

— Ta fille, père! tu m'insultes et m'affliges, tu profites de ce qu'il m'est impossible de te demander raison de la dénomination avilissante que tu viens de me jeter à la face.

— Ah çà! te tairas-tu, impertinente drôlesse, ou me faudra-t-il prendre la canne pour t'imposer silence? encore une fois, tu n'es qu'une femelle, une petite drôlesse mal élevée, méchante comme un âne rouge, et à qui je défends de quitter cette chambre de quinze jours sous peine de correction, s'écrie le colonel, à la voix de qui Rifolet s'éveille en sursaut.

— Quoi donc! des Prussiens, des têtes carrées? en avant! au pas de charge sur cette canaille! s'écrie le dormeur en se levant précipitamment.

— Réponds, vieux sacripant! je ne pourrai donc jamais te confier cet enfant sans que tu lui fasses commettre quelque sottise? sans que tu exposes sa vie comme tu l'as déjà fait vingt fois, en paix comme en guerre? dit Xavier en secouant Rifolet par le bras avec force et colère.

— Colonel, je ne connais que la bravoure, l'honneur, les dangers, tout le bataclan!... Eh bien! quoi donc, tu pleures, Charlotte, tu pleures, mon brave! ah! c'est furieusement pusillanime, petit, répond l'officier apercevant la jeune fille assise dans un coin et fondant en larmes en courant à elle.

— Je crois bien, on m'insulte, on m'appelle fille, drôlesse, hi! hi! hi!...

— Qui t'a dit cela, réponds, petit, que nous leur passions notre épée à travers le corps.

— Parbleu! le colonel, hi! hi! fait Charlotte en pleurant.

— Comment, Xavier, tu traites ainsi notre élève, notre enfant? C'est mal, tu abuses de ta supériorité pour nous vexer, nous humilier.

— Va-t'en au diable avec ton démon femelle! répond Xavier avec brusquerie.

— Vieux, le colonel me met aux arrêts, il défend que je me batte ce matin, est-ce juste, dis?

— Loin de là, mille bombes! c'est contraire à l'honneur et à la bravoure... tu te battras, petit, sois tranquille.

— Mais, vieux fou! tu veux donc absolument me priver du seul enfant qui me reste?...

— Ledit enfant a été provoqué ou a provoqué, je ne me rappelle plus au juste, mais n'importe, il y a eu insulte, provocation, rendez-vous donné, il faut se battre; du reste, je suis fort tranquille sur le compte de Charlot, vu les bottes que lui et moi connaissons seuls, houp! houp là! et notre homme est enfoncé, fait Rifolet en s'escrimant avec la main.

— Officier Rifolet, je t'ordonne de garder les arrêts jusqu'à nouvel ordre, ainsi qu'à cette petite drôlesse, puisqu'elle persiste à vouloir être garçon et soldat.

— Plus souvent! murmure Charlot.

— Compte dessus! fait de même Rifolet.

Un instant de silence; puis, las de se promener de long en large dans la chambre, de bouder et de se voir bouder:

— Rifolet, dit enfin Xavier, tu n'ignores pas sans doute que demain nous prenons les armes pour nous rendre au Champ de Mars? C'est une fête militaire, l'empereur doit distribuer aux députations de tous les régiments des aigles d'or aux ailes déployées qui doivent à l'avenir les guider dans les champs de la gloire!

— Oui, colonel, répond l'officier avec humeur.

— Allons, mon vieux camarade, ne fais pas ainsi la moue à ton ami, et vidons ensemble une vieille fiole à la gloire, à notre amitié, à nos bons souvenirs, reprend Xavier en frappant amicalement sur l'épaule de Rifolet.

— Oui, colonel, buvons!

— Et ce bambin!...

— Il dort, colonel.

— Laissons-le dormir alors, dit Xavier en s'approchant doucement de la jeune fille endormie sur un fauteuil et la tête appuyée sur le revers de la main.

— Regarde, Riolet, s'il est possible de voir visage plus charmant! Quel dommage que nous ayons gâté cela!... Cette admirable créature aurait fait le bonheur d'un honnête homme. Mais le moyen de marier à présent un lutin, une enragée de cette espèce? Qui en voudra? qui voudrait pour épouse une gaillarde qui ne craint ni le ciel ni l'enfer, et se bat sur les champs de bataille comme le plus brave soldat de l'armée?... C'est toi, Rifolet, qui m'as perdu cette enfant.

— Perdue, excusez! il me semble, au contraire, qu'en suivant tes ordres, en la transformant en vrai garçon, j'ai fait un chef-d'œuvre accompli, car qui peut être comparé à mon Charlot? Rien, demande plutôt à Toinon ma femme.

— Ta femme! une folle, qui pense ainsi que toi, et qui adore cet enfant.

— Après cela, écoute donc, Xavier, ce n'est ni de ta faute ni de la mienne si cette bambine a pris du goût pour la poudre à canon à force d'en renifler la fumée, lorsque toi ou moi la trimbalions sur les champs de bataille, huchée sur nos épaules et son petit corps dans notre sac... Tonnerre d'une pipe! que c'était drôle... je me rappelle toujours avec joie et orgueil un jour que l'affaire chauffait d'une terrible façon, que les balles sifflaient coup sur coup à nos oreilles, que le canon grondait à vous faire sauter le crâne, que la petite me chantait la *Marseillaise* derrière le dos en battant la mesure avec ses petites menottes... A sa santé, colonel!

— A la tienne, mon brave.

Trois heures du matin, Xavier dépose doucement un baiser sur le front de Charlotte et se jette sur son lit tout habillé en engageant Rifolet à emmener la jeune fille et à aller se coucher. Puis il s'endort aussitôt d'un profond sommeil, et Rifolet en fait autant sur le fauteuil où il est assis. Six heures, Rifolet s'éveille, s'étend, bâille, ouvre les yeux, puis, à la lueur d'une bougie prête à s'éteindre, il voit Xavier encore endormi, mais n'aperçoit plus Charlotte. Où peut-elle être? Dans sa chambre, sans doute? ou plutôt partie pour aller se battre? Dans cette indécision, Rifolet quitte doucement la chambre pour se rendre au lit de Charlotte, situé dans une pièce voisine. Il le trouve froid et vide!

— Superbe! je la reconnais là, malgré la défense, ma gaillarde est partie... Allons la rejoindre!

Cela dit, Rifolet prend son chapeau, son épée, quitte l'hôtel, et malgré la nuit et le froid se dirige vers les Champs-Elysées et le bois de Boulogne, où il arrive au petit jour. Là ses yeux, en entrant, aperçoivent au loin Charlotte se promenant dans l'attente, ses armes sous le bras.

— Te voilà! vieux, je comptais sur toi et je t'attendais.

— Charlotte, tu as forcé et m'as forcé de rompre les arrêts. Gare au retour, petiot! car le colonel ne badine que tout juste en fait de consigne.

— Ah! oui, le colonel, eh bien! qu'a-t-il dit en ne me retrouvant pas à l'hôtel?

— Rien, attendu qu'il ronflait encore lorsque je l'ai quitté... Ah çà! c'est décidé, tu veux te battre quand même?

— L'honneur me fait un devoir de venger une insulte, répond fièrement Charlotte.

— C'est mon avis, on est brave, on a de l'honneur ou on n'en a pas, dit Rifolet de sang-froid.

— Et on en a, mon cher.

— Et furieusement, nom d'un nom!

— Dis-moi, vieux, y a-t-il chance que le colonel nous tombe sur les bras au moment de l'action?

— Aucune, il ignore le lieu du rendez-vous, répond Rifolet.

Une demi-heure d'attente encore, puis débouchent par la porte Maillot trois personnages parmi lesquels les deux militaires reconnaissent leurs adversaires. On se rejoint, on se salue; la place est choisie, et comme la nuit a rafraîchi le sang, calmé les esprits, on convient de se servir de l'épée seulement, et de cesser au premier sang. Ainsi l'a proposé l'adversaire, en faveur, dit-il, de l'extrême jeunesse de Charlot, qui paraît peu satisfait de cette déférence, mais se résigne parce que le souvenir du colonel, de son père adoptif, vient se présenter à sa pensée.

— Fais attention, Charlot, rappelle-toi de la botte en question! houp! houp! et houp! marche à présent!

Le combat commence, les armes se croisent et Charlotte sent aussitôt le froid de l'acier lui traverser le bras droit. La jeune fille pousse un cri et le duel est terminé.

— Mille millions de cartouches! s'écrie Charlotte en jetant son épée au loin.

— Petit, tu n'as pas été trop mal, mais ce n'était pas ça, tu as trop baissé le poignet au troisième temps.

— Etes-vous satisfait, monsieur? demande l'adversaire en essuyant le sang qui tache la lame de son épée.

— Non! car il nous reste le pistolet pour achever notre querelle, répond fièrement Charlotte.

— Et moi je repousse, monsieur, cette nouvelle provocation, car votre âge et la pitié m'en font un devoir. Mais en revanche, je vous offre mon amitié, si vous la jugez digne d'être acceptée, répond le jeune homme avec noblesse en présentant sa main à Charlotte, qui, prête à la saisir, tombe sans connaissance dans les bras de Rifolet.

XI. — 1809.

A deux lieues de Fontainebleau, sur la lisière de la forêt de ce nom, existe la petite ville de Moret, située sur la rivière de Loing. Les environs de Moret sont délicieux et par des sites boisés qui fournissent depuis longtemps à nos paysagistes de charmants sujets d'études. On trouvait, il y a quelques années encore, dans la partie de la forêt qui avoisine la ville, la jolie maison de chasse dite de François Ier, sculptée par le célèbre Jean Goujon. Cet édifice, enlevé avec soin en 1826, a été transporté et reconstruit sur le cours la Reine, aux Champs-Elysées, à Paris. Moret, comme toutes les villes de province, a son aristocratie, ses coteries, ses gros bourgeois ennuyeux, roides, ridicules, puis ses petits rentiers bien rococos, bien économes, passant leur existence à cultiver un jardin de douze pieds carrés, à cueillir de l'herbe pour nourrir leurs lapins. Moret possède de plus des vestiges d'édifices antiques, entre autres ceux d'un ancien château que surmonte un donjon en terrasse, puis une église, monument assez remarquable du quinzième siècle ; puis encore, autour d'elle, une ceinture de charmantes maisons de campagne, dont l'une d'elles, en 1809 avait été achetée et était occupée par un général de brigade nommé Xavier, que la perte d'une jambe, emportée par un boulet de canon à la bataille d'Eylau, avait contraint bien malgré lui de quitter le service, à peine âgé de 47 ans. L'empereur en apprenant la perte qu'il faisait de ce brave soldat, dont tous les grades avaient été conquis à la pointe de l'épée, l'empereur, disons-nous, avait essuyé une larme échappée de sa paupière, visité le pauvre blessé et pourvu à sa fortune. Le général Xavier, qui ne pensait qu'à se battre, avait oublié de la faire, comme les autres généraux de ce temps. L'entourage du général se composait d'abord de son fils, très-joli garçon, âgé de dix-neuf ans au plus, jeune homme turbulent, mauvaise tète, mais bon cœur, passant son existence à chasser, à courir à cheval dans tout le pays, à rosser les paysans rétifs à ses caprices, à rendre jaloux les maris dont toutes les femmes ne pouvaient se lasser d'admirer et de vanter la beauté, la grâce du jeune homme, surnommé par un commun accord le pays Charlot le diable. Il y avait encore un officier ayant nom Rifolet, compagnon inséparable du général, à qui un éclat d'obus avait, à Eylau, emporté le bras gauche ; puis Toinon Chacal, femme Rifolet, ex-vivandière, grosse maman encore fraîche et la meilleure pâte du monde, adorant Charlot, qu'elle avait pour ainsi dire élevé, et riant sans cesse d'un bon gros rire de toutes les espiègleries du jeune homme ; Toinon était la gouvernante de la maison, quoique n'étant, elle ni son mari, nullement à la charge du général; elle avait eu l'esprit de gagner aux armées une petite fortune honnête, dont elle aurait doublé facilement la somme si elle n'avait à tout instant versé la goutte gratis à nombre de braves soldats. Ajoutons une espèce de factotum, le père Merlandin, personnage boiteux et portant perruque afin de cacher sous ce gazon postiche un crâne qu'une ancienne et large blessure avait entièrement dépouillé de son cuir chevelu. Citons encore un valet, une servante, et nous connaîtrons tout le personnel de cette charmante demeure, d'où s'échappaient chaque jour de nouveaux bienfaits pour les pauvres du canton, où le malheureux ne s'adressait jamais en vain depuis un an qu'elle appartenait au général Xavier.

C'était une soirée pluvieuse d'un des premiers jours de septembre 1809 que plusieurs voisins, choisis dans le nombre de ceux qui entouraient la demeure du général Xavier, étaient assemblés dans le salon de ce dernier. La conversation, les parties de cartes, de dame et d'échecs marchaient leur train. Parmi les personnes qui composaient cette petite société, on remarquait plus particulièrement une femme frisant la cinquantaine, laide, au visage en coin de rue, grande et maigre, souriant sans cesse, faisant la bouche en cœur et passant fréquemment sa langue sur ses lèvres afin d'en effacer la sécheresse en les humectant, et de ranimer leur couleur plus que fanée. Cette dame joignait à son physique suranné le ridicule habitude de faire la jeune fille, dont elle employait le langage, les gestes, et portait la coiffure et la mise. Il était vraiment curieux d'observer mademoiselle de Bois-Gonthier (car tel est le nom de cette ci-devant jeune femme) décocher de ses yeux pétillants de tendres regards sur Charlot chaque fois que le supposé jeune homme, afin d'examiner les cartes du général, venait s'appuyer sur le dossier du siège de ce dernier, avec qui, en ce moment, mademoiselle de Bois-Gonthier faisait une partie de piquet. Elle lui sourit, lui adresse une douce et flatteuse parole, afin d'attirer son attention, un mot de sa jolie bouche ; ce à quoi Charlotte s'empresse peu de se rendre, détournant, au contraire, avec ennui et dégoût, ses beaux yeux de la dame.

— Charlot, tu remues ma chaise, et cela m'impatiente, dit Xavier.

— Suffit, père, on se retire.

Et la jolie fille, que nous allons continuer encore de désigner au masculin (une pirouette et en sifflottant va tomber sur les genoux de Toinon, femme Rifolet, en train de jouer aux dames avec le percepteur du canton. Elle dérange tout le jeu.

— Finis donc! petit démon chéri, tu vois bien que tu bouscules notre damier juste au moment où j'allais damer mon troisième pion...

Excusez, monsieur Petitois, mais ce polisson n'en fait jamais d'autres, ajoute Toinon après avoir donné un gros baiser à Charlot et remettant les pions en ordre.

— Mille noms d'une pipe! encore une partie perdue! vous êtes décidément beaucoup plus malin que moi, papa Jolivet, dit Rifolet en s'adressant à son partenaire, gros jouflu et vieux rentier de l'endroit, qui vient de gagner sa cinquième partie d'échecs.

— Comme vous dites, je suis d'une force effrayante à ce jeu, et il n'y a rien de surprenant à cela, vu qu'en ma qualité d'ancien tabletier, j'ai passé une partie de mon existence à tourner des pions d'échecs.

— Hier, dimanche, je ne vous ai pas aperçues aux vêpres, mes-

dames Gomard, disait dans un coin Merlandin à une petite vieille ayant sa fille, grosse laideron, assise à ses côtés.

— Hélas! non, l'indisposition de Roquelaure, notre petit toutou, ne nous a pas permis de nous absenter du logis.

— Vous me permettrez de vous dire, mesdames, qu'il y a impiété à négliger ses devoirs de bon chrétien pour un semblable motif, reprend Merlandin.

— Oui, nous avons eu peut-être tort, mais ce cher petit chien souffrait tant! Ensuite, n'est-il pas, ainsi que nous, une créature de Dieu ?

— Ah! vous avez eu tort, car, après la prière, monsieur le curé nous a fait un pieux et éloquent sermon.

— Voyez-vous! ces choses-là sont faites pour nous! un sermon, Hortense, et nous n'y étions pas! s'écrie madame Gomard en s'adressant à sa fille, qui, pour répondre, ouvre la bouche et reste court.

— Vive vous, mon cher monsieur Merlandin, vous êtes un homme exact aux offices et vous remplissez tous vos devoirs de chrétien avec onction et modestie! Aussi passez-vous dans Moret pour un saint, un modèle de piété, que notre curé donne pour exemple à toutes ses ouailles.

— Et j'en rends grâces à la Providence, mesdames, elle m'a toujours guidé dans le sentier de la vertu, de la pure religion, répond Merlandin en croisant les bras sur sa poitrine et levant les yeux au ciel.

— Maman, voilà M. Charlot qui recommence à faire faire l'exercice à Roquelaure, il va lui faire du mal, empêchez-le donc, dit mademoiselle Hortense.

— Parlez-vous-même, ma fille.

— Maman, je n'ose parler à un homme, ça me fait rougir.

— Chère petite! que de candeur! fait madame Gomard; puis, reprenant en s'adressant à Merlandin : C'est pourtant à vous, aux pieuses conférences où vous daignez avoir avec cette enfant, cette chère Hortense, qu'elle est redevable de tant de modestie.

— Oh! oui, maman! M. Merlandin m'apprend de bien jolies choses quand nous sommes seuls ensemble! dit l'Agnès avec feu.

— Roquelaure, je vais te repasser des calottes si tu ne tiens pas mieux ton fusil, dit Charlot au petit chien hargneux, rouge et à la queue en trompette, qu'il contraint en ce moment à se tenir debout sur les pattes de derrière, une baguette placée entre celles de devant.

— Ciel de Dieu! général, que vous avez un fils adorable! voyez comme il est gentil, ainsi couché sur le parquet et jouant avec Gomard jeune, dit mademoiselle de Bois-Gonthier en caressant d'un petit coup de langue sa lèvre supérieure.

— En vérité, voilà un drôle qui nous donne tant de distractions qu'il est cause que vous jouez tout de travers, ma chère demoiselle.

— Ah! général, que n'ai-je dix-huit ans, je lui offrirais de suite ma main et ma fortune!

— Voilà pour le moins la cinquantième fois que vous me répétez cela! vraiment, vous devriez y renoncer, ce regret est superflu, répond brusquement Xavier.

— Cependant, si une femme encore très-passable et vingt mille francs de rente ne lui déplaisaient pas, à ce cher Charlot... dit la dame avec précaution et timidité.

— Vous consentiriez alors à faire une folie, à devenir l'épouse d'un gamin de vingt ans, dont vous pourriez être l'aïeule.

— Général, vous êtes un impertinent!

— Et vous une bonne femme, quoiqu'un peu timbrée... Laissons cela et jouez, c'est à vous de donner.

Mademoiselle de Bois-Gonthier se pince les lèvres, et, plus rouge qu'un coq, jette ses cartes avec humeur; Xavier quitte alors la partie, se lève, et va se mêler, pour un instant, à la conversation qui a lieu entre Merlandin et les dames Gomard.

— Maman, voici M. Charlot qui fait mine de tuer Roquelaure.

— Monsieur Charlot, pitié pour ma petite bête! s'écrie madame les mains jointes, le regard suppliant, et cela au moment où Roquelaure se retournant happe la main du jeune homme, qui, colère, envoie la bête rouler à l'extrémité de la pièce au grand désespoir de ses maîtresses, qui s'empressent d'aller le ramasser et de lui prodiguer caresses et leurs consolations.

— Aurons-nous beau temps pour notre partie de chasse de demain, voisin Petitois? demande Charlot en s'approchant du percepteur en train de combiner un grand coup de dames.

— Je ne vous dis pas; car mes cors m'élancent ce soir d'une furieuse façon, et cela est signe d'eau.

— Voisin Jolivet, êtes-vous chasseur et serez-vous des nôtres? demande encore Charlotte.

— Chasseur à mort! excellent tireur et connaissant le fusil comme un Pater! car, en qualité de tourneur, j'en ai confectionné plus d'une crosse!

— Alors, à demain donc, six heures du matin, le rendez-vous est ici... Nous prendrons la carriole et Phénix, le cheval entier, qui nous conduira un train d'enfer à notre chasse réservée... Et toi, vieux Tartufe, ne nous accompagneras-tu pas en qualité de rabatteur? demande encore Charlotte en s'adressant à Merlandin, qui, au nom de Tartufe, épithète que lui décoche fréquemment la jeune fille, fronce le sourcil et branle la tête.

— Allons, répondras-tu, saint homme?

— Merci, je n'en veux plus de chasses, le beau plaisir, ma foi! dix lieues dans les terres labourées, la charge sur le dos et quelquefois la pluie.

— Dites donc, Charlot, mon bon ami, est-ce que qu'il n'y aurait pas moyen d'atteler à la carriole un autre cheval que ce Phénix, qui a failli il y a trois jours, par son impétuosité et ses fougueuses amoureuses, nous cu buter dans le Loing? demande M. Petitois.

— Soyez sans inquiétude, respectable percepteur, car, depuis cet accident, je me suis appliqué à dompter Phénix, qui maintenant est docile comme un caniche l'est envers son maître.

— Les chevaux! Dieu que j'adore les chevaux, et que je les conduis avec adresse! car mou état de tourneur m'a mis à même de me façonner au gentil tape-cul, s'écrie M. Jolivet.

— Messieurs, n'oubliez pas qu'au retour de votre chasse, je vous attends tous à dîner chez moi, ainsi que vous et Hortense, madame Gouvard, dit mademoiselle de Bois-Gonthier. Puis s'adressant à Charlotte : — Petit Amour, il y aura du bon nanan et de ce fin vin de Porto que nous sirions tant!

— Suffit, ma Psyché! on se rendra à l'invitation, répond Charlotte en faisant un demi-tour, afin d'échapper à l'attouchement que la main sèche et ridée de la vieille demoiselle se dispose à faire à ses joues fraîches et rosées.

Encore une heure consacrée à vider un énorme bol de punch, et la soirée se termine. Le lendemain le soleil, en pointant à l'horizon, vient annoncer une belle journée et hâter les apprêts de la chasse.

Phénix bat de son fer le pavé et en fait jaillir des étincelles. Dans la carriole s'entassent messieurs Petitois, Jolivet, Merlandin, malgré son refus de la veille, puis Charlotte, coiffée d'une casquette en drap vert, vêtue d'une veste de chasse de la même couleur que la coiffure, ornée de boutons à tête de loup, d'un pantalon de peau de daim, guêtres idem.

Dans le coffre de la voiture sont enfermés bouteilles, poularde et jambon, comestibles destinés à un déjeuner champêtre; puis derrière la carriole sont attachés Moustache, Gringa et Frédégonde, trois excellents chiens de chasse.

C'est Charlotte qui conduit, et d'un train d'enfer, Charlotte, dont le fouet ne cesse de s'agiter, de claquer, et au bruit duquel Phénix, le cheval entier, dresse les oreilles, hennit et double le pas.

— Prenez garde, Charlot, voici là-bas un cheval qui pourrait bien être une jument; tenez bien Phénix, recommande Petitois.

Mais ladite jument n'était qu'un âne, qui en passant attrapa un coup de fouet dans le derrière de la part de Charlotte; ce qui fit prendre le galop à l'animal aux dépens des jambes de la paysanne qui le conduisait.

Une forêt, puis une route sombre et détournée où se jette la carriole. Un quart de lieue encore, on voit la demeure d'un garde, à la porte de laquelle s'arrêtent nos chasseurs. Un cri de joie part de l'intérieur de la maison; puis trois marmots morveux en sortent et viennent entourer Charlotte, se pendre après en l'appelant leur ami. Charlotte sourit, enlève les enfants l'un après l'autre, les embrasse et leur emplit les mains de monnaie pour acheter des gâteaux. La mère des marmots se présente. C'est une paysanne grosse à pleine ceinture, elle vient saluer avec joie et respect le jeune homme.

— Mère Guippart, voici pour le baptême et pour acheter la layette. Prenez, c'est ce que je vous ai promis la dernière fois.

Et Charlotte place une bourse pleine dans les mains de la paysanne.

— Dieu vous bénisse et vous récompense, monsieur, vous qui, non content de nous avoir arraché de la misère, nous comblez encore chaque jour de nouveaux bienfaits!

— Bien! bien! braves gens, comptez toujours sur moi... Allons, messieurs, en chasse! Toi, Merlandin, reste ici, prépare le couvert, le déjeuner... Guidez-nous, père Guippart.

Et ils entrent en chasse. De ses deux premiers coups de feu, Charlot descend un lièvre, deux perdrix. Jolivet, voulant faire preuve d'adresse, tire sur un lapin, le manque et envoie sa charge dans les fesses de Frédégonde, la chienne de Petitois. La pauvre bête, en hurlant et en rampant, vient se coucher aux pieds de Charlotte, qui la caresse, étanche son sang et la place, afin de la reprendre en passant, sur un lit de feuilles sèches.

— C'est étonnant, jamais je ne manque mon coup! dit Jolivet en rechargeant son fusil avec sang-froid.

— C'est ce que nous venons de voir, répond Charlotte.

A un quart de lieue plus loin, et sur les bords d'un marais, Petitois tire au milieu d'une bande de canards sauvages. Il en abat un, et dans son enthousiasme à saisir sa proie, sans donner aux chiens le temps d'aller la lui chercher, il s'enfonce dans l'eau jusqu'au cou, affreux gâchis d'où le retire en riant la serviable Charlotte. Cet accident contraint nos chasseurs à regagner plus tôt qu'ils ne le pensaient la demeure du garde, où Petitois trouve un bon feu pour sécher ses habits, et une bonne table pour se conforter... Il est trois heures de l'après-midi. Alors nos chasseurs, chargés de gibier, grâce à l'adresse de Charlotte, pensent à cesser la chasse, puis remontent en voiture pour se rendre à Moret, où les attend mademoiselle de Bois-Gonthier avec son dîner excellent, son excellent porto et ses

tendres mais infructueuses œillades. A peine la carriole avait-elle atteint la grande route, sur laquelle elle roulait paisiblement, que Phénix met le nez au vent, dresse les oreilles, hennit, puis prend le grand galop sans qu'il soit possible de l'arrêter; alors grande frayeur de Petitois et de Jolivet, qui se cramponnent de leur mieux après Merlandin non moins rassuré qu'eux.

En ce moment, la carriole longeait avec rapidité le fossé en saut-de-loup qui séparait un parc de la route, lorsque Petitois pousse un cri de terreur en apercevant au loin une petite voiture qui s'avançait vers eux.

— Une jument! s'écrie l'infortuné percepteur.

Il disait vrai.

Cette fois, c'était en effet une jument attelée, et traînant un cabriolet dans lequel deux personnes étaient assises; une jument qui avait éveillé l'ardeur amoureuse de Phénix, et vers laquelle il courait au galop, malgré les jurons et les efforts de Charlotte.

— Gare! gare!

Bah! impossible, car Phénix vient d'atteindre celle qu'il convoitait, et il se précipite fougueusement sur elle. La jument, effrayée, voulant éviter les caresses brutales de Phénix, recule, et envoie le cabriolet dans le saut-de-loup. Elle tombe nécessairement avec lui, suivie dans sa chute du regard convoiteur de Phénix, qui, en séducteur audacieux, se disposait à la suivre dans le fossé, lorsque Charlotte, qui venait de sauter à terre, au risque de se rompre le cou, le saisit à la bouche et le contraint vivement à reculer. Le jeune homme, confiant la garde de l'impétueux animal à Merlandin, se précipite dans le saut-de-loup au secours des deux messieurs. Il trouve le plus jeune déjà debout, bien portant. Il s'empresse de prodiguer les plus tendres soins à son compagnon, vieillard aux cheveux blancs, à la mine vénérable, qui, contusionné seulement avec sur l'herbe du fossé, sourit à Charlotte en la voyant s'avancer près d'eux.

— Point de blessures! ah! messieurs, que je suis heureux! Combien je tremblais pour vous! Que d'excuses n'ai-je point à vous faire!...

Ce maudit Phénix! jamais il n'en fait d'autres, disait Charlotte avec volubilité en pressant la tête du vieillard sur son sein.

Pendant ce temps la pauvre jument étendue sur l'herbe donnait ruades sur ruades, et brisait, en se débattant ainsi, les brancards et la voiture.

— Mes enfants! secourez Cocotte; quant à moi, j'en suis quitte pour la peur. Hâtez-vous, si nous ne voulons pas qu'elle mette en pièces cette pauvre voiture; car, comme dit le proverbe : En toutes choses, le péril est dans le retard! dit le vieillard.

Une heure se passe en efforts; puis cheval et cabriolet sortent du saut-de-loup, mais dans quel état! La voiture est brisée et la jument boiteuse; ce qui n'empêche pas Phénix de faire de loin les yeux doux à cette demoiselle.

— Diable! diable! marquis, comment franchir à présent les deux lieues qui nous séparent de notre demeure? dit le vieux monsieur en s'adressant à son jeune compagnon.

— La chose est fort simple, messieurs. Mes amis s'en retourneront à pied, et j'aurai, moi, l'avantage de vous reconduire chez vous, dans ma voiture. Pour éviter une nouvelle mésaventure, vous confierez Cocotte à un de ces bons paysans qui nous entourent, et qui nous suivra, avec votre équipage, à une distance respectueuse, dit Charlotte.

— J'accepte votre offre, monsieur, en faveur de mon oncle, dont l'âge et l'émotion paralysent les jambes, répond le jeune marquis.

Jolivet, Petitois et Merlandin accèdent de grand cœur à cet arrangement, nullement désireux qu'ils sont de remettre de nouveau leurs personnes à la discrétion des transports amoureux de Phénix. Tous trois se mettent gaiement en route, après avoir rappelé à Charlotte l'invitation de mademoiselle Bois-Gonthier, et conseillé au jeune homme de ne point trop tarder à revenir.

Charlotte, assise entre les deux nouveaux personnages, et tout en fouettant Phénix, dont l'ardeur est tout à fait calmée, Charlotte donc entame la conversation, s'informe de la résidence des deux messieurs, qui lui indiquent, pour être la leur et en toute propriété, un joli petit château situé entre Moret et Villecerf, et duquel ils sont en ce moment éloignés de deux petites lieues.

— Et vous, monsieur? s'informe à son tour le jeune homme.

— Moi, j'habite Moret, je suis le fils d'un général plein d'honneur et de bravoure, à qui malheureusement un chien de boulet a donné beaucoup trop tôt son congé. Ce qui est fort embêtant, car il avait l'intention de devenir maréchal de France.

— Est-ce que, par hasard, si jeune et si délicat que vous êtes, vous auriez déjà servi, mon cher ami? demande le vieillard en fixant Charlotte avec curiosité.

— Mais un peu que je dis! car, tel que vous me voyez, sans barbe ni moustache, j'ai fait les campagnes d'Italie, d'Égypte, d'Allemagne; j'ai assisté et pris part à vingt batailles, rossé les Autrichiens, Prussiens, Russes, mameluks, Russes, le diable enfin; et sans cet infernal boulet qui, à Eylau, a emporté la jambe du général, lui et moi serions en ce moment en Espagne, et non condamnés à planter nos choux le reste de notre vie, dit Charlotte avec humeur en donnant un coup de fouet à Phénix.

— En vérité, je n'en reviens pas, monsieur, qu'un jeune homme dont les traits délicats et charmants feraient l'orgueil d'une femme ait accompli d'aussi grands travaux.

— Ah! je vous en prie, ne me dites pas de ces choses-là, ça me donne une humeur diabolique, moi qui voudrais des moustaches, un teint hâlé, une force athlétique, et dont la sotte nature a fait un pygmée.

— Dites un être accompli, monsieur, reprend le jeune marquis en souriant, et dont les yeux ne peuvent se détacher de dessus Charlotte, pour qui, et sans savoir pourquoi, il éprouve déjà une vive amitié, un entraînement involontaire.

— Hum! vous êtes bien bon, car, loin d'être une perfection, je suis, à ce que chacun assure, le plus grand garnement de la terre, un vrai sac à diable, mille bombes!... Et vous, jeune homme, avez-vous été militaire?

— Non; ma mère, excellente femme qui m'adore, s'y est opposée de toute sa force.

Un épicier du voisinage.

— Elle a eu bigrement tort; car, selon moi, c'est la plus belle, la plus honorable des professions.

— Vous avez raison, mais ma mère a préféré me donner celle d'artiste ; je suis peintre.

— Et marquis, ajoute le vieillard aux paroles du jeune homme.

— Peintre, c'est assez gentil, et marquis annonce l'homme riche et comme il faut, répond Charlotte.

— Nous sommes, Dieu merci, l'un et l'autre, dit encore le vieillard avec satisfaction.

— Comment vous nomme-t-on, monsieur?

— Charlot! et vous?

— André.

— Bah! vous portez alors un nom de ma connaissance, mais ce serait une trop longue histoire à vous conter.

— Monsieur Charlot, voulez-vous me rendre heureux et content?

— Si cela dépend de moi, c'est une affaire faite, car je n'aime rien au monde comme de rendre un service.

— Eh bien! c'est de me permettre d'être de vos amis.

— C'est dit, touchez là! aussi bien vous m'avez plu dès le premier abord, oui, j'ai deviné tout de suite en vous un bon enfant.

— Moi de même, et mon cœur m'a dit que je rencontrerais le bonheur dans cette nouvelle amitié.

— Ajoutez dévouement et plaisirs; puis nous galoperons, nous chasserons ensemble, vous m'apprendrez à peindre, et moi je vous apprendrai à vous battre, à faire des armes, à couper une baguette à cinquante pas avec la balle d'un pistolet.

— Du tout, c'est des jeux dangereux, ta mère ne consentira jamais à cela, marquis, dit le vieillard.

— Est-ce que, par hasard, mon nouvel ami, on vous aurait élevé en poule mouillée et à jouer avec les filles? demande Charlotte en fixant sur André un regard sardonique.

— Non, mais pour moi l'amour de ma mère est extrême, et sa prudence s'empresse chaque jour d'éloigner de moi le danger.

— Voilà qui est terriblement pusillanime! Eh bien! mon père et son lieutenant m'ont élevé au milieu des balles, des boulets, des baïonnettes ennemies : dès l'âge de trois ans, huché sur leurs épaules, j'assistais en riant et en chantant à chaque bataille que donnait et que gagnait l'empereur. L'affût d'un canon était alors mon berceau, et le drapeau de notre régiment m'a plus d'une fois servi de couverture et garanti contre la neige et le froid.

Ainsi allait la conversation, lorsque la carriole atteignit une longue avenue d'arbres qu'André indiqua à Charlotte pour être celle qui conduisait au château de sa mère. Un bon coup de fouet, et Phénix d'un trot rapide emporte la carriole dans ladite avenue, qui les conduisit à la grille d'une charmante propriété, puis devant le péristyle de cette demeure, où nos trois voyageurs mirent pied à terre; ils trouvèrent deux dames accourues au bruit de la carriole. Une des dames, celle qui paraissait être la maîtresse du lieu, salue Charlotte avec affabilité, puis s'informe de la cause qui a occasionné un changement de voiture, ce à quoi André, après avoir embrassé sa mère à plusieurs reprises, s'empresse de répondre en racontant l'événement arrivé en route; il récit fait frémir la dame, qui s'informe aussitôt si le vieillard n'a pas reçu quelques blessures.

— Rien, madame, nous sommes tous sains et saufs, Dieu merci, mais ce n'est pas la faute de Phénix! si votre fils et ce brave monsieur sont encore en vie, car ce drôle leur a fait faire une fameuse culbute; et ce qu'il y a de mieux, c'est que ce n'est pas la première fois que ce b... de cheval me fait de ces tours-là, mille bombes!

A ce langage de Charlotte, la dame la fixe avec surprise et sourit avec indulgence.

— Ma mère, permettez-moi de vous présenter dans monsieur Charlot, neveu d'un général, dont j'ignore encore le nom, et qui est notre voisin, le nouvel ami que je viens d'acquérir, dit André.

— Ce choix de mon fils, monsieur, m'est un sûr garant de votre mérite, soyez donc le bienvenu chez moi et l'ami de la maison.

— Merci, madame, j'accepte, on ne peut connaître trop de braves gens, et mon cœur me dit que vous en êtes, et de premier choix. Or, je reviendrai vous voir, puisque vous me le permettez; quant à présent, souffrez que je me retire aussitôt, car mon père et des amis réclament ma présence.

— Quoi! Charlot, vous ne daignerez pas entrer un instant au château, afin de faire plus ample connaissance en nous rafraîchissant ensemble! dit André.

— Allons, va pour les rafraîchissements, un verre de rhum ou de kirsch-wasser.

On se rend au salon, où l'on prend place autour d'un guéridon qu'un valet couvre aussitôt de liqueurs et de pâtisserie.

— Quel âge avez-vous, monsieur Charlot? s'informe la dame.

— Bientôt vingt ans, madame.

— Et moi vingt et un, dit André.

— Vous habitez ce pays?...

— Moret, depuis un an que l'empereur nous a donné notre congé, mille dieux!... Excusez mon langage, mon sans-gêne, madame, c'est que, voyez-vous, je suis enfant de giberne, élevé dans les camps, et mes instituteurs ont été tous les deux de la garde! dit Charlotte, qui vient de s'apercevoir qu'à chaque juron qui sortait de sa bouche les yeux de la marquise exprimaient la surprise.

— Oui, ce petit drôle, tout jeune et délicat qu'il est, a déjà parcouru l'Europe et l'Afrique, ma chère marquise, et de plus a assisté à toutes nos batailles, dit le vieux monsieur.

— Si jeune, hélas!... Et votre mère? monsieur... dit la marquise avec intérêt.

— Ma mère? c'est l'armée; mon père? tous les soldats qui m'ont nourri et porté d'un bout du monde à l'autre.

— Cependant vous avez une autre mère?...

— Nécessairement; mais je ne l'ai jamais connue.

— Est-il permis, après une vie aussi agitée, remplie de dangers et de fatigues, d'être aussi vermeil, aussi charmant que ce jeune homme, qu'on prendrait, en vérité, pour une belle demoiselle! dit l'autre dame, femme d'une quarantaine d'années et qui a dû être assez jolie.

— En effet, des traits admirables! des yeux charmants! des formes gracieuses et délicates! répond la marquise en fixant Charlotte, à qui ces vérités font froncer le sourcil.

— Bonne mère, gardez-vous de louer la beauté de M. Charlot, si vous tenez à ne pas le fâcher contre vous, dit André en riant.

— André, j'augure mieux de la galanterie de ton ami, répond la marquise.

— Et vous avez raison, madame! cependant je vous crois trop indulgente pour me faire de la peine en continuant de vanter un physique qui fait le désespoir de ma vie.

— Enfant! s'écrie la dame en souriant.

Charlotte répond par un sourire aimable, puis se lève en demandant la permission de se retirer; permission qu'on lui accorde à la condition qu'il reviendra le lendemain passer la journée au château, ce qu'il promet en assurant la marquise que cette journée sera une des plus agréables de sa vie. Et il s'éloigne grand train, après avoir baisé respectueusement la main que lui a présentée la maîtresse du lieu et pressé amicalement celles des deux messieurs.

Grâce aux bonnes jambes de Phénix, le trajet du château à Moret se fait en trois quarts d'heure ; et Charlot, en faisant claquer son fouet, vient bruyamment arrêter sa carriole devant la porte de mademoiselle de Bois-Gonthier, et par sa présence arracher un cri de joie à la sensible demoiselle, qui reçoit le jeune homme avec le délire dans les traits et les bras ouverts.

Les convives, s'étant tous rendus exactement à l'invitation, ainsi que cela se fait toujours en province lorsqu'il s'agit d'un bon dîner, demandaient plutôt aux bourgeois de Rozoy en Brie, et comme on n'attendait plus que Charlotte, on se mit aussitôt à table, et, d'après la

M. Merlandin apprend de bien jolies choses à mademoiselle Hortense quand ils sont seuls ensemble.

distribution des places, le général se trouva être placé en face mademoiselle de Bois-Gonthier, qui, elle-même, mit Charlotte à sa droite et Jolivet à sa gauche. Merlandin fut placé près de la niaise Hortense, madame Gomard auprès de Petitois, Rifolet entre sa femme et un petit garçon.

Le dîner est excellent et des plus fins, la conversation fort animée. Le général gronde Charlotte de ce qu'elle se sert sans cesse de Phénix, cheval terrible qui la tuera un jour, cela après le récit de l'aventure du saut-de-loup et des affreux malheurs qui auraient pu en résulter. Durant ce temps, mademoiselle de Bois-Gonthier frotte amoureusement son genou contre celui du jeune homme, que ce manége impatiente, et qui répond à ces avances par une forte bourrade. Merlandin, le sournois Merlandin, fait dessous la table et envers Hortense le même manége, et la demoiselle, à qui le tartufe a promis une pieuse conférence après le dîner, sous la feuillée du jardin, se prête de fort bonne grâce à ce doux badinage. Petitois, gourmand et ambitieux, mange comme quatre, et, de bouchée en bouchée, décoche un mot galant à mademoiselle de Bois-Gonthier, dont il convoite la main et surtout la fortune depuis sept années consécutives. Rifolet parle bataille avec l'adjoint du maire, placé en face de lui, et verse à plein verre au petit garçon, qu'il grise sans y prendre garde. Jolivet, l'ex-tabletier, explique à Toinon le mécanisme d'une seringue harmonique de son invention, tournée en buis et de ses propres mains, laquelle il a eu l'honneur de présenter à l'Académie des sciences.

— Ma foi ! ça doit faire un drôle d'outil que c'te seringue-là ! répond Toinon en riant.

— Des plus agréables, elle joue trois airs à volonté ; exemple : êtes-vous triste et rêveur au moment de la faire fonctionner, alors, au moyen d'un bouton que vous poussez, elle fait aussitôt entendre, en glissant doucement, l'air tendre et harmonieux de :

Femme sensible, entends-tu le ramage, etc.

Etes-vous gai et jovial, craignez-vous la monotonie d'un clystère, encore le bouton, et vous entendez aussitôt ce joli air :

Lison dormait dans un bocage,
Jambe par-ci, jambe par-là, etc.

Vraiment, c'est ravissant, c'est électrisant ! et tôt ou tard cette invention, j'en suis persuadé, me vaudra la médaille d'or.

XII. — Les œuvres du phénix.

Le temps était superbe, et l'air vif d'une matinée de septembre, tempéré par un soleil vivifiant, rendait la promenade agréable, lorsque le jeune marquis, pressé de revoir son jeune ami, quitta le château de sa mère, et, monté sur un beau cheval anglais, se mit à galoper sur la grande route, dans la direction de Moret, espérant y rencontrer Charlotte à mi-chemin. Jamais l'espace de temps qui s'était écoulé depuis la veille jusqu'à cette matinée n'avait paru aussi long à André, tant il avait d'impatience de se retrouver de nouveau avec Charlotte ; Charlotte ! pour qui le jeune marquis éprouvait malgré lui, et sans pouvoir s'en rendre compte, un sentiment doux, tendre, indéfinissable, enfin celui que nous font ressentir la vue, l'abord, le toucher d'une jeune et jolie femme ; et cependant, tout en ayant admiré avec surprise la beauté, la délicatesse des traits, des formes de Charlotte, André était encore loin d'avoir deviné une jeune fille sous ce ton décidé et tranchant, cette allure cavalière, et au récit de la vie que depuis son enfance disait avoir mené notre dragon femelle. André avait à peine franchi une demi-lieue, lorsqu'au loin, et à travers un nuage de poussière, ses regards découvrirent un cavalier accourant à toute bride, et qui, le reconnaissant bientôt lui-même, le salua et le rejoignit en peu d'instants.

— Bonjour, marquis ; ma foi ! c'est le fait d'un bon et amical camarade que d'être venu ainsi à ma rencontre, dit Charlotte ; et d'un ton jovial elle presse la main du jeune homme.

La vieille demoiselle faisait à Charlot des agaceries continuelles.

— J'avais tellement hâte de vous voir, mon jeune ami, que je serais allé vous chercher jusqu'au fond de votre demeure, même sans y être autorisé, plutôt que de ne pas vous voir aujourd'hui.

— Je suis désolé alors de ne point vous avoir laissé prendre cette peine, marquis ; au moins elle m'eût mis à même de vous rendre la bonne réception que j'ai reçue hier de la part de votre noble famille.

— Oh ! laissez faire, je ne vous tiens pas quitte, et je compte en user jusqu'à l'indiscrétion.

— Jusqu'à l'indiscrétion, marquis ! jamais ; car chez mon père vous serez reçu en frère et traité de même. Ah ! c'est que le général est un noble cœur qui aime ceux qui aiment son Charlot. A ceux-là, il rend le bien pour le bien, amitié pour amitié... Ah çà ! et le vôtre, marquis, n'aurai-je pas l'honneur de le saluer bientôt ?

— Mon père, hélas ! fut tué, nous a-t-on dit, sur un champ de bataille, sans que je l'aie jamais connu ; plus encore, mon ami, celui dont la générosité me tint lieu de père, et qui m'a légué son nom et ses titres , l'époux de ma mère enfin, est mort il y a six ans.

— Diable ! voilà qui a furieusement du rapport avec mon histoire, excepté que moi je n'ai jamais connu ni mon père ni ma mère.

— Vous n'êtes donc pas le fils du général ? demanda André avec surprise.

— Seulement son enfant adoptif. Oui, je lui tiens lieu de ce qu'il ne vit jamais et dont il ignore le sort complètement. Oh ! tout cela est une longue histoire que je vous raconterai un de ces jours, marquis.

— Oui, mais attendez que mon amitié ait eu le temps de légitimer votre confiance.

— Ah ! vous l'avez déjà tout entière, André ; il ne me faut pas, à moi, beaucoup de temps pour juger les gens et les savoir dignes de mon estime ou d'un coup d'épée de ma part.

A ces derniers mots, qui , sortis d'une aussi jolie bouche , pourraient passer pour une fanfaronnade, le marquis sourit, puis conseille de presser le trot afin d'arriver assez à temps pour déjeuner en famille. Quelques minutes après, les deux cavaliers entraient dans la cour du château, puis dans les appartements, qu'ils trouvèrent déserts, et où un domestique les prévient que madame la marquise de Chamalais, forcée de donner ses soins à son oncle, que l'accident de la veille a fort indisposé, prie Charlot de l'excuser de ce qu'elle ne pourra être à lui que dans l'après-diner. Les deux amis déjeunent donc seuls, puis , s'armant chacun d'un fusil, ils vont parcourir le parc et les environs en causant et en chassant.

— Chamalais ! Chamalais ! murmurait tout bas Charlotte en marchant.

— Qui vous fait ainsi répéter le nom de ma mère, mon cher Charlot ? dit André, qui venait d'entendre Charlot.

— C'est que ce nom ne me semble pas inconnu, je crois l'avoir souvent entendu citer.

— Cela est très-possible, car c'est le nom d'une noble et ancienne famille qui avant la révolution remplissait d'importantes charges et brillait à la cour ; ce nom enfin est celui de mon beau-père, du mari de ma mère.

— Et le vôtre par héritage, fait Charlotte.

— Oui, ce fut le vœu du marquis de Chamalais mourant, qui exprima aussi le désir que je devinsse l'époux de la fille issue de son premier mariage , si un jour on parvenait à retrouver cette enfant, qu'on lui enleva dans la révolution, et dont il n'a plus entendu parler depuis, malgré les plus vives et les plus minutieuses recherches.

— Çà , mon cher, comptez-vous rester garçon jusqu'au jour où cette belle fiancée introuvable viendra vous sommer d'accomplir la volonté de son père ?

— Non pas, car je courrais le risque de mourir garçon , d'autant plus que cette fille, enlevée jadis enfant par des malfaiteurs, doit être morte ou perdue à jamais pour moi.

— Ce qui est très-présumable, répond Charlotte.

Après cet entretien sur la lisière d'un bois, André, qui venait d'apercevoir à la tête d'un chevreuil qui passe au travers d'un taillis, fait feu sur l'animal : celui-ci, quoique blessé, prend la fuite avec rapidité, et sur ses traces se mettent chasseurs et chiens. La longue et pénible course dans les bois à suivre une proie qui leur échappe, et dont André et Charlotte perdent les traces, les contraint tous deux de chercher un refuge dans la cabane d'un garde, afin de s'abriter contre une pluie qui tombait sans relâche depuis une demi-heure, et qui en ce moment devenait un véritable déluge. Charlotte commence donc par jeter sur la table autour de laquelle le garde et sa famille se tiennent à la faire un repas frugal un napoléon d'or, dont la vue dispose tout de suite les bonnes gens en leur faveur. On fait aussitôt briller à l'âtre un feu vif et pétillant duquel s'approchent André et Charlotte, dont les vêtements sont ruisselants d'eau. Mais impossible de les sécher ; il y a même danger à garder sur soi des habits autant mouillés, ce qui engage le paysan à offrir sa garde-robe aux deux jeunes gens durant le temps nécessaire pour sécher leurs habits, et Charlotte d'accepter la proposition. Alors chemise, pantalon et blouse d'être mis aussitôt à la disposition des amis. Pour opérer la métamorphose, on leur offre aussi la chambre à coucher de la famille, espèce de niche obscure où sont placés deux misérables grabats.

— A vous l'honneur, marquis, dit Charlotte en indiquant la chambre à André.

— Parbleu ! mon cher, pas tant de façons, entrons ensemble, entre hommes et amis est-il besoin de se gêner ? répond le marquis en poussant Charlotte dans la chambre et en y entrant après lui.

— Certes, il n'y verra que du feu , se dit Charlotte en prenant son parti et en jetant habit bas dans un coin de la chambre.

— Ah ! s'écrie André subitement.

— Quoi donc , ami ? demande vivement Charlotte.

— Rien , rien, l'épingle de mon brillant qui m'a piqué le doigt, répond André tout ému, immobile, et dont le cœur en cet instant bat avec violence.

— Douillet, le voilà tout malade pour une égratignure, répond Charlotte en riant et terminant sa toilette.

Était-ce véritablement ce léger accident qui jetait André dans une telle émotion ? Oh ! non, mais une chose étrange , cent fois inattendue , une chose que venait d'entrevoir faiblement le jeune homme , et qui en le comblant d'ivresse lui expliquait l'étrange et subit intérêt qu'il ressentait pour Charlotte, et l'éclairait sur ses propres sentiments. Enfin André , malgré la prudence , les soins minutieux de la jeune fille afin de soustraire au jeune homme la connaissance de son sexe, André donc, jetant un regard sur elle, avait aperçu les contours d'une gorge admirable, et venait de reconnaître dans cet ami qu'il chérissait déjà, sans pouvoir se rendre compte d'un si prompt enthousiasme, une femme jeune et charmante.

Charlotte, qui s'est contentée du prétexte d'André, et qui est fort éloignée de se douter du secret ne lui appartient plus, rejoint avec le marquis le garde et sa famille, bonnes gens qui s'empressent des habits mouillés, et s'empressent de les étendre devant un feu ardent.

Pendant deux heures d'attente, André, dont le langage semble encore être plus doux, plus amical envers Charlotte, n'a cessé de tenir dans ses mains la main de la jeune fille, de la presser avec ivresse, avec amour même; celle-ci, attribuant à l'amitié seule ces tendres démonstrations, a rendu pression pour pression, et ses beaux yeux se sont fixés sur ceux d'André avec reconnaissance et bonheur.

Ils sont en route et cheminent sur la route du bois en riant, courant et folâtrant. Le bras d'André s'est même glissé autour de la taille de Charlotte, et celui de Charlotte a fait de même; puis, liés ainsi, pressés l'un contre l'autre , la bouche du jeune homme a en parlant rencontré celle de la jeune fille , et de ce contact il est résulté un baiser, mais un baiser qui dans l'âme de l'un et de l'autre, dans celle de Charlotte surtout, a jeté le trouble le plus étrange.

— André, André ! ne nous tenons pas ainsi , mon ami.

— Pourquoi donc cela, Charlot ? demande le jeune homme en voyant le bras de Charlotte quitter sa taille.

— Pourquoi, André ? c'est que je préfère marcher librement.

— Et moi je suis heureux de sentir ton cœur ainsi près du mien , de presser ta jolie personne.

— Mais, André , êtes-vous fou , mon ami ? c'est un langage d'amant que vous tenez là.

— Non pas, mais c'est celui d'un bon ami.

— Palsembleu ! André, vous êtes terriblement démonstratif, et personne , je vous le jure, pas même mon père , ne m'a de ma vie donné des preuves aussi énergiques de son amitié.

— Hélas ! pour vous plaindre de cette sorte, Charlot, il faut que l'amitié soit chez vous d'une grande tiédeur, ou que vous n'en éprouviez qu'une bien faible en ma faveur.

— Vous ne savez ce que vous dites, André , et vous êtes injuste en vous plaignant d'un ami qui, ne vous connaissant que depuis vingt-quatre heures , donnerait sa vie pour sauver la vôtre, et sent que désormais il ne pourrait vivre sans vous.

— Dites-vous vrai , Charlot ?

— Ma parole d'honneur.

— Eh bien ! faites ici le serment de n'aimer jamais que moi , de vivre pour moi et de ne me quitter jamais.

— Quoi ! exigeant ainsi en amitié ? mais il y a folie.

— Charlot , il me faut ce serment, si vous ne voulez me rendre le plus malheureux des hommes.

— Oui, oui, monsieur, je vous aimerai toujours, j'en fais ici le serment ; êtes-vous content maintenant ?

— Oh ! oui, je suis heureux ! mais aussi qu'un baiser... de frère ! soelle ce doux serment, reprend André en entourant Charlotte de ses bras, et en prenant ce baiser sur ses lèvres avant qu'elle y ait donné son consentement.

Charlotte, après cette nouvelle caresse , redevient rêveuse ; son bras passé sous celui d'André, elle marche silencieuse, les yeux baissés, laissant parler son compagnon, et ne s'occupant qu'à débrouiller les idées confuses qui l'assaillent, à définir le trouble qui l'agite et l'inquiète en ce moment.

Arrivés au château, ils entrent au salon, où la marquise, son oncle et une dame de compagnie, celle que Charlotte a vue la veille, attendent le retour des deux amis avec impatience, et qui viennent à leur rencontre en accueillant Charlotte avec grâce et affabilité; cette dernière s'informe de la santé du vieillard, qu'une forte courbature a retenu au lit une grande partie de la journée.

Au dîner, placé près de Charlotte, s'empresse de la servir, de l'entourer de soins et d'égards. On va prendre le café dans le parc, sur une table de marbre blanc, ombragée par un frêne parasol; là s'engage une conversation générale.

— Ainsi donc, messieurs, ce chevreuil vous a, dites-vous, fait courir en vain une partie du bois ?

— Oui, ma mère, et dédaigner pour l'atteindre une foule de petit gibier que notre présence faisait lever et fuir devant nous.

— Voilà ! et comme disent certains proverbes, on perd tout en voulant trop avoir ; le moineau dans la main vaut mieux que l'oie qui vole, interrompt le bon vieillard en branlant la tête.

— Remarquez, mon cher Charlot, que l'excellent oncle Badouret a toujours son proverbe tout prêt en guise de sage morale, dit en riant André.

— Badouret! André! Chamalais! répète tout bas Charlotte en promenant un regard surpris sur les personnes qui l'entourent, puis reprenant à haute voix : Badouret! encore un nom qui ne m'est pas inconnu... Le vôtre? le vôtre? de grâce, madame, s'écrie-t-elle vivement en s'adressant à la marquise,

— La marquise de Chamalais, répond la dame.

— Oui, en effet, vous vous nommez ainsi, et Nanette ne fut jamais lé nom qu'on vous donna?...

— Nanette! mais oui, tel est mon nom, celui que je portais étant fille...

— Et la fiancée de Xavier, le soldat aux gardes, le sous-officier de l'armée du Nord, le camarade, l'ami de Rifolet?... ajoute Charlotte avec joie, anxiété, et fixant sur la marquise un regard impatient.

— Xavier! oui, oui! mon Dieu! d'où savez-vous tout cela? s'écrie la marquise en pâlissant.

— Mais le général, le général, madame, mon père adoptif, le père d'André, c'est Xavier; Xavier, que vous cessâtes d'aimer lorsqu'il vous aimait, lui, de toute la force de son âme.

— Xavier existe! et près de moi! ô mon Dieu, merci, merci! Et cela disant, Nanette tomba sans connaissance dans les bras de son fils.

Deux heures plus tard, Charlotte et André, à cheval, galopaient ensemble à toute bride sur la route qui du château conduisait à Moret, qu'ils atteignirent lestement; ils vont descendre de cheval dans la cour du général Xavier. Il était huit heures du soir lors de l'entrée des deux jeunes gens dans le salon de Xavier, où ils trouvèrent nombreuse société, selon l'usage, et les parties allant leur train.

— Comme tu reviens tard, petit! je commençais à être inquiet... Ecoute, enfant, ne fais pas dorénavant de si longues absences, tu me manques trop, ça me fait un vide affreux! entends-tu, chéri? dit le général en se penchant sur le dossier de sa chaise afin de présenter sa joue à Charlotte qui y dépose un baiser; puis apercevant André, qui, debout près de la jeune fille, le fixe d'un doux regard : Quel est ce monsieur, Charlot? demande-t-il en saluant et souriant au jeune homme, dont la bonne mine prévient de suite en sa faveur.

— Mon nouvel ami, père, que j'ai amené, que je te présente afin que vous fassiez connaissance.

— Tu as bien fait, Charlot.

— Touchez là, jeune homme, répond Xavier en présentant sa main, qu'André presse aussitôt dans les siennes, et qui, emporté par le désir, l'amour filial, est prêt à la porter à ses lèvres, mais dont Charlotte arrête d'un regard et d'un geste l'élan imprudent.

— Toujours beau et frais comme un bouton de rose, ce cher petit! s'écrie mademoiselle de Bois-Gonthier en se pâmant d'aise à la vue de Charlotte, qui, voyant les bras de la vieille fille s'ouvrir pour l'entourer, fait une pirouette afin d'esquiver l'embarras.

— Jeune homme, vous êtes ici chez vous, agissez comme bon vous semblera, et en revanche, avant de faire plus ample connaissance, permettez que je termine ma partie avec cette bonne voisine, que la galanterie française m'empêche de planter là.

— Ah! que le fils n'a-t-il à mon égard la politesse du père? s'écrie mademoiselle de Bois-Gonthier en levant les yeux au ciel.

— Ami, voilà mon second père, mon vieux Rifolet, puis sa femme, la bonne Toinon, dit Charlotte après avoir conduit près de ces derniers André, qui presse amicalement la main aux deux époux.

— Maintenant, je te présente, ami, le sieur Merlandin, autre bipède de ta connaissance, et le plus effronté jésuite qu'il y ait sous la calotte des cieux.

Cette dure apostrophe fait froncer le sourcil à Merlandin, qui, d'abord en grande conversation avec les Gomard mère et fille, jette un regard sur André, dans les yeux de qui il ne rencontre que l'expression du mépris et de la menace.

— Hélas! pourquoi me traiter ainsi, mon bon ami Charlot, et douter de la sincérité de ma religion, de mes sentiments? dit Merlandin d'un ton doucereux.

— Nous en expliquerons plus tard le motif, monsieur le représentant du peuple, et cela à la suite de certaine anecdote dont je vous ferai demain le récit après l'avoir moi-même écouté aujourd'hui; répond Charlotte à Merlandin.

— Ah! vous avez donc été représentant du peuple, mon cher ami? s'informe madame Gomard.

— Quelque temps et malgré moi, répond Merlandin avec embarras.

— Monsieur Charlot, ne contrariez pas, ainsi que vous l'avez fait avant-hier, ce pauvre petit Roquelaure, ça le rend tout malade, dit mademoiselle Hortense d'un ton mignard et regardant en face les deux jeunes gens avec ses gros yeux à fleur de tête.

— Poulot! le cœur vous dit-il d'une partie d'écarté avec moi? demande mademoiselle de Bois-Gonthier à Charlotte en voyant le général quitter la table et la laisser seule.

— Non, pas ce soir, ma conquête, répond la jeune fille en s'approchant de Xavier, qu'elle tire à l'écart.

— Père, congédie tout ce monde, j'ai hâte d'être seule avec toi et de t'entretenir de choses importantes, dit Charlotte en appuyant sa tête charmante sur la large poitrine du général.

— Eh! que peux-tu avoir à me dire d'aussi pressé, enfant? répond Xavier en déposant un baiser sur le front de la jeune fille en lui souriant avec tendresse.

— Une histoire à te raconter.

— L'histoire d'une guerre? d'une bataille? interroge Xavier.

— Une anecdote qui te touchera sensiblement, j'en suis certaine!

— Eh bien! dis-la tout de suite ou attends que nos amis soient partis...

— Ah çà! jeune homme, vous êtes notre voisin, m'a dit mon Charlot? reprend le général en s'adressant à André.

— Oui, général, j'ai cet honneur.

— Comment vous nomme-t-on, mon brave?

— André, général.

— André! ah! vous avez là, monsieur, un nom qui vibre péniblement dans mon cœur, et me rappelle de doux et tristes souvenirs... J'avais un fils de ce nom, un fils que m'avait donné une femme qui m'était chère! mais... Tenez, j'ai tort de rappeler ces souvenirs, parlons d'autre chose... Et votre père, mon ami?...

— C'est un homme plein d'honneur et de bravoure, répond André.

— A-t-il été soldat?

— Toute sa vie.

— Ah! ah! je serais curieux de le connaître.

— Bientôt, général, il aura l'avantage d'être connu de vous.

— Tant mieux! amenez-le-moi, ou faites qu'il veuille bien me recevoir, et je me rendrai chez lui, car j'aime les braves. Et madame votre mère est, m'a dit encore Charlot, une femme aimable et bonne.

— Bonne! vertueuse! enfin la meilleure des femmes.

— Jeune homme, vous aimez vos parents, c'est bien! très-bien! le ciel vous bénira... Mais, tenez, voilà mon vieux compagnon de gloire, mon ancien élève, mon bon Rifolet; la guerre ne lui a laissé qu'une main que vous pouvez presser en toute confiance, c'est celle d'un honnête homme. Puis voilà sa femme, la vieille Toinon, la vivandière secourable de notre régiment; digne créature qui a soulagé plus d'une misère, sauvé la vie à plus d'un malheureux. Je lui suis redevable de la conservation de mon Charlot, mon enfant d'adoption, mon bien-aimé, tout mon bonheur enfin!

En parlant ainsi, Xavier caressait chaque personnage qu'il indiquait, et en recevait un sourire, une franche poignée de main.

— Et ce monsieur! fit André en indiquant Merlandin?

— Celui-là, un pauvre diable qui, dans la révolution, tira Rifolet et moi d'un mauvais pas. Je lui ai gardé bon souvenir de ce service et le traite chez moi en ami.

A dix heures les voisins plient bagage, prennent congé de la famille, et laissent le champ libre. Rifolet et sa femme vont se coucher; quant à Merlandin, selon son habitude, il est parti avec les dames Gomard, dont il s'est fait le cavalier servant. Il ne restait donc plus au salon que le général, Charlotte et André.

— Asseyons-nous, mon père, puis écoute un peu.

— Petit, j'ai diablement envie de dormir, est-ce qu'il n'y aurait pas moyen de remettre ton histoire à demain?

— Je n'aurai garde, père, de te faire ce mauvais tour.

— Mille bombes! la chose est donc bien extraordinaire?

— Tu vas juger toi-même de son importance.

— Parle donc, petit, je t'écoute, dit Xavier en se jetant sur un divan, où près de lui les deux jeunes gens prennent place.

» — Père, il y avait une fois...

— Un roi et une reine, vas-tu dire, connu!

« — Non, mon père, mais une jeune fille, aussi bonne et secourable qu'elle était belle. Cette jeune fille donc fut aimée d'un brave et beau soldat, qui, abusant de l'amour qu'elle avait pour lui et de son innocence, la rendit mère sans être épouse... »

— Ce sont de ces accidents qui arrivent tous les jours, dit Xavier interrompant Charlot.

« — Le soldat, brave et honnête homme, qui avait su apprécier le mérite de la jeune fille, et jaloux de réparer l'honneur de cette charmante femme, avait résolu de l'épouser, de donner un père à l'enfant qu'elle portait alors dans son sein, lorsqu'un seigneur, riche et puissant, épris de la jeune fille, loin de protéger ces deux amants, ainsi que son épouse l'en avait supplié, s'avisa de les séparer par la force du son crédit, de faire exporter le pauvre militaire dans une colonie d'Amérique, et cela sans motif ni raison que sa volonté et le désir de s'assurer la possession de la jeune fille... »

— Charlot, te moques-tu de moi son histoire? C'est la mienne, plaît drôle, que tu me racontes là, je ne sais trop pourquoi.

« — Du tout, mon père, il est possible que le commencement de celle-ci s'accorde avec la tienne, mais le reste est tout autre; écoute, comme je ne me rappelle plus le nom de mes héros, permets, en vertu du rapprochement que tu crois remarquer, afin d'être plus clair, que j'appelle mon soldat Xavier et ma jeune fille Nanette. »

— Comme il te plaira, petit. Maintenant, voyons si ta Nanette a été plus fidèle, moins perfide que la mienne.

« — Père, ma Nanette à moi est un ange, une martyre que le ciel enfin a récompensée de tous les maux qu'il lui fit longtemps endurer.

Or, Nanette, privée de son amant, pleura beaucoup et longtemps; plus, elle prit en aversion le seigneur déloyal, et renonçant à l'amitié, à la protection de l'épouse de cet homme, femme juste, bonne et vertueuse, elle cessa de la voir et repoussa tous les bienfaits dont celle-ci voulait l'accabler en réparation des torts de son époux... »

— C'est ça, c'est tout à fait ça! Petit, appelle aussi ce brigand de seigneur Chamalais, car c'est ainsi que se nommait l'auteur de tous mes chagrins.

« — Soit! père, nous l'appellerons ainsi, répond Charlotte. — Quelques mois après, Nanette, au milieu des soupirs et des larmes que lui occasionnait l'absence de Xavier, mit au monde, le 15 mars 1789, un beau petit garçon qu'elle fit baptiser sous le nom... le nom... je ne me souviens pas... »

Ainsi parle Charlotte en ayant l'air de chercher dans sa mémoire le nom de l'enfant.

— Parbleu! appelle-le André, dit le général.

« — Soit! André. Peu de temps après la naissance de ce fils chéri, la France, fatiguée du joug insolent des nobles et des prêtres, fit sa révolution, ce fut alors... »

— Que je rentrai en France pour courir aux frontières du Nord repousser un ennemi insolent, qui avait osé rêver la conquête de notre belle France et commençait à l'envahir! s'écrie avec feu le général.

« — Mon Xavier fit absolument la même chose, et emporté par son ardeur martiale, ne se réserva même pas un instant pour accourir à Paris embrasser Nanette et son enfant, serrer des nœuds que l'honneur prescrivait... »

« — Je fis de même et j'eus tort, mais j'écrivais souvent à ma Nanette! interrompt encore Xavier.

« — Mon Xavier écrivait aussi... Mais, père, fais-moi l'amitié de ne point m'interrompre ainsi à tout bout de champ. »

— Je me tais, petit, continue, quoique jusqu'alors ton histoire n'ait rien de nouveau pour moi.

« — Patience, père! Des traîtres, des brouillons, des ambitieux, parvinrent à gâter en peu de temps cette noble révolution, à en faire un sujet de discorde et d'effroi; la Convention nationale fut organisée, et les prisons furent bientôt regorgèrent d'innocents voués à la mort. Vinrent alors les 2 et 3 septembre 1792; jours néfastes, infâmes, où, sans procès, sans jugements réguliers, furent massacrés sur le seuil des prisons, deux mille malheureux, nobles, prêtres et aristocrates, ou du moins désignés tels... »

— Je le sais! et, quatre mois plus tard, on coupait le cou au meilleur des rois, au plus honnête homme de la terre, ah! mille millions de tonnerre! que n'étais-je là ce jour avec ma brigade, mes braves troupiers! comme je vous eusse enfoncé la Convention, les tribunaux révolutionnaires, tout le bataclan enfin! et délivré ce bon Louis XVI! s'écrie Xavier en grinçant les dents, et en montrant les poings.

« — Le 3 septembre et sur le soir, les égorgeurs de la Force, fatigués de massacrer et ne portant plus que des coups mal assurés, ne firent que blesser légèrement un pauvre prisonnier qui, osant tout dans son désespoir, parvint à échapper à ses bourreaux. Dans sa course rapide, il atteignit et pénétra dans une petite boutique où Nanette, depuis deux ans, exerçait l'état de lingère. Ce noble, ce malheureux, échappé au massacre, n'était autre que M. de Chamalais, prisonnier depuis dix-huit mois à la Force, séparé de sa femme, de son jeune enfant: de sa femme, jadis riche et brillante, puis ruinée, chassée de son hôtel par une bande d'assassins furieux; sa femme, que Nanette avait recueillie, secourue quelque temps avant, et dont elle avait reçu le dernier soupir et adopté l'enfant presque orphelin... »

— Après! s'écrie vivement Xavier, qui est devenu plus attentif.

— Nanette reconnut aussitôt son ancien persécuteur dans le fugitif qui lui demandait à mains jointes asile et protection, la vie enfin! Et la bonne fille, oubliant les torts du ci-devant grand seigneur, ne voyant plus en lui qu'un malheureux suppliant, Nanette donc, reçut et cacha chez elle, dans un obscur cabinet, le pauvre proscrit. Depuis près de deux mois, monsieur de Chamalais habitait donc, caché à tous les regards, le toit de la bonne fille, lorsque Xavier revint inopinément de l'armée et se présenta chez Nanette, qui, malgré tout le bonheur qu'elle éprouvait à le revoir, trembla en songeant à la présence de M. de Chamalais, à qui Xavier avait juré haine à mort. M. de Chamalais, pour lequel elle redoutait la colère de Xavier, et qu'elle voulait, à tout prix, soustraire aux regards de ce dernier, cela en mémoire de la défunte marquise, et afin d'achever noblement la mission qu'elle s'était imposée, celle de soustraire le seigneur à l'échafaud qui le réclamait... »

— Après! après! fait de nouveau le général.

« — Attends donc, mon père, laisse à tes souvenirs le temps de se classer... »

« — Si tu oublies, petit, moi je me rappelle fort bien! Xavier attribua l'indifférence de Nanette, le refus qu'elle fit de lui donner asile cette nuit, au caprice, à l'indifférence; il en conçut de la jalousie, et, dans son dépit, voulant de gré ou de force pénétrer chez la mère de son fils, il escalada avec Rifolet la porte d'une petite cour, et, à travers la croisée de l'arrière-boutique de Nanette, il vit cette dernière assise près d'un homme dont elle recevait les caresses, dont elle écoutait les douces paroles...

« — Les remercîments, les bénédictions, père; car, en ce moment, le marquis demandait à Nanette la permission de fuir, d'aller se livrer au bourreau, préférant ce sort à compromettre plus longtemps sa bienfaitrice par sa présence, à nuire à son bonheur, à son union avec Xavier, à qui le marquis voulait se montrer, demander grâce de ses erreurs passées, mais dont Nanette redoutait la violence et la jalousie... »

— Hélas! pourquoi tous deux n'ont-ils eu la même confiance en moi?... Mais enfin, Charlot, où veux-tu donc en venir? Qui t'a instruit de tous ces détails?

— Quelqu'un qui a connu Nanette, son innocence, sa vertu, et qui m'a raconté ses malheurs! répond Charlotte tristement.

— Et cette personne, sait-elle aussi ce qu'est devenu mon fils! mon André? s'écrie Xavier avec agitation et en joignant les mains.

« — Patience, patience, père, écoute encore un instant, car je vais être bref dans mon récit, et puisque tu t'es deviné dans mon héros, sache donc qu'un nommé Merlandin, commissaire du salut public, et de plus, amoureux de Nanette, désireux de t'éloigner à toute force de Paris, te fit accroire, ainsi qu'à Rifolet, que le conventionnel Collot-d'Herbois, irrité contre vous, en voulait à votre liberté, à votre vie, et que l'ordre était donné de vous arrêter. Effrayés par cette funeste nouvelle, vous quittâtes Paris aussitôt, abandonnant, toi, ta femme, ton enfant, et maudissant l'infortunée et innocente Nanette, qui ne devait plus te revoir, mais pleurer bien longtemps ta cruelle erreur!... »

— Pauvre femme! s'écrie Xavier.

« — Arriva alors le fort de la Terreur, reprend Charlotte, puis cette affreuse loi des suspects, qui punissait de mort quiconque donnerait asile à un noble. Arriva aussi, pour Nanette et le marquis de Chamalais, la plus affreuse misère, quand Xavier et André, ton fils, de la demeure de la rue Saint-Antoine pour aller occuper une hideuse mansarde dans un des faubourgs de la ville. Là, le noble marquis, bravant tous les dangers, et pour secourir à son tour sa bienfaitrice, se fit ouvrier tourneur. Heureux dans leur obscurité, les jours pour eux s'écoulaient en paix, lorsqu'un malheureux hasard jeta Merlandin sur le passage de Nanette et voulut que le misérable, après avoir suivi la pauvre femme, s'introduisît avec elle dans son domicile, où, la croyant dénuée de tous secours, le monstre tenta d'obtenir par une violence brutale ce qu'elle refusait depuis longtemps avec horreur. Torturée, abattue, souillée par d'ignobles caresses, l'infortunée, près d'expirer, poussa un cri de détresse, auquel accourut le marquis, que le hasard ramenait au logis plus tôt qu'à l'ordinaire. Tomber sur Merlandin, le fouler à ses pieds, fut pour le noble seigneur l'affaire d'un instant. Alors le lâche, en tremblant, de demander grâce, de l'obtenir de Nanette, puis de s'éloigner à la hâte pour revenir bientôt accompagné d'une bande hideuse de sans-culottes, et en sa qualité de représentant du peuple, d'ordonner l'arrestation du marquis et de celle qu'il n'a pu déshonorer. Ce fut en vain que pour sauver Nanette, le marquis, d'un coup de sabre, étendit Merlandin à ses pieds, et lutta de toute sa force contre cette bande ignoble de gredins, car, accablés par le nombre, lui et sa malheureuse compagne furent traînés dans les rues, honnis et jetés dans les prisons... »

— Attends, attends, petit! dit le général en se levant vivement.

— Où vas-tu donc, père?

— Arracher ce Merlandin de son lit, le rouer de coups et le jeter par la fenêtre!

C'est à grand'peine que les deux jeunes gens décident Xavier à se rasseoir, et qu'ils parviennent à calmer la fureur à laquelle il est en proie. Le calme rétabli, Charlotte continue ainsi:

« — Le marquis et Nanette, enfermés tous deux dans la même prison avec une foule de malheureux, ne tardèrent pas longtemps à être conduits devant le tribunal révolutionnaire, qui, sans daigner à peine les entendre, les condamna à mourir sur l'échafaud, l'un en qualité de noble, l'autre pour avoir donné asile à un aristocrate. Pauvre Nanette! sa douleur fut grande en pensant à l'enfant que sur la terre elle allait laisser orphelin et sans appui! Ce fut alors aussi qu'elle écrivit de sa prison à son oncle, pauvre vieillard, à qui un ami charitable donnait en ce moment un asile et du pain, afin de lui recommander son André et de lui apprendre sa fin prochaine.

L'oncle Badouret faillit mourir de douleur en lisant la lettre de sa nièce, et n'écoutant que le désespoir, son désir de sauver la malheureuse Nanette, c'est à Paris qu'il accourt de son pied; à Paris, où il va prier et pleurer près des grilles de la prison de sa nièce; où, durant trois jours de suite, son cœur frémit de crainte et d'effroi en examinant la foule des malheureux qu'on entasse chaque jour sur la fatale charrette pour les conduire au supplice, et parmi lesquels il craint de reconnaître Nanette.

Un matin donc, que le désespoir de l'oncle Badouret était à son comble, que les sanglots le suffoquaient, et qu'assis sur une borne, près de la prison, il inondait le pavé de ses larmes, passa une jeune femme. Les soupirs du vieillard attirent son attention, elle s'arrête, et voyant les pleurs, la douleur de cet homme respectable, elle aborde l'oncle Badouret en s'informant du sujet de son désespoir.

» — Ma nièce, ma Nanette, hélas! qu'ils ont condamnée à mort, qu'ils vont tuer, aujourd'hui peut-être, répond le vieillard avec désespoir et en se tordant les mains.

» — Mais je ne me trompe pas! non, c'est lui, ce bon et ancien voisin Badouret, s'écrie la dame après l'avoir examiné.

» — Oui, lui-même, qui reconnaît en vous aussi Adélaïde Lelièvre, fait le vieillard.

» — Maintenant, femme Merlandin, hélas! pour l'expiation de mes anciennes fredaines, répond la dame en soupirant; puis, reprenant et pressant amicalement la main de l'oncle:

» — Venez, mon vieux voisin, venez chez moi, où vous habiterez, tandis que je m'empresserai de travailler à sauver Nanette.

» — Ah! voisine, vous auriez quelque espoir, assez de puissance?

» — Peut-être, mon cher Badouret, venez toujours.

» — Et Adélaïde entraîne le vieillard, le conduit à l'appartement qu'elle occupe seule, ayant été contrainte de se séparer un an avant de son époux, dont la scélératesse la révoltait, depuis qu'il s'était mis dans la tête de devenir une puissance du jour, et de s'élever par le crime, faute d'avoir d'autres moyens pour parvenir.

» — Après avoir installé l'oncle Badouret, et calmé l'excès de sa douleur en faisant pénétrer un rayon d'espoir dans son cœur, madame Merlandin se met en route et dirige ses pas vers le quartier du Louvre, où elle pénètre dans une maison de belle apparence. Quelle était cette demeure? Celle du féroce Danton, le conventionnel, marié récemment à une femme jeune et vertueuse, dans les bras de laquelle il avait perdu une partie de sa férocité, car il eut la force de proposer un jour à Robespierre d'arrêter les torrents de sang qui inondaient la France, proposition dictée par l'humanité, et qui hâta sa perte.

» — La citoyenne Danton est-elle visible? demande Adélaïde.

» — Monte, citoyenne!

» — Et bientôt elle est en présence de l'épouse du conventionnel, femme charmante, qui l'accueille le sourire sur les lèvres, et lui indique un siège près de celui qu'elle occupe.

» — Qui t'amène de nouveau près de ton ancienne camarade d'école, Adélaïde? Est-ce encore pour me solliciter en faveur de ton époux?

» — Oh! non, pas cette fois. Jamais même! car, Dieu merci! je ne le revois plus, et ne veux plus le revoir. Mais c'est pour une innocente fille condamnée à mort que je viens implorer ta protection, ton humanité, citoyenne Danton?

» — Hélas! condamnée! et pour quel motif?

» — En est-il besoin dans ces temps malheureux? soupire Adélaïde.

» — Mais encore, faux ou vrai?...

» — Eh bien! pour avoir reçu et caché un noble, le marquis de Chamalais, qui, prisonnier avec elle, va mourir avec elle.

» — Le marquis de Chamalais, hélas! mais sa vertueuse épouse était une intime amie de ma mère! Adélaïde, il faut sauver le marquis et ta protégée! Oui, je parlerai à mon époux, je le supplierai à genoux, s'il le faut, pour qu'il sauve ces malheureux. Reviens, reviens demain, je t'apprendrai le résultat de ma démarche, celui de mes prières.

» Le lendemain, une féroce curiosité entassait une foule immense de peuple autour d'une charrette acculée à la grille de la Conciergerie: c'est qu'il s'agissait alors de voir s'entasser, pâles et mourants, dans cette horrible voiture, les malheureux qu'on allait conduire et exécuter en place de Grève. L'infâme charrette était pleine, et cependant, les valets de l'exécuteur s'efforçaient d'y placer encore une pauvre fille, que soutenait dans ses bras un homme calme et dévoué, et celui-ci, d'une voix douce et suppliante, s'efforçait d'encourager la jeune fille, dont les larmes inondaient le visage. Ces victimes étaient Nanette et le marquis de Chamalais!... »

Charlotte se tut un moment en voyant le général pleurer à chaudes larmes le visage caché dans ses deux mains.

» — Ecoute, écoute encore, père, et ne t'afflige pas ainsi!... »

» — Ah! malheur à moi, qui, osant la croire coupable et me fiant à de vaines apparences, ai, en l'abandonnant, amassé sur elle tant de souffrances et d'angoisses! dit Xavier avec désespoir.

» — Ecoute, te dis-je, et console-toi, père, car au moment où le funèbre cortège allait se mettre en route, une femme fend la foule, atteint la grille de la Conciergerie, et au directeur de la prison, qui assistait à cette pénible scène, elle remet un papier et le presse de lire.

» Cette femme était Adélaïde Merlandin, ce papier, l'ordre de suspendre l'exécution du marquis et de Nanette; sous le prétexte que la charrette était trop pleine, on les fit descendre et reconduire dans leur prison, où ils passèrent encore deux mois dans des transes mortelles, attendant chaque jour qu'on les appelât pour marcher au supplice vers lequel ils voyaient à chaque instant conduire leurs malheureux compagnons d'infortune.

» Enfin, mon père, arrive ce bienheureux 9 thermidor; le tribunal révolutionnaire est aboli, les prisons s'ouvrent, la France ose respirer!

» Le marquis et Nanette, à leur sortie de prison, trouvent Adélaïde. Ils n'ignorent pas lui être redevables de la vie; ils la pressent dans leurs bras en la nommant leur amie, leur sauveur. L'oncle Badouret est là aussi; il pleure de joie, il baise les mains et la robe de Nanette.

» C'est chez elle qu'Adélaïde conduit le marquis et la jeune fille, où elle leur prodigue les soins les plus touchants, où elle leur procure des vêtements propres et décents, afin qu'il leur soit permis de se débarrasser des sales guenilles qui couvrent leurs corps; chez elle, où le marquis annonce qu'il possède des biens en Belgique, et propose à leur bienfaitrice de les y accompagner: ce qu'accepte Adélaïde, qui, mettant le comble à sa générosité, vendit aussitôt son ménage, afin de se procurer l'argent nécessaire pour les frais de route.

» Huit jours après, le marquis, Nanette, l'oncle Badouret, André, Adélaïde et le fils qui lui restait roulèrent vers la Belgique. A leur arrivée, ils s'installèrent dans une des propriétés de M. le marquis de Chamalais située à une lieue de Bruxelles.

» Le respect, l'admiration la plus pure, la donation d'une partie des biens qui lui restaient, telle fut la conduite du marquis avec Nanette durant deux années; deux années employées à faire les plus exactes recherches sur la personne de Xavier, ancien sergent à l'armée du Nord, sur celle de la fille du marquis de Chamalais, enlevée à l'âge de trois ans de la demeure de la femme chargée d'en prendre soin, et à qui Nanette l'avait confiée après la mort de la marquise. Vainement l'or fut-il prodigué, les armées explorées, Xavier ne se retrouva pas, et le bruit seul de sa mort, de sa mort, entends-tu, père! répète Charlotte en fixant le général, oui, de sa mort, fut recueilli dans le régiment dont il faisait partie, bruit faux, qui, durant six mois, plongea Nanette, André, son fils, dans un morne désespoir, un deuil lugubre. Quelque temps après, M. de Chamalais tomba dangereusement malade. Près de rendre son âme à Dieu, il s'adressa ainsi à Nanette, qui ne quittait plus le chevet de son lit:

» — Amie dévouée et fidèle, vous dont j'ai causé les malheurs, vous à qui, dans un temps de folie, j'ai ravi un époux, vous dont j'ai détruit l'avenir, veuillez me pardonner mes erreurs. Acceptez une fortune dont la perte de ma fille me permet de disposer envers une bienfaitrice... Nanette, ne repoussez pas la prière et le bien que souhaite vous faire un pauvre mourant; et pour que d'avides collatéraux ne viennent point, lorsque je ne serai plus, vous disputer le prix de votre dévouement à ma personne, devenez mon épouse aujourd'hui même, car demain il ne sera plus temps.

» En vain Nanette s'efforça-t-elle de rassurer le marquis sur sa position, de repousser ses offres généreuses; il fallut céder aux volontés du mourant, qui, depuis plusieurs jours et en silence, avait fait remplir toutes les formalités nécessaires à l'accomplissement et à la célébration d'une union pour laquelle il ne manquait plus que le consentement de la mariée. Vers minuit fut proclamé le mariage du marquis avec Nanette, et M. de Chamalais, rapporté de la chapelle dans son lit, qu'il avait quitté avec effort, expira la nuit même. »

— Voilà mon histoire, père; qu'en dis-tu?

— Je dis que je me suis fait une horrible violence pour l'écouter jusqu'au bout sans éclater, ou plutôt sans mourir de joie et d'impatience... Allons, André, n'est-ce point trop faire languir ton père de tant tarder à tomber dans ses bras? s'écrie le général en jetant le jeune homme sur son sein; André, qu'il couvre des plus tendres caresses et des plus doux regards de ses yeux.

— Ta mère, mon fils, ta mère, où donc est-elle? reprend le général en sanglotant.

— A une lieue et demie d'ici, dans sa demeure, où elle attend en tremblant.

— L'instant où j'irai tomber à ses pieds, demander grâce du mal que je lui ai fait, de l'indigne opinion que j'ai osé concevoir de sa personne, de sa vertu... Ah! daignera-t-elle jeter un regard de pitié sur un coupable repentant avant de le chasser de sa présence? s'écrie Xavier en interrogeant son fils.

— Elle vous désire, elle vous attend, elle vous appelle pour vous rendre tout son amour, vous charger de son bonheur, vous nommer son époux, si vous l'en jugez digne!

— Partons, partons à l'instant, mes enfants, car je n'y tiens plus; je brûle, je meurs d'impatience!

— Un instant, père, il est quatre heures du matin, et ce n'est vraiment pas l'instant propice pour se présenter chez une dame, dit Charlotte.

— Ma mère ne dort pas, sois-en certain, Charlot, et plus vite le général arrivera, plus vite elle sera heureuse, reprend André.

— Oui, André a raison; tu l'entends, Charlot, il faut partir à l'instant même.

Et Xavier, qui se promenait de long en large dans la chambre, ne pouvant plus tenir sa place, agitait avec violence le cordon d'une sonnette, au bruit de laquelle un domestique accourut tout endormi.

— Baptiste! le cheval à la voiture! hâte-toi, garçon, ma Nanette, ma femme m'attend! mais, avant, éveille Rifolet, Toinon, tout le monde enfin, et qu'ils viennent se réjouir avec moi! s'écrie le général.

Et Baptiste, qui, d'un air bête, regarde son maître, qu'il croit être dans un accès de folie, est aussitôt poussé par les épaules hors du salon.

— Hé ! lieutenant, debout, s'il vous plaît, de par le général, qui a retrouvé sa Nanette, sa femme qui l'attend ! criait le domestique à tue-tête en frappant à coups redoublés sur la porte de Rifolet, dont la chambre est voisine de celle occupée par Merlandin ; Merlandin, que ce bruit éveille en sursaut, qui écoute, et, au nom de Nanette, sent un tremblement l'agiter, une sueur froide mouiller tout son corps.

C'est alors que pour se convaincre d'avoir bien entendu, il s'empresse de se vêtir, et doucement se dirige vers la porte duquel il applique une oreille attentive.

— Que tu es beau, mon André ! tonnerre ! C'est ainsi que j'ai sans cesse souhaité que tu fusses bâti... Et ta mère, cette excellente Nanette, tu dis donc que, malgré ses malheurs et ses trente-sept ans, elle est encore charmante ? Ah ! que je bous d'impatience de la voir, de la presser sur mon cœur, et que ce Baptiste est long à atteler !

— Oui, mon père, ma mère est toujours belle, mieux encore, toujours bonne !

— En effet, il faut qu'elle soit beaucoup pour consentir à revoir, à aimer encore un homme qui osa la croire capable d'une perfidie et l'abandonner inhumainement, la laisser à la merci de la scélératesse d'un Merlandin, d'un gueux que je ne laisse en ce moment en repos que pour mieux le rosser plus tard, cela avant de lui passer mon sabre à travers le corps. Le misérable ! convoiter ma femme, oser tenter de la souiller par ses impures caresses, et pour prix de sa vertueuse résistance, l'envoyer à l'échafaud !... Malheur, malheur à lui !

— Je vous préviens, mon père, que son épouse, cette bonne Adélaïde à qui jadis ma mère et le marquis furent redevables de la vie, que cette femme, qui le chassa comme un monstre de perfidie, ne veut ni le revoir ni en entendre parler.

— Elle a, ma foi, raison, et je me charge de l'en débarrasser, répond le général.

— Père, cet animal ne vaut pas l'embarras où le mettrait sa mort. Laisse-moi le soin de lui donner une correction et de le chasser d'ici.

— Non, non, laisse-moi faire. Tes bras sont trop délicats et ne taperaient pas assez fortement... Mille tonnerres ! que ce Baptiste est lambin !

— Comment, comment, Nanette est retrouvée, elle existe ! vient de me hurler Baptiste, rêvait-il que c'est la vérité ? dit Rifolet paraissant en caleçon un flambeau en main et d'un air tout empressé.

— Oui, camarade, oui, mon vieux, Nanette existe, elle m'attend, hâte-toi de te vêtir pour nous accompagner près d'elle... A propos, regarde, regarde donc mon fils, mon André, mon enfant ! s'écrie Xavier avec joie en jetant le jeune homme dans les bras de Rifolet, qui l'embrasse, le retourne, lui presse la main, et félicite le père et le fils.

— La voiture attend, vient annoncer Baptiste.

Un instant encore accordé à Rifolet afin qu'il termine sa toilette, et ils partent tous au grand trot. Pendant la route, Xavier, pour couper court aux nombreuses questions de Rifolet et de Toinon, leur raconte en peu de mots l'histoire de Nanette et de l'infamie de Merlandin. Ils arrivent et sonnent bruyamment à la grille du château, à travers les vitres duquel brillent de nombreuses lumières; car Rifolet et les siens sont attendus. La grille s'ouvre, la voiture va s'arrêter au pied du péristyle, Xavier saute à terre et tombe dans les bras de Nanette accourue à sa rencontre. Nanette, qu'il presse sur son sein, l'inonde de larmes, sans avoir la force de prononcer un mot, tant est vive son émotion. Après un long instant de ce silence éloquent, Xavier implore un pardon que Nanette heureuse accorde avec joie et avec bonheur. On se rend au salon, où l'on complète la reconnaissance, où Rifolet embrasse la marquise et lui présente sa femme, où Nanette, à son tour, présente son oncle et Adélaïde au général, où chacun pleure d'attendrissement, se félicite et s'embrasse, où l'oncle Badouret lâche cinq ou six proverbes de suite et analogues à l'heureuse circonstance.

— Cré nom d'un tonnerre ! mille tonnerres ! quel beau jour et que je suis aise, mes amis, que ce polisson de Phénix, que j'accorde mon estime et ma protection, ait failli casser le cou au cher oncle et à ce bon André ! s'écrie Charlotte dans l'excès de son contentement en frappant le parquet du pied.

— Tout cela est admirable ; mais, Nanette, ne te semble-t-il pas qu'il manque quelqu'un à l'appel pour que tu sois parfaitement heureuse ?... demande Xavier en pressant la main de la dame.

— Oui, je devine, Xavier, c'est de la fille du marquis de Chamalais, de ce pauvre enfant perdu que tu veux parler en ce moment, répond tristement Nanette.

— Elle-même que je te présente en la personne de M. Charlot, le plus mauvais sujet de toutes les filles passées, présentes et futures, répond le général en attirant Charlotte à lui et la plaçant dans les bras de Nanette.

— Mon Dieu ! est-ce possible ? Charlotte ! toi, Charlotte, chère enfant ! oh ! je reçois le baiser que ton père, en mourant, me donna pour toi !... Charlotte ! Mais par quel heureux hasard ?... demande Na-

nette ivre de joie, en admirant et contemplant la jeune fille avec bonheur.

— Nanette, pardonne encore ; mais jadis, j'eus l'affreuse pensée d'arracher un enfant à sa mère, et dans mon humeur jalouse, cruelle, injuste, j'enlevai Charlotte au père pensant enlever mon fils, le fruit de nos jeunes amours.

— Ah ! tout est pardonné, Xavier ! et cependant tu as rendu un père bien malheureux en le privant de sa fille chérie, de la seule consolation que lui laissait la perte d'une vertueuse épouse.

— Moi-même, le ciel ne m'a-t-il pas puni cruellement en me séparant d'André pendant seize ans, et sans espoir de le revoir jamais?

— Père ! voilà un mauvais tour que tu me joues là en me reniant pour ta fille, en divulguant à haute voix un sexe que j'envoie au diable, et que je m'efforçais de déguiser le plus possible.

— Comment, mon garçon, tu es une fille ? dit l'oncle Badouret en riant.

— Oui, mais qui vaut deux hommes, mon vieux. Et j'en ai fait preuve maintes et maintes fois!

— Charlotte, ton père en mourant t'a nommée l'épouse de notre André, il le consentiras sans nul doute, chère enfant, à exaucer son dernier vœu?... dit Nanette.

— N'y comptez pas, gentille belle-mère, j'aime beaucoup André, je lui voue une éternelle amitié, mais pour consentir à être femme, porter jupe et obéir, jamais! Plutôt me faire sauter la cervelle d'un coup de pistolet.

— J'approuve l'enfant! car à quoi bon l'éducation que je me suis plu à lui donner s'il faut aujourd'hui le métamorphoser en demoiselle? dit Rifolet.

— Tu as raison, vieux grognard? dit Charlot e en frappant sur l'épaule du lieutenant.

— Petit, n'écoute pas ce fou de Rifolet, songe que ton rôle de garçon doit se terminer ici, et que tu me ferais grand'peine si tu refusais de devenir l'épouse de mon fils, dit Xavier en caressant Charlotte.

— Epouse! moi, une épouse, mille tonnerres! Rien que ce mot est pour moi une insulte, le comble du ridicule... Epouse! ah! par exemple!

— Ainsi, Charlotte, celui qui, après avoir surpris votre secret, sentit son cœur battre d'amour pour vos charmes, ne doit conserver nulle espérance? murmure André en pressant tendrement la main de la jolie fille et la fixant du plus tendre et du plus suppliant regard.

— En vérité, l'ami, tu avais deviné mon sexe! Tonnerre!

— Oui, Charlotte, chez le garde-chasse et lors de notre changement d'habits.

— Ah! bigre! que c'est embêtant! N'importe, je veux être homme, soldat, partir aujourd'hui même pour rejoindre l'empereur et l'armée que je n'aurais jamais dû quitter.

C'est en vain que ses amis s'efforcent de ramener Charlotte à des sentiments plus en harmonie avec son sexe, à la faire consentir à une union désirée; la jeune fille refuse, persiste, se fâche et pleure de colère, en se plaignant qu'on l'empoisonne, en la tourmentant ainsi, un jour qui, pour elle, devrait être le plus beau de sa vie. Afin de ne point irriter plus longtemps l'entêtée jeune fille, qui va bouder dans un coin où la suit André, on change l'entretien, et l'on convient de divers faits, que l'on décide d'abord de presser les formalités du mariage de Xavier et de Nanette, de réunir aussitôt ces deux ménages, d'habiter tous ensemble le château. Ensuite, en secret et à voix basse, on charge André du soin de ramener Charlotte peu à peu aux désirs de la famille, à une union qui semble tant l'effrayer, et qui cependant est nécessaire à son bonheur, à son avenir. Tandis qu'on déjeune et qu'on fête le plus joyeusement possible au château l'heureuse réunion du général et de Nanette, retournons, nous, à Moret, et sachons ce que devient Merlandin.

— C'en est fait ! ils savent tout. Je n'ai plus qu'à décamper, afin de me soustraire à leur vengeance, avait pensé Merlandin en se retirant de la porte où il venait d'entendre une partie de l'entretien du général et les menaces de ce dernier; et prudemment notre homme, enfermé dans sa chambre et fort peu rassuré, avait attendu le départ de Xavier et compagnie; puis, certain qu'il ne restait plus que les deux domestiques dans la maison, Merlandin, à pas de loup, s'achemine vers la chambre du général, où se trouve le secrétaire, sur lequel Xavier a oublié la clef, il s'empare d'une liasse de billets de banque qu'il trouve dans un des tiroirs et qu'il fourre dans sa poche. Ce coup fait, il ne lui reste plus qu'à fuir vivement, et les jambes de Phénix, laissé ce jour à l'écurie, vont se charger de le soustraire à toutes poursuites.

— Ils sont partis sans moi, Baptiste, c'est mal! très-mal! je veux aller les surprendre, leur adresser mes reproches. Hâte-toi donc, mon garçon, de me seller Phénix...

— Volontiers, m'sieur Merlandin; mais ne craignez-vous pas qu'il vous casse le cou en chemin? car ici il n'y a que m'sieur Charlot qui ose le monter.

— N'aie pas peur, Baptiste, je monte parfaitement à cheval; bride, mon garçon, bride vite.

Et la chose achevée, Merlandin monte à cheval, et quittant la maison, se dirige vers la demeure de mesdames Gomard, où, malgré l'heure matinale, il aperçoit la grosse Hortense dans le jardin, occupée à piquer une planche de choux, cela dans le plus parfait négligé. C'est par-dessus le mur dudit jardin, situé sur la campagne, que Merlandin voit Hortense et lui fait signe de venir lui parler à la petite porte qu'il lui indique, invitation à laquelle se rend la grosse fille, suivie de son petit chien Roquelaure.

— Cher objet de ma flamme, le cœur te dit-il d'un petit pèlerinage en croupe à la chapelle du bois? dit Merlandin à Hortense.

— Dame! volontiers, surtout avec vous, mon ami; mais maman dort encore, et je suis dans mon négligé du matin.

— Laissons dormir ta mère, et vite en croupe, mon ange, car il est matin, personne ne nous verra, et nous serons de retour dans un instant.

— Avant que maman se soit aperçue de mon absence, n'est-ce pas? dit la jeune fille en s'aidant d'une borne pour monter sur Phénix et s'asseyant derrière Merlandin, qu'elle prend à bras le corps. Un coup de talon, et le cheval part au grand trot, suivi de Roquelaure, qui, enchanté de la partie, court et jappe derrière Phénix.

— Mais, mon ami, où allons-nous donc? ce chemin n'est pas celui de la chapelle en question, dit Hortense.

— Pas précisément, mais c'est celui d'une autre où ton amant veut te conduire.

— Merlandin, vous allez trop vite, je vais tomber!

— Ce n'est pas ma faute, mais celle de ton diable de chien, qui par ses aboiements excite le cheval, répond Merlandin effrayé lui-même de la rapidité avec laquelle galope Phénix, et qui s'efforce de le retenir en lui serrant la bride. Mais l'animal rétif, loin d'obéir, se jette sur la gauche dans une route de traverse où il emporte cavalier et cavalière malgré eux, et cela par la faute de Roquelaure, qui s'est avisé de lui mordre une des jambes de derrière.

— Mon Dieu! mais je coule! je coule! mon ami, s'écrie Hortense, qui en effet n'est plus sur le cheval, mais bien sur les flancs et retenue par ses jupons après un fort ardillon, ce qui fait que la pauvre fille, en cet état, a les jambes nues et pendantes; ce à quoi s'empresse peu de remédier Merlandin, qui perd la tête en ce moment, lâche la bride, et voulant sauter à terre, va se briser le crâne sur une pierre aiguë, où il reste sans connaissance ni secours. Pendant ce temps Phénix continue sa route en emportant Hortense, dont les cris excitent encore plus son ardeur, Hortense, pendue à son côté et avec qui il fait fièrement son entrée dans la cour du château de madame la marquise de Chamalais.

— Qu'est-ce cela? mon cheval de bataille qui vient nous visiter!... qui diable nous apporte-t-il là? dit Charlotte, qui d'une fenêtre a vu venir le cheval et s'est élancée dans la cour, où, suivie d'André, de Rifolet, elle arrive assez à temps pour décrocher Hortense à moitié morte, et lui éviter une chute dangereuse que Phénix lui prépare par ses ruades réitérées. La pauvre fille est transportée au château, où l'on s'empresse de la secourir et de la rappeler à la vie. Une fois remise de sa frayeur, Hortense, pressée par les questions, raconte l'aventure et la chute de Merlandin, qu'elle croit être mort ou peu s'en faut, ce dont Charlotte propose à André et Rifolet d'aller s'assurer ensemble. Ils partent, et à une demi-lieue ils trouvent en effet le malheureux Merlandin baigné dans son sang et prêt à rendre le dernier soupir. Alors l'humanité l'emporte sur la colère, Rifolet soulève le blessé, qu'il appuie sur son genou, tandis qu'André et Charlotte s'empressent de visiter la large blessure qui sépare en deux parties la tête de Merlandin. Celui-ci ouvre un œil mourant, porte péniblement une main à sa poche, dont il retire la liasse de billets de banque volés, qu'il remet à Charlotte en murmurant ces mots :

— Je les ai soustraits au général... pardon et pitié!... Cela dit, sa tête tombe sur son sein, et il expire.

XIII. — Conversion.

Six semaines se sont écoulées déjà depuis que Xavier a retrouvé Nanette et son fils, et quatre jours seulement depuis que le maire et le sacrement ont des deux amants fait les plus heureux époux, depuis qu'au château et pour célébrer ce doux hymen se sont succédé des fêtes auxquelles ont été conviés ce qu'on a pu rencontrer de bonnes gens dans le canton, fêtes auxquelles a été privée d'assister madame Gomard, vu la grossesse de mademoiselle Hortense sa fille, enceinte des œuvres de feu Merlandin. Mademoiselle Bois-Gonthier accourut en toute hâte, et bercée du doux espoir de danser avec son cher et adoré Charlot, elle a été cruellement désabusée, vexée même, en apprenant ce qui n'était plus un mystère pour personne, enfin que le jeune homme qu'elle adorait, à qui elle offrait en vain son cœur, sa main et sa fortune, était une jolie et hardie fille. M. Pitois, enchanté d'une métamorphose qui le débarrassait d'un dangereux rival, avait donc redoublé d'ardeur, de soins et de galanterie près de la ci-devant jeune personne ayant nom Bois-Gonthier. Il avait reçu d'elle, en désespoir de cause, une petite lueur d'espérance. Autre chose encore, tandis que nous y sommes : M. Jolivet, l'ex-

tourneur tabletier, l'inventeur de la seringue harmonique, n'ayant pu rester froid, indifférent à la vue du reste des charmes d'Adélaïde, veuve Merlandin, s'est offert délicatement en qualité de troisième époux, proposition flatteuse qu'Adélaïde, conseillée par Nanette, n'a pas osé repousser en ajournant cette union à l'expiration de son deuil. Tout le monde se résout donc à former de douces chaînes chez nos amis, excepté notre dragon femelle, qui, loin de prendre les habitudes et les coutumes de son sexe, n'en est que plus démon et fatigue André, qu'elle fait monter et courir à cheval par monts et par vaux, chasser et faire des armes. Xavier et Nanette finissent par désespérer de la conversion de ce démon femelle; mais André les rassure en leur promettant d'amener bientôt la jeune fille à plus de douceur et d'obéissance. Cela exaspère Charlotte et l'on entend querelleuse; elle distribue des soufflets à droite et à gauche, car au château et dans le canton tout entier elle s'entend appeler sans cesse mademoiselle et est traitée comme telle. Un matin, en s'éveillant, se rappelant qu'André l'attend pour une course au clocher, Charlotte se jette en bas du lit, cherche ses habits et se frotte les yeux, croyant encore dormir, en ne trouvant à la place que des vêtements de femme. Alors elle sonne à tout briser, et une femme de chambre d'accourir.

— Mes habits! cré coquin !

— M. le général dit a fait enlever, mademoiselle, avec défense expresse de vous en donner d'autres que ceux que vous voyez.

— Mille tonnerres ! se moque-t-on de moi ? Le général abuse singulièrement de mon amitié pour lui ! Mes habits ! je les veux.

— Voici ceux que le général exige que vous portiez désormais, répond la camériste en souriant.

— Au diable les chiffons ! s'écrie Charlotte en prenant les robes qu'elle jette par la fenêtre.

La femme de chambre se retire et court raconter au général et à son épouse la colère et l'action décidée de Charlotte, et pour réponse reçoit l'ordre d'aller ramasser les robes et de les reporter dans la chambre de la jeune fille. Charlotte jure et tempête; et fait serment de rester toute la vie au lit plutôt que d'endosser un costume de femme; puis, se ravisant un instant après, emportée par le désir de courir les champs, Charlotte quitte sa chambre, enveloppée dans un des draps de son lit, s'introduit chez les Rifolet, logés dans le même couloir qu'elle, et dans leur absence choisit parmi la garde-robe du troupier ce qui peut lui aller le mieux, endosse le pantalon et la capote, puis d'un air triomphant elle sort du château, gagne l'écurie, enfourche Phénix, et part comme un trait à travers la campagne.

André n'a point approuvé la violence faite à la jeune fille; mais après un long entretien avec ses parents, et les avoir suppliés de laisser à lui seul, ainsi qu'il en avait été convenu d'abord, le soin de ramener Charlotte aux habitudes de son sexe, André, donc, s'informant de la route qu'a prise la jeune fille, monte à cheval et court sur ses traces.

C'est chez le garde-chasse que notre jeune homme trouve enfin Charlotte assise près du feu, et en l'absence du père et de la mère, entourée des enfants, à qui elle prodigue ses caresses et ses baisers.

— Ah ! te voilà, André; tu es appris comme ils m'ont tourmenté ce matin, la rigueur indigne dont ils ont usé à mon égard, et en bon camarade, tu viens me consoler, partager mes chagrins, dit Charlotte en présentant sa main à André, qui la presse dans les siennes.

— Et te gronder d'être ainsi partie sans m'en prévenir, sans permettre que je t'accompagne.

— Je n'ai eu garde, André; j'avais trop peur que le général me mit aux arrêts ; aussi ai-je filé promptement.

— Que ces enfants sont jolis ! dit le jeune homme en les caressant.

— Charmants !... tu aimes donc aussi ces petits êtres, André ?

— Je les adore, j'en suis fou, et je mourrais de désespoir si un jour le ciel ne m'en donnait d'aussi jolis que ceux-ci.

— Mais pour avoir des enfants, tu te marieras donc ?

— Quelle question ! Crois-tu, Charlotte, que je veuille me soustraire à la loi sociale, et attendre la vieillesse dans un égoïste célibat ? Oh ! non, mon cœur demande une compagne douce, aimante, qui payera mon amour du don d'une aimable famille, de jolis enfants qui un jour seront l'appui, la consolation de ma vieillesse.

— Moi aussi je voudrais être père, mais, hélas !

— La chose est impossible, répond André en souriant.

— Ainsi, André, tu tiens infiniment au mariage ?

— A un tel point que déjà, sur ton refus, Charlotte, mon père et ma mère s'occupent de me chercher une femme.

— Jolie, sans doute ?

— Comme toi, s'il est possible de rencontrer ta pareille.

— Une mijaurée qui ne saura que s'attifer et soupirer la romance, dit Charlotte avec un certain dépit.

— Et qui d'abord aura toutes les vertus, la modestie qu'on exige chez une jeune personne bien née, enfin les qualités de son sexe.

— Oui, une femme qui te laissera promener et chasser seul, parce qu'elle aura peur d'un cheval et du bruit d'un coup de feu.

— Tant mieux, alors, car l'exercice du cheval, selon moi, déforme vite une femme, et nuit à sa beauté; mais, en revanche, c'est en calèche que nous nous promènerons.

— Une momie incapable de tirer vengeance d'une insulte dont elle serait la victime, incapable surtout de provoquer et de châtier un insolent!

— Ce sera à moi, son époux, de faire respecter sa faiblesse, de châtier l'audacieux qui osera manquer au respect qui lui sera dû.

— Allons, je vois que tu feras un excellent époux, mon André; marie-toi, puisque tel est ton désir.

— Et toi, Charlotte, ton parti est bien pris; tu resteras fille, et malgré la volonté sacrée de ton père, tu renonces aux douceurs de la famille, de la maternité, tu te résous à vivre seule, toujours seule! à voir autour de toi, et avec le temps, s'éteindre tous tes amis, à confier ta vieillesse à des mains mercenaires, à mourir sans recevoir à ta dernière heure le baiser d'un fils...

Voisins du château.

A ces paroles, dites avec âme, la jeune fille reste muette et pensive; alors André de reprendre sur le même ton en prenant tendrement la main de Charlotte:

— Amie, si tu avais voulu, toi dont les grâces et les vertus feraient une adorable divinité, une femme accomplie, combien j'aurais été fier de ton amour et de ta possession, toujours ensemble et me prêtant à tes goûts, faisant de ta loi la mienne!... Ah! que nous eussions coulé d'heureux jours!... Mais non, loin de ton cœur l'amour et ses charmes! Elevée parmi les soldats, au milieu des armées, tu veux conserver cette rudesse que tu y as puisée, cette rudesse qui chez ton sexe est un vice impardonnable, une monstruosité, oserai-je dire!... Charlotte, mon amie, ma compagne, je t'en supplie, ne sois pas insensible à mes conseils! Renonce à des goûts dangereux, qui font de la fille la plus belle comme la plus gracieuse l'objet d'une risée moqueuse! Reviens aux mœurs aimables et douces de ton sexe, consens à devenir mon épouse, une tendre mère de famille, le modèle des femmes en vertus et en attraits! Charlotte, au nom du ciel! prononce, et dis s'il me faut renoncer pour toujours au tendre espoir de te nommer mon épouse!

En terminant ces mots, André était tombé aux genoux de la jeune fille, et levait vers elle son regard suppliant et ses mains suppliantes. Charlotte, émue, et dont une larme mouillait la paupière, fixait aussi André avec tendresse et embarras.

— Mais je t'aime, André, je t'aime aussi beaucoup, plus que je n'ai jamais aimé personne! Ton existence, ami, m'est nécessaire, je le sens, comme l'air que je respire, et cependant je ne peux me résoudre à ce que tu exiges de moi... Non, c'est impossible! André, mon frère, mon ami, ne te marie pas, reste avec ta sœur, vis pour elle comme elle veut vivre pour toi. Alors nous serons les heureux de la terre, notre union fera notre force, peines et plaisirs seront communs entre nous!...

— Eh bien! pour réaliser ce beau rêve, deviens donc ma femme! s'écrie André.

— Oh! non, car je ne puis cesser d'être homme, répond Charlotte.

— Folle! mais tu t'abuses, tu te perds; tu ne peux ainsi, et sous cette forme trompeuse, achever ta carrière: le ciel, les lois, les hommes te le défendent...

— Et moi je le veux! interrompt la jeune fille avec force et en se levant brusquement.

— Soit! répond alors André froidement en quittant aussi sa place.

— Tu es fâché, frère? tu me boudes? Oh! ne t'en avise pas, tu me ferais trop de peine! reprend Charlotte en revenant à André et lui prenant la main avec un sourire ineffable.

— Moi te bouder, folle? et pourquoi?

— A cause de mon entêtement.

— Je te plains seulement, mais je n'ai pas le courage de t'en vouloir.

— Tant mieux, frère. Maintenant regagnons le château, veux-tu?

— Je suis à tes ordres, Charlotte.

— Partons alors!

Ils embrassent la marmaille et remontent à cheval.

De retour au château, Charlotte, qui n'ose se présenter devant la famille réunie au salon, remonte chez elle, où, à sa grande joie, elle retrouve ses habits à côté de ceux de femme qu'on y a laissés; mais, dédaignant ces derniers, elle reprend aussitôt ceux qui lui sont familiers, et se présente à la famille, non avec son aplomb accoutumé, mais bien avec contrainte et les yeux baissés. On accueille notre jolie fille comme à l'ordinaire, c'est-à-dire en venant à elle et la comblant de caresses, de mots aimables; pas un mot sur la rébellion du matin. Nanette seulement se plaint de ce qu'elle les a privés de sa chère présence une partie de la journée. Quinze jours se sont écoulés durant lesquels André n'a pas cessé d'être aimable et assidu auprès de Charlotte, d'être son compagnon de courses et de plaisirs: d'autant plus aimable qu'il ne lui a plus parlé ni de réforme ni de mariage. Cependant, dans leurs promenades dans le parc, où il est seul au château avec elle, André n'a pas laissé échapper la moindre occasion d'être tendre, caressant près de Charlotte, de presser sa taille de son bras amoureux, de l'attirer sur son sein, de flatter de la main sa belle chevelure noire, de couvrir son beau visage de brûlants baisers. Comme on ne se défie pas d'un danger qu'on ignore, Charlotte, sans crainte ni scrupule, s'est livrée à ce doux badinage, a rendu baiser pour baiser, caresse pour caresse; enfin, émue, agitée, tremblante, sa charmante tête penchée sur le sein du jeune homme, elle s'est écriée:

— O mon André! qu'il m'est doux d'être chérie de toi! aime-moi toujours ainsi, et ton amie sera la plus heureuse des femmes!

Jolivot tourneur de seringues harmoniques.

Tout marchait au gré de Charlotte, hors une seule chose qui l'intriguait, et c'étaient les fréquentes conférences secrètes qu'affectait de tenir entre elle la famille, et qui cessaient aussitôt que paraissait la jeune fille; Charlotte affectait de l'indifférence, mais n'en était pas moins piquée de tout ce mystère à son égard. Un soir, et à la grande surprise de Charlotte, Xavier à haute voix annonce pour le lendemain son départ pour Paris en compagnie de son fils André.

— Je suis des vôtres! s'écrie aussitôt Charlotte.

Et un refus positif de la part du général est la réponse qu'elle reçoit à sa grande surprise; et, trop fière pour insister, Charlotte, quoique peinée, garde le silence. La nuit se passe, le soleil se lève, les chevaux sont à la voiture, ils vont partir. Nanette embrasse son époux et son fils; Rifolet, sa femme et Adélaïde assistent aux préparatifs; Charlotte seule ne se présente pas, elle boude, elle garde rancune. Fouette, postillon! Ils sont partis. Huit jours, puis quinze, et ils ne reviennent pas. Charlotte se meurt d'ennui, elle est maussade, taciturne; pour elle plus de promenades à cheval, plus de chasse, et ses journées se passent silencieuses et solitaires dans son appartement. Nanette, la bonne Nanette, tout en lui faisant mystère du sujet de la longue absence de Xavier et d'André, ne s'efforce pas moins d'égayer la jeune fille en lui offrant tous les moyens possibles de distraction. Quelques jours après, un matin, lorsque la famille était réunie au déjeuner, un valet apporte une lettre de Paris. Nanette jette un cri de joie en reconnaissant l'écriture du général, et le cœur de Charlotte bondit de bonheur dans l'espoir d'apprendre un retour prochain.

— Quel bonheur! écoutez, mes amis, c'est mon mari qui m'annonce une nouvelle qui va, comme moi, vous combler de joie.

Chacun prête une oreille attentive, et Nanette lit à haute voix ce qui suit:

« MA CHÈRE NANETTE,

» Réjouis-toi, car ton fils et moi nous avons pleinement réussi dans notre demande; M. le comte de Saint-Firmin, à qui j'ai fait il y a trois jours la demande de la main de sa charmante fille pour mon André, vient de me l'accorder... »

— André va se marier! s'écrie Charlotte vivement et comme frappée de terreur.

— Ecoute, écoute, Charlotte, continue Nanette en feignant de ne pas s'apercevoir du trouble extrême de la jeune fille et s'en réjouissant au fond du cœur.

« Mademoiselle de Saint-Firmin joint à une beauté remarquable toutes les grâces, toutes les vertus de son sexe, et promet d'être une épouse aimable, une excellente mère, enfin de combler tous les vœux de notre cher André, qui, quoiqu'en regrettant Charlotte, ne peut se dispenser de rendre hommage aux qualités rares et essentielles de sa jolie future. Ce mariage se fera dans notre château dans quinze jours. Tu vois, ma bonne Nanette, que nous avons peu de temps à perdre, et qu'il faut hâter les préparatifs, car je veux que cet heureux jour soit célébré avec toute la pompe possible. M. le comte de Saint-Firmin et sa fille devant venir habiter au milieu de nous dès la semaine prochaine, André et moi allons nous hâter de les précéder, afin de tout disposer pour recevoir dignement ces aimables hôtes. Compte donc, ma chère amie, sur notre retour, qui s'effectuera au plus tard après-demain; et, en attendant le bonheur de t'embrasser, partage avec tous nos amis les choses aimables que je confie à ce papier; plus, donne de ma part un baiser à notre fille, notre bien-aimée Charlotte. »

Nanette a lu, et en levant le regard de dessus la lettre et le reportant sur Charlotte, l'épouse de Xavier est frappée de douleur en voyant la pâleur empreinte sur le visage de la jeune fille, et les larmes abondantes qui ruissellent de ses yeux.

— Charlotte, mon enfant, qu'as-tu donc? s'écrie Nanette en courant vers la jeune fille, qu'elle enlace de ses bras avec sollicitude.

— Rien, rien, ma mère, répond Charlotte en sanglotant. Elle s'échappe des bras de la dame pour courir s'enfermer chez elle, se livrer à la plus vive affliction, et rester sourde à toutes les supplications de Nanette, qui, alarmée, frappe sans relâche en la suppliant de lui ouvrir la porte.

Nanette voyant l'obstination de Charlotte, se retire et rejoint Rifolet, Toinon et Adélaïde, et se présente à eux les traits empreints d'une inquiétude mêlée de joie.

— Eh bien, se rend-elle? interroge Toinon.

— Non; mais elle se rendra, j'en ai le doux espoir, répond Nanette.

— Mille noms d'une pipe! je réponds, moi, qu'elle n'aura pas cette lâcheté, dit Rifolet.

— L'amour est le maître, et l'emporte sur la plus ferme volonté, mon cher ami, dit Adélaïde en souriant.

— Alors, qu'elle se marie avec André, j'y consens; mais surtout n'en faites point une femmelette, ne gâtez pas une éducation que je me suis donné un mal d'enfer à lui inculquer, dit Rifolet avec humeur.

— Elle n'est plus de saison, mon vieux, ton éducation, et il est temps d'en rabattre, dit Toinon.

Le lendemain matin, sans prévenir personne, Charlotte quitte le château pour aller pleurer pendant la journée entière dans la solitude des bois. Elle ne rentre que fort tard, et trouve Nanette sur son passage, qui l'attend depuis le matin, et dont l'inquiétude est extrême. D'abord, de tendres reproches sur une aussi longue absence, puis des prières sans nombre, afin d'arracher à Charlotte l'aveu du mal qui cause sa douleur, aveu que refuse obstinément notre héroïne, lorsque le bruit d'une voiture se fit entendre dans la cour du château, et que Nanette s'écria en se levant précipitamment de la place qu'elle occupait sur un divan et près de Charlotte:

— Le général!

Puis elle s'élance dehors, et la jeune fille, qui veut la suivre, retombe faible et sanglotante sur son fauteuil.

— Cours près d'elle, excite ses regrets, presse, et tu réussiras! dit à son fils l'épouse de Xavier, après avoir reçu les embrassements du général et d'André, après leur avoir fait part de la situation morale où se trouvait réduite Charlotte.

André n'en écoute pas davantage. Il franchit la distance, pénètre dans le petit salon que sa mère lui a indiqué, il aperçoit Charlotte immobile et en larmes, et il s'avance vivement vers elle.

— Charlotte, nous voici de retour, et tu ne viens pas embrasser notre père? dit le jeune homme en s'asseyant près de la jeune fille et en l'enlaçant de ses bras. O ciel! tu pleures! Qu'as-tu donc, sœur, qui peut causer en toi cette douleur extrême?

— Tu me le demandes, André, lorsque je vais te perdre, que tu vas en aimer une autre que moi!... répond Charlotte en pleurant.

— Enfant! que t'importe que je devienne époux, que je donne à une autre cet amour, cette main que tu as repoussés, si je te conserve ta part de cette amitié que jusqu'à ce jour nous avons eue l'un pour l'autre?

— Ah! je suis trop ambitieuse, André, pour consentir à la partager avec une autre femme; c'est tout entière que j'étais heureuse de la posséder.

— Oui, tu es en effet fort ambitieuse, Charlotte, égoïste même, en exigeant que je renonce à l'amour, à l'hymen, à la paternité, que j'étouffe en mon sein les sentiments de la nature, et cela, en faveur de la froide amitié? Non, Charlotte, ce sacrifice est au-dessus de mes forces; il faut à mon âge un cœur qui réponde au mien, un amour à mon amour; et tu m'as refusé ce bonheur, qu'il me faut chercher dans les bras d'une femme qui comprend mieux que toi la mission que le ciel lui a imposée sur la terre, celle d'être épouse et mère!

— André, je me repens; André, fais que je ne meure pas de douleur! dit d'une voix douce et émue Charlotte en tombant à genoux aux pieds du jeune homme.

Charlot est décidément passé à l'état de Charlotte.

— Toi, mourir, chère Charlotte ! ah ! dis-moi ce qu'il faut faire pour conserver tes jours précieux ! s'écrie André entourant le cou de Charlotte de ses deux bras, et lui baisant le front.

— André, il faut renoncer à mademoiselle de Saint-Firmin et devenir mon mari.

— Charlotte, ma femme ! Mon amie ! embrasse ton époux, répond avec ivresse le jeune homme.

Et tous deux tombent dans les bras l'un de l'autre, où les surprennent le général, Nanette et leurs amis, qui tous ensemble se précipitent joyeux dans la chambre.

— Mon père ! mes amis ! elle est à moi, jugez de mon bonheur ! s'écrie André au comble de l'ivresse.

— Quand je disais que ma ruse réussirait, dit Xavier en riant.

— Oh ! père, tu t'es moqué de moi, à ce qu'il paraît ; mais je te pardonne, car en me menaçant de me ravir mon André, tu as éclairé mon cœur, tu m'as appris que sans lui, sans son amour, il ne serait plus de félicité pour moi sur la terre.

Le lendemain de ce jour, Charlotte acceptait les habits de son sexe, apprenait l'art de s'en revêtir et de les porter avec grâce par les soins de Nanette et d'Adélaïde.

Un mois après, les amants étaient époux.

LA CASSETTE,

PAR

MARIE AYCARD.

— Je vous avoue, monsieur le comte, que je ne conçois ni votre brusquerie ni vos boutades militaires ; vous avez soixante-dix ans, et vous vous comportez comme un jeune homme ; vous êtes un maréchal de camp en retraite, et vous vous emportez comme un sous-lieutenant de cavalerie. Vraiment, si je n'étais pas aussi vieille que vous, et si j'avais le temps de former de nouvelles amitiés, je vous laisserais là, vous et vos incartades saugrenues, qui scandalisent tout le monde, et nous font laisser le whist au milieu d'un rob.

— C'est cette cassette, cette maudite cassette, répondit en grommelant le vieux général.

— Eh bien ! une cassette du plus bel ivoire, travaillée avec un art infini , damasquinée d'argent et dont la serrure est en or moulu ! en voilà donc assez pour vous faire perdre la tête ? vous jetez les cartes, vous détournez les yeux : que vous rappelle donc cette cassette, monsieur le comte ?

— Madame, répondit le vieux maréchal de camp en revenant à une politesse qui lui avait fait défaut un quart d'heure auparavant, il n'est que neuf heures, je viens d'avoir le tort d'abréger votre soirée ; veuillez m'accorder quelques instants ; et quand vous m'aurez entendu, peut-être comprendrez-vous pourquoi la vue seule de cette maudite cassette m'a mis hors de moi... J'ai cru voir un spectre.

— Vous allez me conter votre histoire, monsieur le comte ?

— Oui... oui, madame la marquise, dit le vieillard en hésitant.

Cette petite scène se passait à Versailles, dans la rue Satory, et presque à la porte d'un bel hôtel, dans lequel la vieille marquise de Senneterre et le comte de l'empire Bernard, maréchal de camp en retraite, avaient, suivant leur habitude, passé une soirée qui, comme on l'a vu, avait été interrompue par la mauvaise humeur du vieux militaire. Versailles une ville de retraite, un lieu de repos, où ceux que l'agitation continuelle de la grande ville a fatigués vont chercher la solitude et la tranquillité dont ils ont besoin pour finir doucement leur vie. Les marquises douairières, les militaires en retraite, les négociants et même les boutiquiers retirés s'y établissent volontiers. Cette ville partage avec Saint-Germain l'avantage peut-être menteur mais accrédité, d'offrir à ceux qui l'habitent un air pur et des exemples tentants d'une longévité qu'on chercherait vainement ailleurs. Les Parisiens aisés et qui quittent les affaires avant de quitter la vie ont ainsi à choisir entre le lieu où est né Louis XIV et celui où il est mort. Il ne faut pas croire cependant que la société de Versailles soit mêlée ; les rangs y sont gardés à peu près comme avant 89, avec cette différence toutefois qu'un élément nouveau est entré dans l'aristocratie : la noblesse de l'empire s'y est confondue jusqu'à un certain point avec l'ancienne noblesse ; c'est ce qui explique l'admission de M. le comte Bernard dans le bel hôtel d'où il sortait, et l'amitié que lui témoignait la marquise de Senneterre.

— C'est un bon et brave homme, disait-elle quand elle parlait de son vieil ami, et qui est noble, puisque le roi Louis XVIII a reconnu la noblesse de l'empire ; il ne peut citer ni le passage du Rhin , ni Steinkerque, ni Malplaquet, comme les Senneterre le peuvent faire aisément, mais il a de beaux faits d'armes dans ses états de services, et il s'est bien conduit durant la restauration.

Madame de Senneterre s'empressa donc d'accéder à la demande qu'on lui faisait, et au bout de quelques minutes elle fut dans son salon, assise dans un bon fauteuil, ayant à ses pieds un petit épagneul, et prête à écouter M. le comte Bernard, qui, encore sous l'influence de l'emportement où l'avait jeté la fatale cassette, s'empressa de prendre la parole.

— Je vous offrirai, monsieur le comte, dit néanmoins la marquise avant que Bernard pût ouvrir la bouche, je vous offrirai une tasse de thé ?

— Volontiers, répondit le vieux militaire, pourvu que vous me permettiez d'y ajouter un petit verre d'eau-de-vie.

— Voilà une liqueur qu'il n'est pas raisonnable de demander chez une marquise douairière, dit madame de Senneterre ; cependant le hasard nous sert : j'ai un hôte nouveau, un jeune homme, le fils d'une de mes amies, qui vient passer quelque temps chez moi, à cette fin de copier je ne sais quel tableau qui orne la galerie du palais, et de chasser dans nos environs quand la saison sera venue ; vous comprenez que pour satisfaire un peintre et un chasseur, j'ai dû faire provision d'eau-de-vie et de cigares ; mais, par exemple, il ne fumera pas dans mon salon, je vous le promets... Marguerite, dit-elle à une vieille servante qui avait répondu à l'appel de la sonnette, M. Édouard est-il rentré ?

— Pas encore, madame.

Le comte commença :

— J'épousai en 1807 la fille du colonel Guibour ; j'avais à peu près trente-sept ans, mon beau-père en comptait à peine quarante-deux, et ma femme en avait vingt : je n'étais que capitaine.

— Comment ! dit la marquise, vous êtes veuf, monsieur le comte ? Je vous croyais garçon.

— Je ne suis point veuf.

— Ni garçon ni veuf ? Et qu'êtes-vous donc ?

— Je suis divorcé, répondit tranquillement le comte.

— Divorcé ! s'écria la vieille marquise en faisant un bond sur son fauteuil.

À ce mouvement inattendu, la petite chienne se mit à japper ; mais la marquise, revenant à elle, apaisa l'animal, et dit avec politesse :

— Pardon, monsieur, je vous écoute.

— J'étais marié depuis trois ans, continua le comte, et comme vous le pensez bien, je n'avais pas passé tout ce temps auprès de ma femme, lorsqu'en 1810 je me trouvai à Paris en même temps que mon beau-père. Je jouissais à peine auprès de madame Bernard d'un repos que l'empereur nous a si rarement accordé, que ma femme tomba malade. C'était une maladie aiguë, dont les accidents furent tout d'un coup si multipliés et si graves, qu'au bout de quelques jours le médecin déclara au colonel Guibour, mon beau-père, et à moi, qu'il ne répondait plus d'elle. Madame Bernard était une fort jolie personne ; c'était une de ces femmes qu'on fait remarquées partout. Cette beauté dont je vous parle avait été une des principales causes de mon mariage, car le colonel Guibour n'était pas riche. J'étais donc très-amoureux et très-jaloux. Il vous serait difficile, madame la marquise, de vous faire une idée d'un homme tel que je l'étais alors, c'est-à-dire qui a passé l'été de la vie et qui se bat en Allemagne ou en Russie, tandis qu'il sait qu'à Paris une femme, sa propre femme, est entourée de toutes les séductions qui assiégent la jeunesse et la beauté, et qu'elle peut faire bon marché de son honneur. J'ai été joli garçon, j'ai eu maintes bonnes fortunes, j'ai trompé des maris qui n'étaient qu'à deux pas de moi, et je savais par ma propre expérience combien il est facile d'en tromper un qui est à plus de mille lieues.

Il y avait dans la famille de ma femme un cousin, jeune avocat alors, qui durant mon absence avait été reçu avec une assiduité que je n'avais pas apprise sans jalousie, et sur laquelle je comptais m'expliquer, lorsque ma femme tomba malade. Quand le médecin fut sans espoir, dans ce moment fatal où l'on n'attendait plus qu'une crise qui, selon toute apparence, devait être fatale, on nous fit sortir, mon beau-père et moi, de la chambre de l'agonisante, et nous passâmes dans une pièce attenante, dans une espèce de boudoir, où madame Bernard recevait ses visites du matin, et où se trouvait un secrétaire qui renfermait ses papiers et ses lettres. Ce meuble était ouvert, soit par négligence, soit plutôt parce que ma femme, ayant été surprise par un mal violent, n'avait pas pu réparer un oubli de quelques heures. Je m'appuyai sur ce meuble, et mon beau-père s'assit devant moi. Nous demeurâmes quelques moments silencieux; le colonel pleurait déjà une fille unique qu'il aimait avec passion, et moi, quelle que fût ma douleur, j'étais bourrelé par le sentiment jaloux qui m'obsédait depuis longtemps, et je me demandais si j'allais perdre une compagne fidèle ou bien une femme qui m'avait trahi; si je tenais ou non la première place dans les regrets qu'elle éprouvait sans doute de quitter le monde, belle, heureuse comme elle l'était, et à peine âgée de vingt-trois ans. J'étais sur le point de me lever et d'aller porter cette singulière question jusqu'au chevet de la mourante, lorsque mes regards tombèrent sur une cassette en ivoire...

— La même que vous venez de voir? demanda la marquise.

— Non, madame, je ne le pense pas du moins; mais la pareille assurément. Cette cassette était fermée. Je ne sais quel vertige me prit alors; mais j'eus la certitude qu'elle renfermait des secrets qui touchaient à mon honneur; j'allais y porter la main, lorsqu'un domestique entra.

— Le cousin de madame demande à la voir encore une fois, dit-il.

— Renvoyez-le, m'écriai-je d'un ton farouche; je ne veux recevoir personne.

— Faites entrer mon neveu, dit doucement mon beau-père.

— Non, monsieur, non, il n'entrera pas; il n'est que trop venu chez moi.

Le domestique sortit avec ces ordres contradictoires.

— Je ne vous comprends pas, monsieur, poursuivit le colonel; votre femme expire, je suis sur le point de perdre ma fille unique, et vous voulez éloigner celui qui est après elle mon plus proche parent, le fils de ma sœur!

— Monsieur, lui répondis-je hors de moi, ceci me regarde seul; le fils de votre sœur peut s'être conduit chez moi de telle façon que sa présence seule soit un scandale.

— Qu'osez-vous dire? s'écria encore le colonel.

— Peut-être la vérité; mais dans tous les cas une chose sur laquelle le doute seul suffit pour me donner tous les droits possibles.

Je mis alors la main sur la cassette. Le colonel s'élança:

— Vous n'y toucherez pas, me dit-il; je sais aussi peu que vous ce qui s'est passé durant votre absence; si vous étiez à l'armée, j'y étais comme vous; vous ne pouvez donc m'accuser ni de connivence avec ma fille, ni de faiblesse pour elle; mais dans le moment où nous nous trouvons, tandis qu'elle est mourante à deux pas de nous, je ne vous permettrai ni un soupçon ni une recherche. Vous ne toucherez pas à cette cassette.

— Quoi! m'écriai-je à mon tour, je tiendrai sous ma main la preuve de mon déshonneur, et vous m'empêcherez de m'en emparer? Vous-même vous ne voudrez pas savoir si cette femme qui meurt là est coupable ou innocente? Eh! monsieur, croyez-vous que quand j'ai épousé votre fille, j'aie accepté la trahison et l'adultère comme les suites forcées de mon union? Ne savez-vous pas qu'une femme ne doit point avoir de secrets pour son mari? et qu'enfin, monsieur, malgré le moment où nous nous trouvons, je vous prierai vous même de sortir de chez moi si vous vous permettez d'y avoir de la volonté?

L'œil du colonel lançait des flammes, ses lèvres pâlirent de colère, il fit le mouvement de chercher son épée à son côté; il était désarmé; il eut sans doute alors l'idée de se jeter sur moi, mais il avait affaire à un homme aussi irrité que lui, plus vigoureux, et qui l'aurait facilement terrassé. Nous avions tous deux une main sur la cassette, et il disait:

— Accuser une femme à l'agonie! quelle lâcheté!

— Je ne l'accuse pas, monsieur, mais je veux avoir la preuve de son crime, si elle est en effet criminelle et si cette preuve existe. Je veux voir ce que contient cette cassette. C'est mon droit.

— Monsieur, dit le colonel, je ne sais s'il vous appartient de faire cette investigation, mais dans tous les cas remettez-là à un autre moment. Attendez que Dieu ait disposé de ma fille; vous vous repentirez de votre violence; l'instant de la mort est un moment solennel, monsieur, où bien des fautes doivent être pardonnées.

Nous entendîmes alors un léger bruit, et le colonel crut que c'en était fait de sa fille. Il redoubla d'instances.

— Non, monsieur, m'écriai-je au comble de la fureur, il faut que je sache si je dois pleurer ou me réjouir, accuser le ciel ou le remercier; il faut que je connaisse l'homme qui m'a déshonoré, et puisqu'il n'est pas à l'agonie, lui, puisqu'il vit, il faut que je me venge.

Je repoussai alors violemment mon beau-père, je m'emparai de la cassette, et la jetant avec violence sur le parquet, je la brisai en mille morceaux.

— Malheureux! lui dit la marquise de Senneterre, qui avez bravé toutes les convenances, qui avez foulé aux pieds tous les devoirs, même ceux de l'humanité, pour acquérir une de ces preuves que les gens sensés éloignent autant qu'ils le peuvent... Eh bien! vous fûtes satisfait, monsieur le comte; vous pûtes ramasser à votre aise les mille preuves dont le parquet était couvert. Durant votre absence de trois années, madame votre femme avait eu le temps de recevoir bien des billets doux.

— Rien, madame la marquise, la cassette était vide.

— Vide! j'en étais sûre; ah! les avocats sont retors; ils savent la valeur d'une preuve écrite, et ils ne la donnent pas facilement.

— Quand je pus détacher du parquet mes yeux ébahis, continua le vieux militaire, mes premiers regards tombèrent sur un spectre debout devant moi, qui, enveloppé dans son linceul et la main étendue, semblait me demander compte de l'action que je venais de faire.

— Ah! mon Dieu, monsieur le comte, dit la marquise un peu effrayée, vous ne m'aviez pas dit que vous alliez me faire une histoire de revenant. Il est dix heures et demie, vous me causerez de mauvais rêves.

— Ce revenant, c'était ma femme, qui, ayant entendu la querelle survenue entre son père et moi, s'était levée, avait échappé à ses femmes, et était venue pour nous séparer et peut-être pour protéger ses secrets.

— Comment, monsieur le comte, la preuve que vous veniez d'acquérir ne vous a pas suffi, elle ne dissipa pas votre jalousie?...

— Non, madame; je crus alors et je crois encore que je me trompais de cassette, voilà tout.

— Je ne vous croyais pas si soupçonneux!

— La suite de mon histoire vous prouvera si j'avais tort. L'accident que je viens de vous raconter fut favorable à ma femme, il détermina une crise qui la guérit. Vous comprenez que mon beau-père ne me pardonna jamais, il ne voulut plus me voir. Il lui fut facile de faire partager sa haine à ma femme; on forma contre moi une demande en séparation, puis une demande en divorce; on me fit bien noir devant mes juges, et ma femme, aidée de son père, me fatigua tellement de sa haine et de ses procès, que je fus trop heureux d'abandonner ma femme, que j'aimais, et envers laquelle je n'avais à me reprocher qu'une jalousie qui venait de mon amour. Le divorce fut prononcé; et un an après, que croyez-vous qu'il arriva?

— Je ne sais, répondit la marquise.

— Elle épousa mon cousin.

— Cet avocat dont vous étiez jaloux?

— Lui-même.

— Cela ne prouve rien, monsieur.

— Pour moi c'est une preuve. Il n'en est pas moins vrai que cette maudite cassette a fait tout mon malheur: me voici vieux, sans femme, sans enfants, délaissé, tandis que mon rival a tout ce qui me manque. Vous ne devez pas vous étonner, madame, de ma mauvaise humeur à la vue de la cassette qu'on vient il y a une heure d'offrir à mes yeux, et qui est si pareille à celle de ma femme; si je ne l'avais pas brisée il y a trente ans, je croirais que c'est la même.

Au même moment la vieille Marguerite ouvrit la porte du salon, et de sa voix cassée annonça M. Édouard d'Arletan. Un beau jeune homme de vingt-sept ou vingt-huit ans, mis avec la plus grande élégance et de la figure la plus prévenante, entra dans le salon avec cette aisance que donne l'habitude de la bonne compagnie, et s'inclina respectueusement devant la marquise.

— J'ai l'honneur de vous présenter le fils d'un de mes bons amis, le président d'Arletan, dit la marquise au comte Bernard, le président d'Arletan, un magistrat irréprochable, comme dit la chanson.

Le vieux militaire ouvrit de grands yeux, ébahi à peu près comme le jour où il contemplait les débris de la cassette vide: tout d'un coup il prit son chapeau, et sortit du salon en s'écriant:

— Ah! mon Dieu! d'Arletan, Édouard d'Arletan, le fils de ma femme!

— Que veut dire ce fou? demanda le jeune homme tout surpris.

— Rien, rien, dit la vieille marquise avec la légèreté d'une femme de la cour de Louis XV; c'est une histoire que vous devez savoir; et si vous l'ignorez par hasard, je vous la conterai le premier jour de pluie, le premier jour où il fera mauvais pour peindre ou pour chasser. Il s'agit d'une cassette et du premier mari de votre mère; c'est peu de chose, comme je vous dis. Adieu, mon ami, à demain, je vais me coucher.

L'ALIGNEMENT D'UNE RUE,

PAR

MARIF AYCARD.

Vers le milieu du mois de mars dernier, le capitaine Landry, venant d'Alger sur le vapeur *l'Epervier*, débarqua à Marseille, et sans seulement jeter un coup d'œil sur l'antique ville des Phocéens, qui lui offrait l'aspect de ses quais et le spectacle animé de sa Canebière, il se dirigea, au pas de course, vers l'embarcadère du chemin de fer qui devait le transporter à Avignon, comme un Grec qui, ayant pénétré dans Troie aux belles rues, aurait fui à toutes jambes vers le camp d'Agamemnon pour éviter la rencontre d'Hector ou celle d'Enée; c'est que le capitaine Landry était Parisien, et qu'après un séjour de huit ans en Afrique, il avait hâte de revoir le marché des Innocents, l'église Saint-Eustache, et surtout certaine rue dont le nom faisait battre son cœur : la rue Tiquetonne. La rue Tiquetonne est une des plus anciennes rues de Paris, une rue populaire, qui deux fois a pris le nom d'un de ses enfants, humble industriel, dont la renommée ne s'étendait pas au delà du quartier. Au treizième siècle, on la nommait Denys-Coffrier, d'un faiseur de bahuts; cent ans plus tard, on la nomma Quiquetonne, du boulanger Rogier-Quiquetonne, qui y avait sa maison; et par altération, ou par euphonie, on dit aujourd'hui Tiquetonne, tout comme cent pas plus loin on dit rue de la Jussienne, au lieu de rue de Sainte-Marie-Egyptienne. Ce n'étaient ni le bahutier Denys, ni le boulanger Quiquetonne qui préoccupaient le capitaine : la rue Tiquetonne éveillait chez lui d'autres souvenirs, et il est nécessaire de revenir un peu sur le passé avant de conduire Landry de l'embarcadère de Marseille au quartier Saint-Eustache.

Landry était le fils d'un ancien carrossier qui, ayant fait fortune de bonne heure, et s'étant d'ailleurs pourvu d'une femme riche, avait quitté son état, non sans quelque regret, pour jouir de ce titre de rentier si envié du Parisien. Il s'était donc logé au Marais en 1790, et, jeune, dispos, bien portant, possesseur d'un assez beau revenu sur la ville de Paris, musard et gobe-mouche comme un cockney de Londres, il s'était promis de voir passer à l'aise la révolution, qui lui promettait des scènes nouvelles et attachantes. Le projet était beau; mais il fallait, pour l'accomplir sans encombre, une sûreté de tact, un soin de tous les moments difficiles à conserver; le père du capitaine Landry avait d'ailleurs un défaut qui pouvait le perdre et qui fut sur le point de lui devenir fatal. Il avait de l'amour-propre, il se piquait d'avoir été le meilleur carrossier de son temps, et surtout d'avoir fait pour M. de Lauzun une certaine voiture qui pouvait passer pour un chef-d'œuvre. Il est vrai que M. de Lauzun ne l'avait jamais payée; n'importe, le carrossier n'aurait pas voulu pour toute sa fortune n'avoir pas fait cette voiture : il en parlait sans cesse.

— Les ressorts les plus souples, disait-il, la caisse la mieux vernie, les quatre plus belles roues de Paris, et le dedans! satin blanc chiné de rose et les galons d'or. La belle voiture! elle a fait sensation à Versailles. La reine en a eu fantaisie, et M. de Lauzun la lui aurait cédée, s'il n'en eût été empêché par une petite danseuse à laquelle il ne refusait rien, et qui avait le goût aussi bon que la reine.

Or, quoique le carrossier ne fût pas précisément un aristocrate et qu'il ne regrettât pas l'ancien régime, il regrettait les carrosses de la noblesse qui ne roulaient plus sur le pavé de Paris, qui autrefois de la barrière des Bons-Hommes s'élançaient à Versailles, tandis qu'en 93 ils roulaient sur la remise; on allait beaucoup à Paris à pied sous la république, et lorsqu'on ne pouvait pas marcher, on montait dans un vieux fiacre tout dépenaillé et traîné par des haridelles : le carrossier s'écriait tristement en voyant ces piteux équipages :

— Sabots, sabots, pataches! ah! ce n'est pas là la voiture de M. de Lauzun : quelle différence!

Ces regrets donnaient au carrossier une couleur politique peu convenable à l'époque dont nous parlons, et lui nuisirent tellement qu'il fut arrêté comme suspect et obligé de paraître devant un tribunal qui lui demanda avec sévérité quelle espèce de liaison il avait avec un ci-devant tel que M. de Lauzun. Heureusement le tribunal était présidé par un confrère, auquel le père du capitaine Landry put expliquer qu'il s'agissait d'une voiture merveilleuse, confectionnée pour le ci-devant duc de Lauzun, qui ne l'avait pas payée, et que ce Lauzun était un général républicain, lequel, sous le nom de Biron, se battait contre les révoltés de la Vendée. Les carrossiers ne sont jaloux ni comme des peintres, ni comme des poëtes, ni comme des comédiens. Le président du tribunal se souvint de la voiture de M. de Lauzun, qu'il avait admirée dans le temps; il renvoya son confrère absous, lui recommandant de ne plus s'occuper de son chef-d'œuvre, de se faire bien venir dans son voisinage et d'acquérir les vertus d'un bon républicain. Le père de Landry se coiffa d'un bonnet rouge, endossa la carmagnole; et le dimanche, ou plutôt le jour de décadi, il mettait un morceau de veau froid dans sa poche, donnait le bras à sa femme, et tous deux s'en allaient à Belleville ou à Charonne manger une salade et boire le vin aigrelet de la banlieue : on revenait de bonne heure, et on s'arrêtait pour danser la monaco sur la place où avait été la Bastille.

Cependant les rentes sur l'hôtel de ville furent d'abord mal payées, puis elles furent payées en assignats, et enfin la fortune de l'ex-carrossier se trouva diminuée des deux tiers. M. Landry logeait au second; il monta au quatrième. Il avait une cuisinière, il prit une femme de ménage; sa femme s'habillait avec une certaine élégance, elle réforma sa toilette; lui était un demi-muscadin, il porta deux ans le même habit; et il se trouva heureux parce qu'il était philosophe, et que sa femme et lui vivaient comme deux tourtereaux. Une seule chose l'inquiétait : il n'avait point d'enfant, il aurait voulu ne pas laisser s'éteindre le nom de Landry et pouvoir faire un jour de son fils le premier carrossier de France. Madame Landry s'obstinait à ne pas combler ses vœux; mais il était jeune, sa femme était encore plus jeune que lui, et il ne fallait désespérer de rien. Le temps s'écoula, la république, le directoire, le consulat passèrent; vint l'empire. Landry, qui en était réduit au plus strict nécessaire, pensa que les splendeurs de l'empire allaient rouvrir aux carrossiers la source de la fortune. Il conçut le projet de reprendre son état, et voulut débuter par un coup de maître; il avait fait la voiture de M. de Lauzun, il s'agissait de faire la voiture du sacre. Il remit donc au concierge des Tuileries une pétition dans laquelle il exposait qu'il croirait manquer à tous ses devoirs s'il ne mettait pas son talent à la disposition de Sa Majesté l'empereur, et qu'étant le seul ouvrier carrossier qui eût atteint la perfection, il désirait contribuer pour sa part au triomphe impérial, car il était juste que le plus grand des empereurs eût la plus belle des voitures. Il n'oublia pas d'ajouter qu'autrefois la voiture de M. de Lauzun sortie de ses mains et avait fait l'étonnement de Versailles, l'admiration de la reine, etc., etc.

On lui répondit sèchement que Sa Majesté avait son carrossier. Landry comprit alors que son règne était passé, qu'il était un ouvrier d'un autre siècle, et qu'il fallait renoncer pour toujours au sceptre de son art. Il vendit ses outils, et résolut de quitter le Marais. Sa femme avait une parente fruitière au marché des Innocents : il alla loger dans la maison de cette parente, dont il espérait hériter un jour; mais les choses ne s'arrangèrent pas ainsi.

Enfin, en 1812, madame Landry devint enceinte. Elle avait alors à peu près trente-huit ou trente-neuf ans; et après vingt-deux ans de stérilité, l'événement était inattendu; il n'en fut pas moins accepté avec une grande joie. Landry déclara que, s'il avait le bonheur d'être père d'un garçon, il ne demanderait plus rien à Dieu dans ce monde, et qu'il se regarderait comme le plus heureux des hommes. Hélas! il fut exaucé, il eut un fils; mais la mère mourut en donnant le jour à l'enfant, et le bon carrossier ne survécut pas longtemps à cette perte : trois mois plus tard il alla rejoindre sa femme dans un monde meilleur. Le petit Julien Landry resta donc sous la tutelle de la fruitière du marché des Innocents, la parente de sa mère, et possesseur d'une douzaine de cents francs de rente. C'était plus qu'il ne fallait pour suffire à ses premiers besoins, assez pour recevoir une éducation libérale. Il était en de mauvaises mains; la fruitière, que le père Landry croyait riche, était criblée de dettes; elle dénatura le bien de son pupille, elle s'en servit pour ses propres besoins, le dissipa, le fit disparaître; et à l'âge de cinq ans, le petit Julien Landry se trouva sur le pavé, sans parents, sans un denier, et à peu près à la charge de la charité publique : il lui restait la ressource de plaider contre sa tutrice. Démosthène avait jadis plaidé contre ses tuteurs; mais l'orateur athénien avait vingt ans lorsqu'il entama son procès : il était l'élève d'un des meilleurs rhéteurs de son temps, et ses spoliateurs étaient riches. L'enfant de Paris ne savait pas la croix de par Dieu, il était dans la misère, et la fruitière se trouvait aussi pauvre que lui. Le curé de Saint-Eustache se chargea du petit Landry, qui, comme un autre Eliacin, fut élevé à l'ombre de l'autel. On lui enseignait à lire dans le livre de la loi, il chantait le dimanche *O salutaris hostia*, d'une voix claire et nette, et balançait l'encensoir où fumait l'encens. Le bon curé, ravi de son naturel doux et bon, l'élevait dans le dessein de le soustraire aux dangers du monde et aux périls de la carrière militaire, qui alors atteignait tous les Français. A douze ans, Julien Landry lisait bien, écrivait passablement et balbutiait le latin du *De viris* : il allait entrer au séminaire, lorsque le bon curé mourut. Julien demeura au presbytère parmi les meubles du curé; et tandis que les uns prenaient le chemin du grenier, on lui aurait probablement indiqué à lui le chemin de la porte : heureusement un marguillier, touché de ce délaissement, le recommanda à son gendre, marchand de nouveautés dans la rue Montmartre. Celui-ci toisa Julien des pieds à la tête, et lui ayant trouvé une figure heureuse et une tournure assez distinguée, il consentit à s'en charger. Il faut presque autant de qualités physiques pour être commis chez un marchand de nouveautés que jeune premier dans un théâtre. Julien, qui n'avait connu ni père ni mère, que la fruitière, sa parente, avait ruiné et maltraité, ne regrettait guère que le bon curé de Saint-Eustache, et grandissait doucement sous l'aile de son patron. Ses vingt ans sonnèrent. C'était un beau garçon d'une taille élevée, et qui, au lieu de manier l'aune, arme trop légère pour son bras, aurait voulu tenir dans ses mains un sabre de cavalerie ou un fusil de munition; loin que sa première éducation lui eût donné les goûts tranquilles d'un lévite, il soupirait après une carrière plus active que la sienne, et se croyait fait pour trouver dans une giberne son bâton de maréchal. Il vit donc arriver avec plaisir le moment de la conscription. Nous étions alors en 1833, et on guerroyait en Afrique; mais Julien était devenu un bon commis, et son patron n'en voulait pas faire un soldat.

— Julien, lui dit le marchand de nouveautés, vous allez mettre la main dans le sac; soyez sans inquiétude : si vous tirez un mauvais numéro, je suis là ; je vous avancerai l'argent nécessaire pour acheter un remplaçant, et vous ne nous quitterez pas.

Julien remercia beaucoup son patron, et lui dit qu'il ne profiterait pas de cette bonne volonté et qu'il serait soldat si le sort le désignait, trouvant pénible de contracter une dette pour ne pas suivre une carrière qui lui souriait. Ce fut dans ces dispositions qu'il obéit à la loi sur le recrutement, et le hasard ne le favorisa pas. Il tira un bon numéro. Il se soumit alors à son sort et demeura chez son patron. Mais, devenu homme, il ne logea plus chez le marchand de nouveautés, il loua une petite chambre dans la rue Tiquetonne, au quatrième étage, et s'y installa avec quelques meubles qu'il acheta sur ses économies. C'était là que l'attendait une passion qui devait lui faire négliger le soin de sa fortune et le conduire, presque malgré lui, vers une carrière qu'il paraissait avoir abandonnée pour toujours.

La maison habitée par Julien Landry formait l'angle des rues Tiquetonne et Montmartre, la porte s'ouvrait dans la première de ces rues, et était gardée par les époux Férou, deux cerbères qui veillaient avec un soin continuel à la tranquillité de cette demeure, dont un riche capitaliste, M. de Sourdis, était le propriétaire. Il s'agissait pour les portiers de plaire avant tout à M. de Sourdis, de louer jusqu'au moindre recoin, en enfin d'avoir des locataires aussi exacts et aussi réguliers dans leurs habitudes que dans leurs payements. Ces devoirs accomplis, maître Férou pouvait raccommoder à loisir les vieilles chaussures du quartier, et il était libre à sa femme de ravauder les bas de toutes les cuisinières de la rue, ce à quoi ils ne manquaient pas, laissant à l'abandon une jeune fille de seize ans, jolie comme les amours, blonde et blanche comme Cythérée. Mademoiselle Thérèse Férou illuminait de sa beauté la loge des père et mère quand elle s'y présentait; mais le cas était rare. On l'avait placée chez une couturière du voisinage qui la nourrissait, et à la fin de chaque semaine lui donnait une vingtaine de sous, qui, multipliés par les cinquante-deux semaines de l'année, permettaient à la jeune fille d'avoir des souliers, deux robes et un petit châle de coton, sans qu'il en coûtât rien à ses parents; de façon que Thérèse, tous les jours absente, ne rentrait que le soir après sa journée, et se contentant de jeter un bonsoir en rentrant à sa mère, grimpait au septième étage, où elle habitait un petit grenier de six pieds carrés, abandonné par la libéralité de M. de Sourdis, qui aurait bien pu louer ce trou à rats quinze ou vingt francs par an.

— Où est Thérèse ? demandait quelquefois le savetier Férou à minuit; Thérèse est-elle rentrée ?

— Oui, répondait la mère, je viens de la voir passer.

Et Férou fermait la porte à double tour, car dans cette maison on ne rentrait jamais passé minuit sans au préambule avoir subi un interrogatoire qui se terminait par une petite pièce glissée dans la main du portier. Ainsi Thérèse était libre comme l'air et vivait sur sa bonne

foi. L'enfant ne coûtait rien ; elle était trop jeune pour rapporter quelque chose : on ne s'en inquiétait pas.

Julien mit à orner sa chambre le soin coquet que prennent pour leur toilette personnelle les commis de magasin ; il voulut que tout fût propre et reluisant autour de lui. Le carreau fut mis en couleur et frotté, des rideaux blancs furent suspendus aux fenêtres ; le jeune homme plaça lui-même sur la cheminée une petite glace qui resplendissait dans son cadre d'acajou, et il s'occupa aussi de tapisser l'alcôve et les quatre murs de la chambre, un peu souillés par les excentricités artistiques de son prédécesseur. Le choix du papier occupa longtemps Julien : il s'agissait de savoir s'il récréerait ses yeux par un paysage aux horizons infinis, aux arbres verts, aux chaumières entourées de troupeaux de moutons, ou s'il préférerait une marine éclairée par les pâles rayons de la lune, avec un navire prêt à sombrer dans le lointain, un phare sur quelque rocher abrupte, et la mer qui viendrait bruire en vagues écumantes jusque sur la bordure. Il pouvait aussi s'entourer d'étoiles ou du grimpant convolvulus, qui, lorsque le soleil pénétrerait dans la chambre, lui aurait donné l'air d'une tonnelle riante et parfumée. Il finit par se décider pour un papier où, sur un fond blanc, naissaient toutes les roses du printemps et de l'été : la rose moussueuse, celle du Bengale, la rose de Fontenay, épanouies ou en boutons, se cachant çà et là dans leurs feuilles, plus loin secouant leurs gouttes de rosée ; l'alcôve, le plafond lui-même, furent recouverts de cette fraîche tapisserie, et tandis que le lit d'un Sybarite était autrefois couvert de feuilles de roses, des milliers de roses entouraient la couche du Ju···, se balançaient sur sa tête, et semblaient prêtes à pleuvoir sur ··· t dans leur chute odorante à le couvrir tout entier. Quand Julien Landry eut tout à fait installé dans sa petite chambre, quand tout fut à sa place, rideaux, commode et couchette, il s'y reposa langoureusement comme Haroual-al-Raschid dans les jardins de sa belle ville de Bagdad, ou comme le fils aîné du Prophète, sous les ombrages des Eaux-Bonnes ; c'était là qu'il se délassait des tracas du magasin de nouveautés ; il passait son temps à lire l'histoire des *Quatre fils Aymon*, ou à dessiner des soldats d'après les lithographies de Charlet ; car ses goûts militaires ne l'avaient pas abandonné, il soupirait toujours après la vie des camps. Au milieu des roses, il rêvait le bivouac. C'était là, du reste, la folie du moment : les jeunes gens, jaloux des exploits de leurs pères, appelaient une guerre impossible, et se berçaient de l'espoir d'une fortune acquise à la pointe de l'épée, quand l'épée était dans le fourreau. La tapisserie n'était donc pas en rapport avec les désirs tumultueux du jeune homme. Peut-être aussi manquait-il quelque chose à l'Eden qu'il s'était créé : il y était seul, sans personne à qui il pût faire partager ses souhaits et ses espérances, et Dieu lui-même, quand il eut placé Adam dans le paradis terrestre, reconnut que la solitude n'était pas bonne pour l'être qu'il venait de créer. Julien éprouvait, sans pouvoir se l'expliquer, cette prévision de Dieu; sa main quittait le crayon pour tourner nonchalamment les feuillets de l'histoire des *Quatre fils Aymon*, il allait de la fenêtre à l'alcôve, de l'alcôve à la fenêtre, puis rassemblait ses trois chaises et s'étendait comme le berger Tityre sous l'ombrage des hêtres : Julien s'ennuyait. Un soir, comme le soleil de mai dorait ses rideaux et ses roses, un petit coup sec frappé à sa porte le tira de la somnolence qui s'emparait de lui peu à peu. Julien se leva, saisit son crayon pour avoir l'air occupé, et dit d'une voix émue :

— Entrez !

La clef n'était point à la porte, et le jeune homme fut obligé d'aller ouvrir. C'était une visite qui ne devait donner aucune émotion : c'était la portière. Madame Férou venait autant pour obéir aux injonctions de M. de Sourdis, son propriétaire, que pour satisfaire sa propre curiosité : le propriétaire voulait savoir si la position de fortune de son nouveau locataire permettrait de compter sur le payement exact du loyer, la portière désirait ajouter un grain de plus au chapelet d'anecdotes dont elle régalait ses voisines.

— Monsieur, dit-elle, c'est une lettre.

Et elle ento-toisa la chambre une lettre à la main ; elle tendait la missive, et de l'œil elle parcourait la pièce entière, le carreau, le plafond, les meubles, les rideaux, calculant sans doute en elle-même si la valeur du mobilier égalait le prix du loyer.

— Tiens, tiens, dit-elle, c'est gentil ici.

Julien prit la lettre.

— Cette lettre n'est pas pour moi, madame.

Madame Férou jeta un coup d'œil sur l'adresse.

— Ah ! vous avez raison, monsieur, dit-elle; M. Beauclair, je crois, celui du troisième, et vous vous nommez?...

— Landry, madame, Julien Landry.

— Oui, je me suis trompée, Julien Landry, commis chez le marchand de nouveautés, ici près, rue Montmartre, c'est cela... J'ai confondu, monsieur... Mais comme vous êtes bien ici, monsieur ! comme cette chambre est jolie ! je crois en vérité qu'elle est louée trop bon marché... Vos meubles sont propres... Ça a de la valeur, quoique ce ne soit que du noyer... Ensuite, monsieur est commis chez un gros marchand ; il doit avoir de bons appointements ?

Julien commençait à trouver tous ces calculs fort impertinents, et la portière put le lire sur sa figure. Elle se hâta d'ajouter :

— C'est que le propriétaire ne veut louer qu'à des personnes honnêtes, rangées comme monsieur; oh ! la maison est bien habitée, par des gens tranquilles. Tout le monde ici est rentré avant minuit; personne ne s'attarde ni ne découche, c'est un couvent. C'est ce que je disais à M. de Sourdis... le propriétaire... Il est là-bas, dans la loge.

— Et c'est lui qui vous a fait monter? dit Julien.

— C'est vrai, répondit la portière ; la lettre n'était qu'un prétexte. C'est que M! de Sourdis, continua-t-elle, n'est pas un propriétaire comme un autre : il est exigeant, difficile ; et c'est nous qui répondons du loyer.

Après avoir ainsi excusé sa curiosité, madame Férou descendit dans sa loge, et elle fit à M. de Sourdis un éloge complet de Julien Landry. C'était, disait-elle, le phénix des locataires, un jeune homme doux comme une jeune fille, et dont la chambre était aussi propre que la cellule d'une religieuse; elle avait d'ailleurs pris des informations. Le marchand de nouveautés répondit de son commis : c'était le meilleur employé de sa maison.

Quant à Julien, cette inquisition domestique lui plut médiocrement, et depuis le jour où la première fois il avait mis le pied dans la maison, il s'était laissé surprendre par une espèce d'antipathie d'instinct contre le portier et la portière : l'un grossier, l'œil hardi, le visage aviné, la parole provocante ; et madame Férou , la figure blanche et couverte de taches de rousseur, les cheveux verdâtres, les yeux louches, et la voi en même temps criarde et traînante. Julien évitait d'adresser la p à ce couple disgracieux, et après l'éloge que venait de lui faire madame Férou d'une vie sédentaire , il résolut, un peu par esprit de contradiction , un peu pour se soustraire à l'ennui qui l'obsédait, de ne plus passer la soirée chez lui, et de se distraire du travail du magasin en allant l'été danser à la Chaumière avec MM. les étudiants, qui sont gens de très-bonne compagnie ; l'hiver en fréquentant les spectacles et les bals du Prado rue Rochechouart. Il allait mettre son projet à exécution et sortir à l'instant même, lorsqu'il entendit le bruit d'un corps qui paraissait descendre avec vitesse l'escalier étroit et roide ; de petits cris étouffés lui firent comprendre qu'une créature humaine venait de faire une chute et était en danger, ou du moins souffrait ; il s'élança hors de sa chambre , et sur son palier même, à la naissance d'un petit escalier qui longeait extérieurement la muraille et aboutissait à un grenier dont la lucarne donnait, ainsi que sa fenêtre, sur la rue Montmartre, il vit une jeune personne étendue sur les pieds, sans mouvement, et dont de longues et soyeuses boucles de cheveux blonds cachaient la figure. Julien l'enleva dans ses bras, la porta chez lui et la déposa sur son lit ; il écarta ensuite les cheveux blonds qui avaient échappé au peigne, et courut à son pot à l'eau, puis revint vers la jeune fille pour lui jeter de l'eau au visage ; dans le trajet, un de ses pieds heurta une clef, l'autre marcha sur un peigne de corne qu'il écrasa ; au bruit du peigne qu'il se brisait, la jeune fille revint à elle , se mit sur son séant, et levant les mains au ciel :

— Ah ! Dieu ! dit-elle.

Julien s'arrêta , et à l'aspect de ce visage frais et blanc, de ces yeux bleus dont quelques larmes mouillaient les cils , de ces dents nacrées qui apparaissaient comme deux rangées de perles entre deux lèvres de corail, il éprouva un étonnement si subit, une sensation si nouvelle, que le pot à l'eau s'échappa de ses mains, tomba sur le carreau, se brisa en mille pièces, et que l'eau rejaillit jusque sur le pantalon blanc du jeune homme. Un petit cri échappa d'abord à la jeune fille, elle partit ensuite d'un éclat de rire involontaire.

— Vous n'êtes pas blessé, monsieur ? dit-elle.

— Et vous, mademoiselle ? répondit Julien.

Il s'approcha du lit, il prit une main blanche qui s'avançait vers lui, la serra dans ses deux mains sans savoir ce qu'il faisait.

— Que vous m'avez effrayé ! dit-il ; vous étiez sans connaissance, j'ai cru que vous étiez tuée.

La jeune fille fit comme ce philosophe qui marchait pour prouver le mouvement; elle sauta à bas du lit et se mit à parcourir la chambre ; puis, tandis que Julien rassemblait dans l'âtre de la cheminée les débris du pot à l'eau, elle s'assit sur une chaise, et d'un œil attentif elle parcourut toute la pièce.

— La jolie tapisserie ! dit-elle, les belles roses ! c'est plus beau que chez madame Dugrand, la meilleure pratique de ma maîtresse.

Julien ne cessait de regarder cette belle enfant, plus fraîche que les roses qu'elle admirait et aussi ingénue qu'il l'était lui-même ; il s'approcha d'elle, il se pencha sur le dossier de la chaise qu'elle occupait, et, aspirant les émanations de cette blonde et jeune tête, il s'enivra pour la première fois de ce philtre puissant et nouveau dont jusque-là il n'avait pas soupçonné l'ardeur, dont il ignorait le vertige; mais l'émotion nouvelle qu'il éprouvait le remplissait de timidité, il ne respirait pas, il n'osait pas lever les yeux, sa parole n'arrivait pas jusqu'à ses lèvres; et, loin de chercher à faire partager l'amour que qu'il éprouvait, il était sous l'empire d'un certain malaise qu'il ne pouvait pas définir. La jeune fille, au contraire, n'éprouvait aucun embarras, pas même le contre-coup physique du choc qu'elle venait de recevoir. Son pied avait glissé sur une des

marches de l'escalier qu'elle avait à gravir, un jeune homme , un voisin l'avait recueillie et ranimée : c'étaient là des accidents simples et si naturels, qu'ils ne méritaient pas qu'on s'y arrêtât. Elle était donc presque joyeuse, lorsque tout d'un coup sa figure s'assombrit, son front se voila, ses yeux se remplirent de larmes, et tout en désignant les restes épars de son peigne, elle éclata en sanglots.

— Mon peigne, dit-elle , mon peigne est perdu ! Oh ! ciel ! si ma mère le sait, elle me battra.

— Voulez-vous que j'aille acheter le pareil? il y a un marchand dans la rue Montmartre, dit avec candeur Julien, et déjà il prenait son chapeau.

— Oh ! non, monsieur, pas encore , demain ; vous êtes trop bon !

— C'est que demain, répondit Julien , je ne vous reverrai pas... Où vous retrouverai-je ?

— Comment ! vous ne me connaissez pas ? vous ne savez pas qui je suis ?

— Non , je vous vois pour la première fois.

— Eh bien ! moi je vous connais ; je vous ai vu ce matin quand vous avez ouvert votre fenêtre : vous avez chanté une chanson.

— Vous logez vis-à-vis, dans la rue Montmartre ?

— Dans la rue Tiquetonne , monsieur, tout à fait au-dessus de vous : oh ! ma chambre n'est pas aussi jolie que la vôtre. Je suis Thérèse, la fille de la portière.

Quand Julien apprit ainsi que cette belle enfant était sa voisine, il lui sembla que toutes les roses qui pleuvaient du plafond se retournaient sur elles-mêmes, et, au lieu de descendre, allaient monter vers le petit nid qu'habitait Thérèse.

— Vous logez ici ? répéta-t-il ; vous êtes la fille de madame Férou, et nous pourrons nous voir tant que nous le voudrons.

— C'est-à-dire le soir, le matin et le dimanche, dit Thérèse, parce que je suis tous les jours chez ma maîtresse, rue Montmartre.

— C'est comme moi, répondit Julien , je suis dans la journée dans mon magasin , aux Trois Pigeons.

— Ah ! aux Trois Pigeons, un beau magasin : c'est là que ma maîtresse achète ses étoffes.

Il fallut se séparer; Thérèse n'était pas blessée, mais meurtrie par sa chute; elle voulait regagner sa petite chambre jusqu'au lendemain. Julien la soutint dans son trajet ascensionnel, il monta avec la jeune fille dans ce petit trou qu'elle appelait sa chambre; c'était une espèce d'aire irrégulière qui, comme nous l'avons dit, prenait jour sur la rue Montmartre par une lucarne ronde , et dont le plafond était composé de poutres saillantes sur lesquelles reposait l'ardoise du toit; un petit lit, une table boiteuse , une chaise dépaillée occupaient tellement l'espace étroit, que deux personnes n'y tenaient pas à l'aise; sans doute mademoiselle Thérèse devait souffrir dans l'été l'ardeur brûlante qu'éprouvent les prisonniers sous les plombs de Venise, et durant l'hiver l'humidité pénétrante de l'ardoise glaçait sans doute ses membres; mais à seize ans on supporte tout joyeusement. Une excessive propreté indiquait au premier coup d'œil une des qualités les plus remarquables de la jeune fille, et éloignait de ce taudis ce que la misère a de repoussant.

— Que vous êtes mal ici ! s'écria Julien.

— Pas du tout, monsieur ; de ma fenêtre je vois une de mes compagnes qui n'est pas mieux logée que moi, et le matin j'ai la visite de tous les pierrots du quartier, qui viennent manger le pain que j'émiette pour eux.

Le soleil avait disparu depuis longtemps, sur l'azur un peu grisâtre du ciel perçait à chaque instant une étoile de plus ; Thérèse voulait être seule.

— Bonsoir, monsieur Julien , dit-elle en poussant légèrement le jeune homme vers la porte.

Julien redescendit chez lui; il avait perdu l'envie d'aller à la Chaumière , il avait perdu le sommeil et le repos. Sa petite chambre lui parut déserte, les roses et si fraîches qui tapissaient son alcôve étaient flétries pour ses yeux charmés, la divinité qui venait de le séduire avait disparu , elle était au-dessus de lui; c'était là-haut qu'était le temple. Il ouvrit sa fenêtre, il se pencha en dehors pour apercevoir les pierres grisâtres de la lucarne qu'éclairait la jeune fille ; il la referma, et se tint immobile et l'oreille au guet, prêt à recueillir le moindre bruit, à écouter religieusement le son fugitif d'un soupir, l'accent d'un mot prononcé par hasard ; tout était calme, silencieux, muet; mademoiselle Thérèse dormait de ce sommeil de la jeunesse si profond sans être lourd , si complet sans cesser d'être doux. Julien rassembla soigneusement les débris du peigne cassé, premier trésor ou, si l'on veut, premier larcin de l'amour. Le lendemain il sortit avant l'heure accoutumée, court chez le marchand que lui-même avait désigné la veille, et il revint chez lui avec un peigne qu'il offrit à mademoiselle Thérèse au moment où elle terminait sa toilette et cherchait l'instrument qui devait retenir ses cheveux blonds.

La connaissance ainsi faite et Julien une fois pris d'amour, le jeune homme n'eut plus qu'un but, qu'une pensée, qu'une affaire au monde : il voulait faire partager son amour, et tout semblait le favoriser. Seul avec Thérèse, dont les parents n'avaient aucun souci, il vivait auprès d'elle isolé dans les combles de la maison, dans cette région aérienne où nul voisin ne l'épiait, où aucune voisine bavarde

ne pouvait dévoiler le mystère d'une passion que personne ne soup-
connait. Ce qui retarda son triomphe, ce fut l'innocence de la jeune
fille, qui ne vit d'abord dans Julien qu'un compagnon et un ami,
qui ne soupçonnait pas qu'elle pût s'attacher à son voisin autrement
qu'à une de ses camarades d'atelier. Cependant l'amour est conta-
gieux; Thérèse ne pouvait ni redouter ce qu'elle ne connaissait pas,
ni ne pas s'enfiévrer peu à peu de la passion qu'elle inspirait. Dès
qu'elle arrivait le soir dans sa petite chambre, Julien y montait; ou
bien si la porte du jeune commis était ouverte à l'heure où elle rentrait (ce qui ne manquait pas d'arriver), elle entrait imprudemment,
et laissait s'écouler les heures à écouter les paroles passionnées de
son voisin, les projets qu'il faisait pour l'avenir, à se laisser répéter
sans cesse quel charme doux il éprouvait à être seul auprès d'elle, et
combien il voudrait passer sa vie ainsi à tenir ses mains dans les
siennes, et à se mirer dans ses yeux. Le temps s'écoulait, toutes les
roses de la tapisserie s'effaçaient une à une, et lorsqu'ils se quittaient
enfin, la chambre n'était plus éclairée que par le croissant de la lune
ou par la lueur indécise des étoiles.

La poésie et la peinture ont immortalisé deux amants qui, occupés
à lire je ne sais quelle histoire d'amour, s'arrêtèrent à un certain endroit et ne lurent pas davantage; il arriva un jour aussi qu'au quatrième étage de la rue Tiquetonne, Julien et Thérèse virent le jour
tomber, les étoiles briller vaguement au ciel, tout s'obscurcir autour
d'eux, puis les étoiles s'éteindre, et les roses de la tapisserie reparaître une à une sous la clarté naissante du matin; le jour était venu,
et Thérèse n'était pas remontée dans sa petite chambre. Confuse de
cet oubli, la jeune fille évita le soir avec soin d'entrer chez son voisin; ce fut alors Julien qui monta chez Thérèse, et qui le matin
émietta lui-même le pain mis en réserve pour les petits oiseaux.

Le dimanche, Thérèse mettait une robe qui ne coûtait pas dix
francs, un chapeau qui en valait pas cinq, et qui lui allaient d'autant mieux qu'ils étaient l'une et l'autre l'ouvrage de ses mains; et,
légère comme Atalante, fraîche comme Hébé, et blonde comme Cythérée, elle courait jusque sur la place des Victoires, où Julien l'attendait, et, un panier sous le bras, on prenait le chemin du bois de
Satory ou de Meudon; à midi, on dînait dans la maison de quelque
garde approvisionné de lait, d'œufs et de vin du cru; puis, le soir,
on rentrait rue Tiquetonne, Thérèse d'abord, Julien ensuite, sans
que les dignes portiers s'occupassent le moins du monde de ce qu'a-
vait fait leur fille durant la journée entière.

Quelque douces que soient les premières amours, elles ne peuvent
pas toujours durer : le nouvel Adam devait être chassé de son paradis, et cela sans qu'il y eût de la faute d'Eve.

Une vieille voisine, commère et amie de madame Férou, vint déposer ses scrupules dans le sein de la mère de Thérèse.

— Ma voisine, lui dit-elle, votre fille est bien jolie.

— Thérèse? je crois bien; voilà comment j'étais quand j'avais
quinze ans.

— Oh! ma voisine, sans vous fâcher, la petite est mieux : elle a
donc quinze ans?

— Elle en a seize.

— Elle est si formée qu'on lui en donnerait dix-huit.

— Encore comme moi, dit la portière : à quatorze ans on m'en
donnait vingt dans le quartier.

— Mais encore, voisine, vous n'étiez pas coquette à cet âge?

— M. Férou n'est pas là, écoutez-moi, voisine : tout comme elle,
si elle l'est, la pauvre enfant!

— Si elle l'est? dit la voisine, je le crois bien; il y a un beau
jeune homme qui la promène tous les dimanches.

— Un amoureux! reprit la mère, et que voulez-vous que fasse la
jeunesse si elle ne fait pas l'amour? Les amoureux deviennent des
maris.

Des maximes aussi peu sévères scandalisèrent la voisine.

— Enfin, dit-elle, vous savez, voisine, que de ma fenêtre je
puis voir la petite lucarne qui donne du jour à la chambre de votre
fille.

— Eh bien! après? dit madame Férou.

— Après? pas plus tard que ce matin, j'ai vu à la lucarne de votre
fille deux têtes au lieu d'une : des cheveux blonds, c'étaient ceux de
Thérèse; des cheveux bruns, c'étaient ceux de l'amoureux.

— Un brun clair? dit la portière, c'est-à-dire des cheveux châtains et un teint blanc?

— C'est cela même.

— Je le connais.

— Ah! vous le connaissez?

— Parfaitement.

— Et moi aussi, dit la voisine. C'est le commis des Trois Pigeons.

— Oui, c'est mon locataire, M. Julien Landry, un jeune homme
doux comme une jeune fille et rangé comme une vieille rentière. Oh!
il n'y a pas le moindre danger.

— Comment! vous trouvez qu'il n'y a point de danger pour une
jeune fille à recevoir chez elle un jeune homme à six heures du matin?

— Entendons-nous. Un jeune homme, je ne dis pas non, M. Julien
Landry, c'est différent.

— Ah!

— Oui, songez donc, ma voisine, un bon sujet qui gagne gros et
qui, avant dix ans, aura un intérêt dans les affaires de son bourgeois :
c'est un bonheur pour Thérèse!

— Comment cela?

— Parce que les jeunes gens s'épouseront.

— Vous croyez?

— Si ce que vous dites est vrai, j'en suis certaine.

— Vous devriez au moins vous en mêler.

— Au contraire, si je m'en mêle, je gâterai tout.

Qui n'aurait cru qu'avec une femme d'un caractère si uni, de
mœurs si faciles, douée d'un laisser-aller si complaisant, le bonheur
de Julien et de Thérèse ne fût à l'abri de toute atteinte, ou du moins
ne dépendît que d'eux seuls? et cependant il n'en fut rien. Un matin,
mademoiselle Thérèse était chez son ami qui lisait Paul et Virginie
tandis qu'elle ourlait pour lui un mouchoir de soie, lorsque la porte
céda à un choc violent, et madame Férou parut tout d'un coup devant les jeunes gens épouvantés; son bonnet était placé de travers
sur sa tête; des mèches de ses cheveux verdâtres tombaient le long de
ses joues; son nez était barbouillé de tabac; ses yeux furibonds brillaient de colère et d'indignation : elle avait pris tous les moyens
pour donner à son entrée une tournure dramatique, et les faits répon-
dirent à l'intention. Avant de dire un mot, madame Férou donna
deux soufflets à sa fille, la prit par l'oreille et la jeta hors de la chambre de Julien; puis, se tournant vers celui-ci :

— Ah! monsieur, voilà ce qui se passe au quatrième! voilà pourquoi vous êtes venu dans cette maison! On croit louer une chambre
à un jeune homme honnête, et du tout, on introduit chez soi un
mauvais sujet, un libertin qui séduit votre fille, qui la perd...

— Mais, madame...

— Taisez-vous, monsieur, ne m'interrompez pas, je sais tout,
monsieur... Ah! vous espériez continuer la jolie vie que vous menez
avec Thérèse... c'était commode, n'est-ce pas? mais vous ne connaissez pas M. et madame Férou, à ce qu'il paraît... Ah! nous avons de
l'honneur, monsieur... et M. de Sourdis donc, mon propriétaire? vous
croyez qu'un locataire peut se conduire dans sa maison, comme vous
l'avez fait... et cela impunément?... Non, monsieur, je vous donne
congé, entendez-vous? et M. de Sourdis aussi; faites votre paquet, et
décampez; nous ne voulons plus de vous dans la maison.

La portière, en parlant ainsi, comprenait à quel danger elle s'exposait avec un jeune homme qui, malgré sa douceur, pouvait sortir
de son caractère et le faire repentir de sa brutalité; aussi, tout en
signifiant son congé à Julien, tout en lui disant de décamper, s'ap-
prochait-elle de la porte pour sortir elle-même et se mettre d'abord
à couvert; mais Julien, qui, sous des dehors doux, cachait un caractère sinon violent du moins énergique, n'avait pas pu voir la main de
madame Férou tomber sur les joues de la jeune fille, sans que son
cœur battît à éclater; il s'était contenu néanmoins, pour savoir
quelle serait l'issue d'une scène commencée si brutalement; mais
quand il vit à n'en pouvoir douter que Thérèse lui serait enlevée et
que lui-même sortirait de la maison, alors se laissant aller à sa violence et surtout voulant empêcher la portière d'aller rejoindre sa fille,
que brusquement elle battrait encore, il saisit madame Férou par le
bras, l'éloigna de la porte et l'envoya tomber sur une chaise qui se
trouvait là fort à propos.

— Comment! s'écria-t-il, moi tromper, moi perdre votre fille?

— Monsieur, monsieur!

— Pourquoi avez-vous battu Thérèse? Je vous défends de toucher
jamais à un cheveu de sa tête.

— Jamais! jamais! monsieur, je vous le promets; mais laissez-moi
sortir.

Julien tenait dans sa main le bras de la portière comme dans un
étau, et celle-ci faisait de vains efforts pour le dégager.

— Que je vous laisse sortir? reprit Julien; un moment, madame,
un moment.

— Tout de suite, monsieur, je vous en prie.

— Vous exigez que je sorte d'ici? vous me donnez congé? vous
voulez que je décampe?

— Ah! monsieur, ce n'est pas moi, c'est le propriétaire.

— Vous mentez, madame! le propriétaire ne se mêle ni de moi
ni de Thérèse, ni ne nous connaît pas : c'est vous qui me donnez congé.

Madame Férou mit sur sa poitrine la main qu'elle conservait libre.

— Mon cher monsieur, dit-elle en levant les yeux au ciel, comme
il n'y a qu'un Dieu, sur le salut de mon âme, ce n'est pas moi, c'est
le propriétaire, un homme riche, un monsieur très-respectable, qui
demeure rue de Ménars; vous pouvez aller chez lui, et vous vous
convaincrez de la vérité.

— C'est lui qui me donne congé, dit Julien, mais sur vos instances,
à votre prière!

— Je vous jure que non, monsieur.

Cette assurance apaisa un peu Julien, et la portière put dégager
son bras; elle reprit le ton de l'assurance et continua :

— Mais, là, la main sur la conscience, monsieur Julien, est-ce qu'on
peut garder dans une maison honnête un homme qui a débauché une
jeune fille? Elle était innocente, ma pauvre Thérèse, avant de vous
connaître; c'est vous qui l'avez perdue comme je vous le disais tout

à l'heure. N'est-il pas vrai qu'avant-hier matin on vous a vu à sa fenêtre à cinq heures donner du pain aux petits oiseaux?

— C'est vrai, madame, répondit Julien.

— N'est-elle pas entrée ici hier au soir? et Dieu sait si elle en
est sortie! c'était pour ourler votre cravate, pas vrai, monsieur
Julien?

Le reproche de madame Férou était juste, et Julien ne songeait
pas à dissimuler ses torts; il n'en avait pas même la pensée; aussi la
scène changea-t-elle; et tandis qu'un instant auparavant il menaçait
la portière, il descendit alors à la prière, aux larmes et aux supplications. Il adorait Thérèse, il n'aimait qu'elle, tous deux avaient été
entraînés par un sentiment irrésistible et dont ils ne connaissaient ni
les charmes ni les dangers.

La petite à la mère Férou.

— Bah! bah! répondit la portière, pour Thérèse je ne dis pas, mais
un grand garçon tel que vous devait savoir ce qu'il faisait; d'ailleurs,
puisque vous ne niez pas, vous devez donc trouver tout simple que je
vous éloigne de ma fille.

— Pas du tout, s'écria Julien.

— Comment! pas du tout?

— Écoutez-moi, madame Férou, et au lieu de me regarder comme
un libertin, comme un ennemi de votre repos et de celui de Thérèse,
vous aurez de moi une meilleure opinion. J'ai perdu votre fille,
dites-vous; eh bien! permettez-moi de réparer le mal que j'ai fait:
j'aime Thérèse, j'en suis aimé, je ne dépends de personne, je gagne
assez pour vivre et pour faire vivre Thérèse, donnez-la-moi pour
femme et je l'épouse.

A cette proposition à laquelle elle était loin de s'attendre, la digne
portière resta un moment interdite et ne trouva d'abord rien à répondre; ce qu'il y avait de bons sentiments dans son cœur lutta contre
des penchants pervers, contre des pensées mauvaises; son bon ange
essaya de chasser le démon qui la dominait; un calcul rapide donna
la victoire à Satan:

— C'est là un petit étourdi, se dit-elle, qui n'a réellement pas le
sou, et qui peut perdre demain la place qu'il a aujourd'hui; d'ailleurs
qu'est-ce qu'il m'en reviendra, de ce mariage?

— Non, dit-elle à Julien, on ne m'endort pas avec de belles
promesses; je connais vos ruses, à vous autres jeunes gens: vous allez
d'une fille à l'autre, et quand on vous prend au traquenard, vous
parlez mariage pour gagner du temps.

— Je ne demande pas à gagner du temps, répondit Julien; j'épou-
serai Thérèse demain, aujourd'hui même si c'est possible.

— Non, monsieur, nous ne pouvons pas donner Thérèse au premier venu; c'est notre unique enfant, nous n'avons qu'elle. Vous
n'avez qu'à vous faire renvoyer des Trois Pigeons, et nous voilà sur
les bras la femme et le mari, sans parler des enfants.

Après avoir prononcé ces mots avec toute la majesté qu'elle put y
mettre, madame Férou se leva et gagna la porte, laissant Julien en
proie à l'étonnement douloureux que lui causait un refus auquel il
était loin de s'attendre.

Thérèse avait profité du répit que lui avait donné l'entretien de
sa mère avec Julien pour se glisser hors de la maison et se rendre
chez sa couturière; le jeune homme lui-même fut obligé d'aller à son
magasin, où, l'esprit troublé, le cœur gros, il mérita pour la première
fois les reproches de son patron. Le soir, il courut chez lui, il monta
dans la petite chambre de Thérèse: la chambre était vide; il alla
alors chez la couturière où travaillait la jeune fille, et l'amour lui
donnant de la hardiesse, il demanda résolument si on avait vu Thérèse et à quel moment elle avait quitté l'atelier. Une jeune ouvrière
assez jolie, qui remarqua le trouble de Julien, et qui compatissait aux
maux que sans doute elle avait soufferts, le prit à part et lui dit que,
vers le milieu de la journée, madame Férou s'était présentée à l'atelier, ce qu'elle ne faisait jamais, et avait réclamé sa fille, disant qu'il
ne fallait plus compter sur Thérèse, qui allait quitter le fil et les aiguilles pour jouir d'une position aussi brillante qu'avantageuse. Thérèse ne savait probablement pas de quoi il s'agissait: elle avait suivi
sa mère avec autant d'embarras que d'étonnement.

Julien passa la nuit entière sans fermer l'œil. Tantôt il montait
dans la chambre de Thérèse pour s'assurer de son absence; tantôt il
descendait sans bruit jusqu'à la loge du portier pour épier les paroles
de M. et madame Férou; car la loge était si petite qu'il pensait avec
raison qu'il était impossible d'y cacher Thérèse. Dans une de ces sta-
tions, il entendit en effet quelques mots échappés au digne couple:

— Madame Férou?...

— Hein? que veux-tu, Férou?

— Madame Férou, fais-moi passer ma tabatière, qui est sur la table
de nuit.

Madame Férou obéit; et les mouvements qu'elle fut obligée de faire
pour exécuter l'ordre de son mari la réveillant tout à fait, elle en
revint alors à l'affaire qui l'avait occupée toute la journée et dont elle
s'était encore entretenue au moment de s'endormir.

— Férou? dit-elle.

— Qu'est-ce que c'est? Laisse-moi dormir.

— Un mot.

— Parle donc.

— La petite doit être loin à l'heure qu'il est.

Le père et la mère Férou, portiers rue Tiquetonne.

— Loin? Ils sont arrivés depuis longtemps.

— Écoute, Férou.

— Demain, demain, madame Férou, laisse-moi dormir.

— Le jeune homme est bien camus dans sa chambre, au milieu de
ses roses!

— C'est bon, c'est bon, répondit Férou; mais je ne vois pas pourquoi, maintenant que la petite n'est plus ici, on lui donne congé.

— C'est plus convenable, monsieur Férou, dit la portière d'un ton
doctoral.

Et le couple se rendormit. Ces révélations incomplètes n'appre-
naient qu'une chose à Julien, c'est que Thérèse n'était plus à Paris
et qu'elle lui était ravie sans retour à moins qu'il ne parvînt à dé-

couvrir sa retraite. Une chose l'avait frappé, c'était la portière lui jurant que ce n'était pas elle qui lui donnait congé, mais le propriétaire, M. de Sourdis. Qu'est-ce que c'était que ce propriétaire, qui le chassait ainsi de sa maison? Était-ce un jeune homme? serait-il par hasard amoureux de Thérèse? Était-ce un rival? Les gens passionnés ont des intuitions secrètes, des lueurs passagères mais vives, et quelquefois certaines, qui leur indiquent le point précis et fatal où leur bonheur vient de faire naufrage. Julien alla dans la rue de Ménars demander de porte en porte M. de Sourdis; il finit par trouver la maison qu'habitait son propriétaire.

— M. de Sourdis? demanda-t-il à la concierge.

— M. de Sourdis, c'est ici.

— Il est chez lui?

— Du tout, il est parti hier pour la campagne.

M. de Sourdis.

— Ah! il est parti? il n'habite pas Paris?

— Il est parti hier, monsieur, à trois heures. Ah! les riches, ajouta la portière, dans l'hiver ça se chauffe auprès d'un bon feu; dans l'été, ça va dans ses terres.

— M. de Sourdis a une terre?

— Il en a deux, monsieur, et on ne saurait dire laquelle est la plus belle : si c'est la terre de Bourgogne ou la terre de Brie; mais par-dessus Meaux, les Saussayes, monsieur; on l'appelle les Saussayes, cette terre.

— M. de Sourdis est-il allé en Brie ou en Bourgogne?

— Il est allé en Brie, monsieur, aux Saussayes.

Julien courut chez Touchard, faubourg Saint-Denis; il prit place dans la voiture de Meaux, et il partit pour les Saussayes. Qu'allait-il faire chez M. de Sourdis? sous quel prétexte entrer chez ce personnage inconnu? comment l'aborder? que lui dire? Le jeune amant de mademoiselle Thérèse n'en savait à peu près rien. Tout en roulant néanmoins vers le département de Seine-et-Marne, il fit dans sa tête un petit plan de campagne : il entrerait aux Saussayes, non pas par la grande avenue, mais par le côté qui correspondait aux derrières du château (M. de Sourdis devait habiter au château); il rencontrerait un domestique jeune et facile à émouvoir, parce qu'il serait amoureux de quelque paysanne des environs; il lui donnerait d'abord deux ou trois écus, puis lui sauterait au cou et lui dirait :

— J'aime Thérèse, elle m'adore, votre infâme maître me l'a enlevée, et il la cache dans ce château. Ayez pitié de Thérèse et de moi, laissez-nous nous voir un instant, laissez-moi enlever cette pauvre enfant au monstre qui la retient prisonnière et qui n'a aucun droit sur elle, tandis que moi, je suis son amant et je n'aspire qu'à être son époux.

Il ne doutait pas qu'après un pareil discours, le domestique attendri ne lui ouvrit toutes les portes du château et ne lui permit de ramener Thérèse à Paris. Une fois à Meaux, on lui indiqua le chemin des Saussayes, terre parfaitement connue dans la Brie et qui n'était éloignée de la ville que d'une lieue environ. Julien se mit en route à pied, et il arriva comme le soleil allait se coucher.

L'automne commençait : on était aux premiers jours de septembre, l'air était doux et encore chaud; on voyait partout la trace des récentes récoltes; les feuilles encore fermes sur leurs tiges commençaient à devenir çà et là rouges, jaunes, azurées, et à donner aux arbres des couleurs changeantes et fantastiques; c'est l'époque où l'humidité, se retirant des feuilles, les fait résonner lorsqu'elles frappent l'une contre l'autre, de manière que les parcs, les avenues semblent alors peuplées de ces arbres qui chantent, et dont la conquête est si difficile dans les *Mille et une Nuits*. Julien s'aventura dans un parc qui entourait la demeure de M. de Sourdis, et il finit par se trouver vis-à-vis, non pas d'un château, mais d'une jolie maison aux contrevents verts et entourée d'acacias; devant la porte d'entrée s'étendait une allée bordée d'arbustes odorants qui conduisait à un pavillon. Julien ne vit pas de jeune domestique, mais une vieille servante occupée à arroser des vases de fleurs. Un peu indécis, il s'avança néanmoins vers cette femme et lui demanda à demi-voix si une jeune personne très-jolie n'était pas arrivée la veille au soir ou dans la nuit.

— M. de Sourdis? dit la vieille femme; oui, c'est ici la maison de M. de Sourdis.

Julien répéta sa question d'une voix un peu plus élevée.

— Je vous dis que M. de Sourdis est ici, répéta la vieille femme; que lui voulez-vous?

Cette femme était sourde.

Julien, désespéré et un peu embarrassé de lui-même, leva les yeux et vit s'avancer, dans l'allée qui menait au pavillon, un homme vêtu de noir, d'une taille moyenne, maigre, à la tête protégée par une perruque blonde : c'était M. de Sourdis. Quoiqu'aux yeux de Julien le riche propriétaire parût un vieillard, c'était un homme qui comptait à peine quarante-cinq ans, et dont les mouvements avaient encore toute l'élasticité et toute la promptitude qui sont l'apanage de la jeunesse; il s'avançait d'un pas rapide vers ce visiteur qu'assurément il n'attendait pas, et dont la venue le dérangeait sans doute.

— Monsieur, dit-il en arrivant auprès de Julien le visage pâle et les yeux animés, monsieur, qui êtes-vous? que désirez-vous?

La vue de ces ruines brisait son cœur.

Ce n'était pas le compte de Julien de se trouver ainsi face à face avec M. de Sourdis, qu'il regardait bien comme le ravisseur de Thérèse, sans pouvoir toutefois asseoir sa croyance sur aucun motif raisonnable ni même sur aucun indice. Quand il vit un homme maigre, pâle, qui paraissait valétudinaire et d'un physique respectable et sévère, il eut honte de ses soupçons, et comprenant que cet homme était M. de Sourdis, il demeura un moment sans répondre et sans savoir comment il excuserait une visite faite à quinze lieues de Paris et à un homme qu'il ne connaissait pas.

— Qui êtes-vous, monsieur? demanda encore M. de Sourdis, qui fit signe au jeune homme de le suivre et entra avec lui dans la maison.

— Qui êtes-vous? répéta-t-il quand tous deux furent dans un salon somptueusement meublé, Julien debout et M. de Sourdis étendu dans un grand fauteuil et reprenant haleine :

— Votre locataire, monsieur, dit enfin le jeune homme ; je me nomme Julien Landry ; j'occupe une chambre au quatrième dans votre maison de la rue Tiquetonne.

— Ah ! la chambre des roses ! s'écria M. de Sourdis, dont les petits yeux gris et vifs s'allumèrent.

— Si vous voulez parler, monsieur, de la tapisserie de cette chambre, reprit Julien, je vous ferai observer qu'elle a été posée à mes frais, que j'ai fait quelques dépenses pour l'appropriement des lieux, et qu'il n'est pas juste de me donner congé sans raison...

— Sans raison ! dit M. de Sourdis d'un ton sec ; j'ai reçu une plainte, monsieur.

Cependant l'œil ardent de M. de Sourdis s'était arrêté sur Julien avec une fixité plus que désobligeante : le jeune homme était l'objet d'un examen complet et haineux : l'homme mûr comparait intérieurement ses disgrâces physiques avec les charmes naturels de l'Antinoüs qui posait devant lui, et le résultat de la comparaison était fâcheux pour l'amour-propre de l'examinateur. Julien en effet, comme l'avait remarqué madame Férou, avait le teint blanc et les cheveux châtains, et il faut ajouter à cela des traits délicats et bien formés, un regard doux et ferme en même temps, une taille élancée, et dans les habitudes du corps tous les avantages que donne la grâce unie à la force ; c'était un beau garçon, qui devait faire sur le cœur d'une jeune fille une impression ineffaçable, et M. de Sourdis en savait quelque chose.

— Vous avez reçu une plainte, monsieur ? dit Julien ; c'est possible, mais on ne vous a pas tout dit.

— Au contraire, monsieur, je sais tout : je sais que ma maison a été le théâtre d'une séduction et peut-être de scènes de violence que vous payeriez cher si on voulait recourir aux lois.

— Savez-vous où est Thérèse ? demanda brusquement Julien.

— Moi ? Thérèse ? s'écria M. de Sourdis en bondissant dans son fauteuil ; quel rapport y a-t-il entre cette petite fille et moi ?... Qui vous a dit que je connaissais Thérèse ?

— Personne. Je vous demande si vous la connaissez ?

— Non, monsieur, répondit d'un ton froid M. de Sourdis.

— Alors, comment pouvez-vous parler de violences ? Vous êtes mal instruit si vous ne l'êtes que par votre portière. La vérité, vous que Thérèse et moi nous nous aimons, que la séduction a été mutuelle entre nous, et que nous ignorons l'un et l'autre ce que c'est que la violence. Ainsi donc, si madame Férou a des reproches à me faire, vous n'en avez point.

— Monsieur, vous n'auriez pas su ma façon de penser si vous n'étiez pas venu me relancer jusqu'ici. Quant au congé, ajouta M. de Sourdis, vous devez trouver naturel que j'aie quelque soin de mon portier et de sa famille, et que je préfère les intérêts des Férou à ceux d'un étranger. Je ne peux pas mettre leur fille hors de la maison.

— Ils l'en ont fait sortir eux-mêmes, s'écria naïvement Julien.

— Comment cela ? dit M. de Sourdis avec l'air de la plus grande surprise.

— Thérèse n'est plus à Paris.

— Allons donc ! Cette jeune fille n'est plus chez son père ? Et où est-elle donc ?

— Je... je... croyais, monsieur, balbutia Julien, qui n'osa pas dire ce qu'il croyait.

— Vous pensiez qu'elle continuerait à loger rue Tiquetonne ? s'empressa d'ajouter M. de Sourdis ; et moi aussi ; et puisqu'il en est autrement, je ne vois pas pourquoi on vous donnerait congé, pourquoi Férou me priverait d'un locataire solvable et à qui, comme vous venez de me le faire remarquer, je n'ai, moi personnellement, aucun reproche à adresser. Si donc, monsieur, continua M. de Sourdis, ce que vous me dites est vrai, et je n'en doute pas, vous pouvez continuer à habiter ma maison.

Julien était venu aux Saussayes un peu à l'étourdie, et parce qu'il avait cru trouver son rival dans M. de Sourdis ; mais la vue seule de son propriétaire détruisit ce soupçon. Il avait devant lui un homme âgé, faible, qui paraissait d'une mauvaise santé, qui d'ailleurs ignorait même que Thérèse eût quitté Paris. Croire que M. de Sourdis avait agi seulement dans l'intérêt des bonnes mœurs et de la morale, c'était absurde. qu'importait à un homme pareil qu'une petite fille qu'il ne connaissait pas eût un amant ou non ? Il devait en effet préférer les intérêts de madame Férou à ceux d'un savetier inconnu et faire cesser autant qu'il était en lui une immoralité flagrante ; mais son devoir s'arrêtait là. Alors le voyage de Julien était non-seulement inutile, mais encore ridicule. Il ne restait donc au jeune homme qu'à prendre congé de son hôte d'un moment et à retourner à Paris. Quelques larmes involontaires vinrent mouiller ses paupières, sa bouche se contracta ; il frappa le parquet du pied.

— Mais que leur faut-il donc à vos maudits portiers ? dit-il avec violence ; je veux épouser leur fille : que leur faut-il de plus ? pourquoi me refusent-ils ? Ne suis-je pas assez bon pour être le gendre d'un savetier et d'une ravaudeuse de bas ? Ce ne sont pas des princes que vos portiers, monsieur ;

— Les yeux de M. de Sourdis pétillèrent ; son front se plissa un moment ; il dissimula néanmoins bientôt cette émotion passagère, et ne laissa plus lire sur son visage que l'indifférence dédaigneuse d'un homme du monde.

— Mes portiers des princes ? dit-il ; oh ! non, je vous en réponds. Mais, monsieur, permettez...

Et il se rapprocha d'un cordon de sonnette.

— Un mot encore, monsieur, dit Julien en arrêtant le bras de M. de Sourdis.

— Voyons, monsieur, répondit M. de Sourdis, qui n'en saisit pas moins le cordon de la sonnette.

— Vous avez beaucoup d'influence sur vos portiers, monsieur ; ils dépendent absolument de vous...

— Moi de l'influence ! pourquoi cela ? Que voulez-vous de plus ? Je vous dis, monsieur, que vous ne sortirez pas de ma maison, s'il vous convient d'y demeurer... J'écrirai à Férou.

— Ah ! monsieur, vous pouvez me rendre un bien plus grand service encore !

— Voyons, monsieur ? dit M. de Sourdis d'un air ennuyé.

Dans ce moment parut le laquais appelé par le coup de sonnette du maître : un vieux Frontin à l'air matois, vêtu d'une veste de toile et d'une culotte de panne, en petite tenue, et le chef couvert d'une perruque à peu près semblable à celle de M. de Sourdis lui-même. Il se tint immobile à la porte du salon.

— C'est bien ! dit son maître en l'apercevant.

— Un très-grand service, répéta Julien, un service qui m'attachera à vous par une reconnaissance éternelle.

— Expliquez-vous donc, monsieur.

— Vous allez écrire à votre portier ?

— Je vous l'ai promis.

— Eh bien ! puisque vous êtes le maître de cet homme et de sa femme, puisque l'un et l'autre dépendent de vous, engagez-les à me donner leur fille. Je l'aime, monsieur, elle m'aime aussi ; et quoique je ne sois pas riche, elle est dans une position si humble, qu'elle fait encore en m'épousant un mariage avantageux. Si nous avons eu des torts, ce mariage les répare ; si, comme on le dit, j'ai perdu Thérèse, j'offre la seule réparation possible, la seule convenable. Mon sort dépend de vous, monsieur ; dites un mot, et je vous dois le bonheur de ma vie.

Julien en parlant ainsi joignait les mains ; il laissait couler les larmes qu'il avait retenues jusque-là ; une passion vive et vraie se peignait sur son visage ; il aurait attendri des rochers. M. de Sourdis leva les épaules.

— Que diable me demandez-vous là ? dit-il. Est-ce que je peux imposer un gendre aux Férou, sous le prétexte qu'ils sont mes portiers ? Est-ce que je peux entrer dans les arrangements de famille de ces gens-là ? leur recommander un jeune homme que je ne connais pas, me mêler d'établir une fille que je n'ai pas vue trois fois dans ma vie ?... Vous ne savez pas ce que c'est qu'un portier, monsieur : c'est l'être le plus indépendant de la création. Il suffirait d'un mot de moi pour vous perdre tout à fait dans l'esprit des Férou ; croyez-moi, mon intervention serait dangereuse.

Julien arrêta sur M. de Sourdis ses regards découragés.

— Adieu donc, monsieur, dit-il, puisque vous ne pouvez rien pour moi, puisque vous ne pouvez ni me rendre le trésor que j'ai perdu ni m'indiquer le lieu où je dois le retrouver.

— Vous devez comprendre, monsieur, que cela m'est impossible, répondit M. de Sourdis avec une voix où se mêlait à la fatigue qu'il éprouvait une commisération involontaire. Dubois, ajouta-t-il en s'adressant à son domestique, témoin muet de cette scène, remettez monsieur dans son chemin.

— Oui, monsieur.

— Faites passer monsieur par la petite porte verte ; vous ferez le tour du parc.

Julien s'éloigna triste et humilié, mais emportant la certitude que si M. de Sourdis refusait de lui être utile, du moins il était étranger à son malheur. La petite porte verte était celle par laquelle il était entré, et il devait trouver au moins singulier que M. de Sourdis lui indiquât un chemin qui l'éloignait de sa route ainsi que du pavillon dont nous avons parlé. Mais Julien ne fit pas cette réflexion, et il suivit son guide sans dire un mot et sans même tourner la tête. La nuit était venue ; le silence du parc n'était troublé par aucun cri, par aucun chant. Tout d'un coup, au milieu de ce calme du soir qui permet à l'oreille de percevoir le moindre son, Julien s'arrêta presque involontairement.

— Qu'avez-vous, monsieur ? lui dit le domestique en se retournant avec brusquerie.

— Écoutez ! répondit Julien.

— Quoi ?

— Écoutez donc !

Ils étaient à deux pas de la porte. Le domestique le prit par la main.

— Pardon ! dit-il, mais monsieur m'attend, il faut que je serve à table.

— C'est que... reprit Julien, j'ai entendu... on m'a appelé.

— Monsieur se nomme?

— Julien.

— Julien? comme le fils de la fermière.

— Je vous assure que j'ai entendu appeler Julien.

— C'est possible : la fermière qui appelle son fils.

Ils franchirent la porte verte, qui se referma sur Julien, et Dubois lui fit faire le tour du parc, le mit sur le chemin de Meaux, où il l'assura qu'il arriverait en moins d'une heure, en marchant toujours tout droit, et le quitta après l'avoir salué respectueusement.

— Je suis fou, pensa Julien, d'avoir pu croire un moment que ce vieil égoïste avait pu m'enlever Thérèse; si je n'avais que ce rival à craindre, elle serait encore à moi, et madame Férou me prierait à deux genoux d'épouser sa fille.

La perruque de M. de Sourdis, ses joues pâles, son vieux domestique et sa vieille servante sourde avaient fait évanouir tous les soupçons du jeune homme. Il revint en toute hâte à Paris, et courut rue Tiquetonne, où je ne sais quel espoir décevant lui faisait croire que Thérèse serait revenue. Il passa rapidement devant le portier, et grimpa au quatrième étage; il escalada ensuite le petit escalier. Son cœur bat de joie, la clef de Thérèse tient à sa porte : il ouvre, la chambre était vide. Alors il redescend chez lui, il s'enferme, et à l'aspect de ces lieux témoins de son bonheur, au souvenir de ces trois mois d'amour qu'aucun nuage n'a jamais obscurcis, qui n'ont été ternis par aucune satiété ni par aucun soupçon jaloux, son cœur se gonfle, sa poitrine oppressée se soulève avec effort, il crie, il se débat, les sanglots le suffoquent; il cède à la douleur qui le déchire, et il tombe sans force sur son lit, qu'il arrose de ses larmes.

On raconte qu'un roi d'Orient, parvenu à une extrême vieillesse, récapitula ses jours de bonheur : il avait gagné des batailles, les plus belles sultanes l'avaient adoré; chéri de son peuple, craint de ses ennemis, il passait pour le fils bien-aimé du prophète, et cependant, en additionnant ses jours heureux, il n'arriva qu'à un total de quarante. Julien avait été mieux partagé qu'un roi : il pouvait compter trois mois de bonheur... Hélas! les trois mois étaient écoulés, et le temps écoulé est un songe.

Le lendemain, madame Férou monta chez Julien.

— Vous pouvez continuer à demeurer ici, dit-elle en entre-bâillant la porte; le congé est révoqué.

Et elle disparut.

M. de Sourdis avait tenu sa parole; mais à l'air de moquerie goguenarde dont madame Férou le regardait quand il passait devant sa loge, au geste dédaigneux de M. Férou battant son cuir, Julien comprit parfaitement que les portiers ne craignaient pas que Thérèse retombât jamais en son pouvoir.

Pour comble de malheur, lorsqu'il retourna dans son magasin après son voyage à Meaux, le propriétaire des *Trois Pigeons* le toisa d'un œil sévère et lui demanda ce qu'il était devenu pendant les trois jours qu'il avait passés loin du magasin. Julien raconta son amour, son bonheur passé et son désespoir présent, et il crut trouver dans le marchand de nouveautés un homme qui compatirait à ses chagrins. Celui-ci, au contraire, fronça le sourcil, dit qu'il avait remarqué qu'un effet, depuis quelques mois, M. Julien ne remplissait ses devoirs qu'avec négligence et avec inexactitude; et il finit en lui déclarant qu'il avait jugé à propos de lui donner un successeur, lequel ne quitterait pas les *Trois Pigeons* pour courir à Meaux après des infames.

Le jeune homme fut très-peu affecté de cet accident, il lui était plus facile de trouver un autre magasin qu'une autre Thérèse; et d'ailleurs, c'était Thérèse elle-même qu'il voulait. Il errait d'un lieu à un autre, il s'embusquait quelquefois dans la rue, et guettait les sorties de madame Férou, qu'il suivait dans ses courses, espérant toujours que la mère voudrait voir sa fille, et qu'il découvrirait ainsi la retraite de Thérèse. Madame Férou allait au marché, rendait visite à quelques portières du voisinage, et ne s'occupait pas de sa fille. Férou le père ne quittait sa loge et ses vieux souliers que pour aller chez le marchand de vin du coin.

Un matin, Julien trouva la loge fermée; les portiers avaient disparu. Cette maison si bien gardée d'ordinaire fut abandonnée à elle-même, les locataires purent rentrer à toute heure de la nuit, et même déménager sans que personne s'en inquiétât. Quelques jours après un nouveau portier s'installa dans la loge : c'était un Auvergnat que l'homme d'affaires de M. de Sourdis avait placé; le nouveau cerbère avait trouvé le poste vacant, et ne connaissait son prédécesseur que par les plaintes que sa fuite avait soulevées. Julien perdit tout espoir; le découragement s'empara de lui; la misère approchait; il sentait que dans cette rue Tiquetonne, dans ce quartier Montmartre, la vie l'abandonnait peu à peu. Sa petite chambre, si coquette et si propre, pesait sur ses épaules comme si les murailles eussent dû tomber sur lui : il n'y trouvait plus ni la paix ni le sommeil. Il partait le matin et marchait devant lui sans s'arrêter, poursuivant dans les rues désœuvrées, sur les boulevards, partout son Eurydice évanouie. Un jour, il fut accosté dans les Champs-Élysées par un jeune caporal de la ligne, la démarche altière, le fusil sur l'épaule, et portant sur le front l'audace altière d'un héros qui va conquérir le monde.

— Julien! lui dit le caporal en l'arrêtant.

Julien reconnut un de ses camarades des *Trois Pigeons*, un nommé Alexandre Boivin, qui avait quitté la nouveauté pour la caserne.

— Alexandre! s'écria-t-il, tu es soldat?

— Caporal, mon garçon, et demain sur la route de Lyon; de Lyon à Marseille, de Marseille à Alger, et gare aux Bédouins!

Ah! quel plaisir d'être soldat!

Je reviendrai colonel, Julien, une tireuse de cartes me l'a prédit... Je paye un petit verre.

— Et tu pars demain, Alexandre?

— Oui, demain, à quatre heures du matin.

— Où es ton colonel?

— À la caserne; il passe une petite inspection de départ.

— Où est la caserne?

— À Courbevoie.

— Mène-moi chez ton colonel.

— Pourquoi faire?

— Je veux m'engager.

— Oh! oh!

— Je veux partir avec toi. Paris me pèse sur les épaules, Paris me tue; j'y meurs de chagrin, de misère et d'amour.

— Voilà trois choses dont une seule suffit pour tuer un homme, dit philosophiquement le caporal; j'aime mieux les Bédouins.

— Tu vas en Afrique pour devenir colonel, reprit Julien; moi j'y vais pour être tué par les Bédouins.

— Chacun son goût, mon garçon.

Et ils s'acheminèrent vers Courbevoie.

Un beau garçon vigoureux, bien fait, bien planté, qui sait lire, écrire et calculer, est toujours le bienvenu dans un régiment. Julien avait à peine formulé sa demande, qu'il lui fut loisible de signer son engagement. On lui donna un uniforme, un sabre, un fusil, un sac, un bidon; on l'incorpora dans l'escouade de son ami Alexandre Boivin, et on lui dit ensuite que le régiment ne quitterait Paris que le lendemain; mais que, pour lui, il fallait qu'il se mît en marche sur-le-champ, attendu qu'il faisait partie de l'avant-garde.

— À la bonne heure! dit Julien.

Avant de partir cependant, le nouveau soldat écrivit à M. de Sourdis; il lui disait que, ne pouvant retrouver Thérèse ni vivre sans elle, il allait se faire tuer à Alger; il le priait donc de faire vendre ses meubles, de garder le montant de son loyer, et de distribuer le reste aux pauvres. Ce devoir accompli, il suivit son camarade Alexandre, qui chantait à tue-tête :

Ah! quel plaisir d'être soldat!

La guerre d'Afrique ne ressemble à aucune autre : on se bat en ligne, on se bat corps à corps. Derrière chaque arbre, dans chaque buisson on trouve un Arabe; dès que vous apercevez un filet d'eau vous pouvez être sûr que dans la grotte voisine, il y a un Arabe qui ne vous permettra pas de boire tranquillement. Si, par un miracle impossible, un vétéran de Scipion ou de César revenait au monde et qu'il lui prît fantaisie d'aller se battre en Afrique avec nos soldats, il trouverait les choses absolument telles qu'elles étaient du temps de Syphax et de Massinissa. Julien avait sous la main tous les moyens de se faire tuer. Il ne s'épargna pas : à la première affaire il était auprès de son camarade Alexandre, qui trouvait tant de plaisir à être soldat et qui voulait être colonel. Alexandre aurait peut-être gagné ce grade par sa bravoure : malheureusement il voulut tuer un Bédouin, qui ne lui en laissa pas le temps, et qui l'étendit roide sur le champ de bataille.

— Allons, dit Alexandre en serrant pour la dernière fois la main de son ami, c'est toi qui seras colonel à ma place.

Julien tua le Bédouin, et il fut fait caporal.

La nuit on bivouaquait, c'est-à-dire qu'on dormait autour d'un grand feu, enveloppé dans un manteau. Julien rêvait qu'il était dans sa petite chambre de la rue Tiquetonne, et qu'il entendait Thérèse frapper un petit coup au plafond pour l'avertir qu'elle était là et qu'elle songeait à lui : il se réveillait alors afin d'aller rejoindre la jeune fille. Hélas! au lieu des roses de son alcôve, il voyait toutes les étoiles du firmament; au lieu de Thérèse donnant le signal désiré, il voyait un soldat de corvée fendant du bois pour faire la soupe de son escouade.

Julien ne voulait pas devenir colonel, et il en prenait le chemin malgré lui; il voulait mourir, et ni les balles d'un Bédouin ni la lance d'un Kabyle ne pouvaient parvenir à l'entamer; il était cependant toujours au premier rang, toujours prêt à se charger des expéditions dangereuses ou difficiles : on eût dit qu'il était invulnérable comme Roland ou Ferragus. Un soldat doué d'un pareil privilège est nécessairement remarqué. Julien fut nommé sergent : quelque temps après, son colonel le décora sur le champ de bataille : on le nomma bientôt sous-lieutenant; alors l'ardeur militaire qui avait tourmenté sa jeunesse reparut, et il pensa sérieusement à profiter de sa position et à jouir des avantages que son courage lui avait valus, et revint à Alger après une campagne de deux ans.

Quoique aujourd'hui cette ville compte beaucoup de Français parmi ses habitants, la population indigène y est toujours la plus nombreuse. Mœurs, habitudes, demeures, tout y est oriental. Le prophète a défendu aux vrais croyants d'orner leurs habitations de
sculptures et de colonnes; les maisons à Alger ressemblent à des
prisons; une petite porte basse et étroite, çà et là quelques soupiraux
grillés, voilà la façade; le luxe est intérieur. Julien traversait un
jour une rue étroite, lorsque d'un des soupiraux grillés dont nous venons de parler partit un bouquet qui tomba à ses pieds. Julien le
ramassa et l'examina; il parlait un peu l'arabe, il connaissait le langage des fleurs, et il comprenait ce que signifiait ce bouquet. Il
entra donc dans la maison d'où les fleurs étaient parties; une vieille
négresse le prit par la main, et de détours en détours, de corridors
obscurs en passages noirs, elle le conduisit dans un beau salon oriental éclairé par une lumière douce, meublé d'un divan circulaire; au
milieu était un bassin orné d'un jet d'eau; de petits poissons rouges
dorés nageaient dans le bassin. Sur une pile de coussins, occupée à
regarder les poissons et à fumer son narguilé, se trouvait une jeune
fille, brune aux cheveux noirs, vêtue à la moresque, et qui avait
rejeté loin d'elle son voile. C'était cette ravissante houri qui avait
lancé le bouquet par le soupirail.

— Approche, beau Français, lui dit-elle, je me nomme Zuléma;
mon père était un agha de la tribu de Béni-Khélil, les Giaours l'ont
tué il y a deux ans; il m'a laissée seule et héritière de ses richesses;
approche, que ta beauté m'a séduite, tu as la démarche imposante du
lion et l'éclat de la lune.

Les filles d'Orient, pays qui n'est point civilisé comme le nôtre,
ont l'habitude de dire ce qu'elles pensent, sauf à s'en repentir plus
tard. Julien, qui connaissait les mœurs du pays, s'avança avec la démarche du lion, et dit poliment à la jeune Zuléma qu'il la remer-
ciait de ses compliments, et qu'il lui trouvait à elle l'œil doux de la
gazelle, la taille élancée du palmier et l'éclat du soleil. Zuléma fit
apporter des sorbets, donna à Julien son narguilé, et lui dit qu'elle
l'aimait comme une tourterelle du Zab aime une tourterelle de Tlem-
sen. Rien n'est plus flatteur à Alger qu'une pareille déclaration.
Cette vivacité africaine fit néanmoins baisser les yeux à Julien, dont
les regards se porteraient ainsi sur le bassin et sur les poissons rouges.

— Tu aimes les poissons rouges? dit Zuléma.

Elle prit dans un vase d'argent une pincée de farine de couscoussou et la jeta dans le bassin. Les poissons se rassemblèrent pour dé-
vorer cette proie, à laquelle ils étaient accoutumés; et Zuléma saisissant un filet semblable à ceux dont nous nous servons pour la chasse
aux papillons, s'apprêta à le plonger dans le bassin.

— Comment les aimes-tu? dit-elle: sur le gril et arrosés d'une
sauce à l'ail et au piment, ou dans la poêle avec des tomates et des
pistaches?

Julien arrêta le bras de Zuléma. Hélas! il n'était point à Alger, il
n'était point auprès d'une fille des Béni-Khélil; ces grains blancs de
couscoussou, faisant accourir les petits poissons, lui avaient rappelé
le pain émietté par Thérèse et lui pour les pierrots de la rue Tiquetonne; son cœur se troubla, l'image de Thérèse vint se placer entre
lui et l'Algérienne.

— Arrêtez, belle Zuléma, dit-il, arrêtez, je ne veux point manger
vos poissons rouges, ni sur le gril ni dans la poêle.

Chaque pays a ses usages, la manière de faire l'amour change avec
la latitude: refuser à Alger un bijou ou un mets offert par une femme
qui vous aime, c'est repousser son amour, c'est rompre avec elle, c'est
même l'insulter.

— Tu ne veux point manger mes poissons rouges? s'écria Zuléma.

— Non, Zuléma, que votre œil de gazelle ne devienne pas pour
moi semblable à l'œil de la vipère. Si vous saviez...

Zuléma, irritée, ne voulait plus rien savoir; elle jeta son filet à
la tête de Julien, bondit sur son coussin comme la femelle du tigre
surprise par des chasseurs, frappa dans ses mains, et, soulevant une
portière de satin broché, elle disparut. Quatre eunuques parurent le
sabre à la main. Julien n'avait pas peur des eunuques; il en prit un
pour rosser les autres, et, s'orientant comme il le put, il traversa les
couloirs obscurs qu'il avait déjà traversés, gagna la porte et se trouva
dans la rue.

— La singulière fille, se dit-il, qui se fâche parce que je n'aime
pas les poissons rouges!

Il était, tout en faisant cette réflexion, dans une petite rue habitée
par les Français, et où l'administration de la guerre a placé quelques-
uns de ses magasins; il voit sur le seuil d'une porte un homme en
uniforme bleu, un mauvais schako sur la tête et le sabre sur l'épaule;
cet homme montait la garde devant un magasin de fourrages. Julien
s'approche, il regarde: une encolure épaisse, une figure avinée,
des jambes cagneuses; c'est bien lui, c'est Férou, le portier de la
rue Tiquetonne. Julien ne fait qu'un bond, il s'élance, il prend
Férou au collet.

— Qu'as-tu fait de Thérèse, malheureux? où est Thérèse?

Férou se dégage comme il peut, et regarde Julien d'un œil épouvanté.

— Mon lieutenant, disait-il, mon lieutenant! ouf! vous m'étouffez!

— Où est Thérèse? Thérèse est-elle à Alger?

— Non, mon lieutenant.

— Est-elle à Paris?

— Non, mon lieutenant.

— Où est-elle donc? parle, malheureux!

— Elle est aux eaux de Spa pour sa santé.

— Libre et m'aimant toujours?

— Non, mon lieutenant.

— Comment! Thérèse te m'aime plus? s'écria Julien avec désespoir.

— Je ne dis pas cela, mon lieutenant, je dis seulement que Thérèse est mariée.

— Mariée! mariée! Thérèse à un autre?

— Oui, mon lieutenant.

— Et elle est avec son mari aux eaux de Spa?

— Oui, mon lieutenant.

Julien envoya Férou rouler à dix pas, et il poursuivit son chemin
sans avoir la force de faire de nouvelles questions à son ancien portier: il l'eût tué s'il avait connu la vérité.

Cette vérité la voici:

M. de Sourdis, en allant chez sa portière de la rue Tiquetonne
pour s'assurer des payements de ses loyers, et pour voir avec l'œil
du maître si son homme d'affaires remplissait ses fonctions avec
conscience, avait fini par rencontrer Thérèse, et il avait été ébloui
de sa beauté: un jeune homme s'enflamme subitement; quand on
est parvenu à la moitié de sa carrière, l'amour pénètre plus difficilement dans le cœur, il ne s'y insinue que peu à peu. M. de Sourdis
avait trouvé Thérèse charmante, et il ne s'en occupait plus, lorsqu'il
apprit qu'un petit commis avait séduit la jeune fille. Thérèse pouvait
donc être séduite, et il ne s'en occupait plus. Un jeune homme
qui n'avait rien! tandis que lui, M. de Sourdis, il avait 50,000 fr.
de rente, deux terres, trois maisons à Paris; il pouvait faire la fortune du père, de la mère, et donner à la fille des diamants et des
cachemires. Sa passion se réveille; la jalousie ralluma un amour qui
allait s'éteindre. Il apprit ensuite que madame Férou, peu soucieuse
de sa fille, ne s'irritait pas de l'amour de Julien. Il n'avait donc qu'à
parler. Il fit venir chez lui madame Férou, et passant sur les préli-
minaires ordinaires:

— Vous avez une très-jolie fille, madame Férou; malheureusement elle a de mauvaises connaissances, un jeune homme entre autres qui la perd.

— Comment! monsieur sait...

— Qu'il ne faut pas en principe, qu'une femme soit la maîtresse
de personne, mais que si le fait a lieu, il faut au moins l'entourer de
quelque mystère. Les jeunes gens sont indiscrets, ils disent leurs
petites affaires à tout le monde. D'ailleurs, que vous reviendra-t-il à
vous et à Thérèse des folies qui se passent au quatrième étage de ma
maison? Thérèse sera compromise, et voilà tout.

— C'est vrai, monsieur.

— Je crois donc qu'il convient de rompre cette liaison.

— Oui, monsieur. Comment?

— Donnez-moi Thérèse.

— A vous, monsieur?

M. de Sourdis fit parfaitement comprendre à sa portière que mademoiselle Thérèse serait très-bien logée à la terre des Saussayes,
qu'elle y vivrait agréablement dans un parc délicieux, que sa mère
pourrait sans inconvénient venir l'y voir de temps en temps, et que
tout s'arrangerait sans doute de façon qu'au bout d'un an ou de
deux, la jeune personne, pourvue d'une dot raisonnable, deviendrait
la femme d'un riche tailleur ou d'un épicier en train de faire fortune.
M. de Sourdis, quoique avare, glissa quelques napoléons dans la
main de madame Férou et l'affaire fut conclue, Thérèse soufflettée,
Julien chassé et ses propositions rejetées. Le jour même, la jeune
fille fut amenée chez M. de Sourdis, qui la conduisit aux Saussayes
et la logea, pour éviter tout scandale et toute surprise, dans le petit
pavillon dont le séducteur quadragénaire avait prudemment éloigné
Julien. Cependant Thérèse n'avait plus l'ignorance native qui trois
mois auparavant la livra sans défense à l'amour de son séduisant
voisin; au désespoir qu'elle ne manqua pas d'éprouver en se séparant
de Julien se joignit d'abord la peur que lui inspirait M. de Sourdis,
et quand elle comprit le dessein de l'homme à qui on la livrait, à la
peur succéda l'aversion. C'était une jeune femme d'un caractère résolu; elle répondit à toutes les cajoleries, par le dédain, à toutes les
promesses par le refus le plus absolu, et à des tentatives de violence
elle opposa ses cris et les menaces de se servir de ses ongles: les ongles d'une femme sont toujours redoutables. M. de Sourdis, humilié,
vaincu, fut vingt fois sur le point de renvoyer cette péronnelle dans
la loge de son portier, mais la péronnelle était charmante et ses refus
obstinés augmentaient encore la passion qu'elle inspirait. L'amour du
riche propriétaire devint si violent, qu'il domina son avarice. M. de
Sourdis offrit de l'or, des diamants, et il offrit jusqu'à sa maison de la rue Tiquetonne: le tout en vain.

Sur ces entrefaites, madame Férou vint faire une douzaine de
ces visites autorisées par son propriétaire lui-même. Elle trouva
M. de Sourdis dépité, désolé, plus pâle et plus maigre qu'à l'ordinaire. Mademoiselle Thérèse, retranchée dans son pavillon comme

dans une forteresse, demandait d'une part Julien, de l'autre voulait retourner à Paris, s'élevant contre l'hospitalité violée.

Madame Férou, en femme supérieure, apprécia d'un coup d'œil la position des choses, et elle résolut d'en profiter. Elle commençait à comprendre tout le parti qu'elle pouvait tirer de Thérèse. Une belle fille est un trésor : elle alla trouver M. de Sourdis.

— Monsieur, lui dit-elle, j'ai fait des réflexions.

— Hélas! ma bonne madame Férou, moi aussi je fais des réflexions sur cette petite ingrate qni ne veut pas m'aimer, tandis qu'un mauvais commis...

— J'ai fait des réflexions, poursuivit la portière, sur votre conduite.

M. de Sourdis fronça le sourcil.

— Vous avez voulu avoir Thérèse chez vous, et c'était pour la séduire... Et moi, qui vous regardais comme un honnête homme, je ne me suis doutée de rien... Férou et moi, monsieur, nous ne mangeons pas de ce pain-là. J'emmène ma fille.

La portière, à qui le vice n'avait pas réussi, essayait de la vertu.

— J'ai regret, poursuivit-elle, d'avoir maltraité monsieur Julien Landry, celui que vous appelez un mauvais petit commis; Thérèse l'aime, car c'est un bon sujet, et il veut l'épouser.

— Je le sais, dit monsieur de Sourdis.

— Ce pauvre garçon se meurt d'amour, poursuivit madame Férou, je vais le ressusciter.

— Jamais je ne souffrirai que ce mariage se fasse, dit M. de Sourdis.

— Oh! oh! s'écria madame Férou en mettant les poings sur la hanche, vous pouvez disposer de votre porte, mais pas de ma fille.

C'était là le comble de l'habileté, madame Férou connaissait le cœur humain. M. de Sourdis céda comme tous les vieux garçons qui se laissent dominer par une passion tardive : il promit d'épouser Thérèse ; ce parti d'ailleurs convenait à son avarice. Il devait lui en coûter moins pour épouser la jeune fille que pour la séduire. Le difficile, c'était de décider Thérèse, qui aimait Julien et ne voulait de M. de Sourdis ni pour amant ni pour mari. Madame Férou y échoua d'abord ; on fit venir Férou de Paris; il arriva avec son tire-pied; le tire-pied fut impuissant; il fallut pour la séduire une arme plus dangereuse : la calomnie. On parvint à faire accroire à Thérèse que Julien l'avait oubliée, qu'il l'abandonnait pour une ancienne compagne d'atelier dont la pauvre fille avait toujours été jalouse.

Mademoiselle Férou céda enfin aux larmes de sa mère et aux injonctions du savetier ; elle devint madame de Sourdis.

La portière ne jouit pas longtemps des avantages qu'elle devait retirer de ce mariage, elle mourut l'hiver suivant, pour avoir voulu se promener aux Tuileries avec une belle robe de soie, trop légère pour la saison, un refroidissement l'emporta. M. de Sourdis, fatigué d'avoir à sa table et dans son salon son beau-père Férou, épuisa tout son savoir-faire pour l'éloigner. La tendresse paternelle du savetier avait centuplé depuis que sa fille était grande dame. Il ne pouvait pas se passer de voir sa bonne Thérèse ; il ne dînait pas bien s'il n'était assis à table auprès d'elle : il ne dépensait volontiers de l'argent que lorsqu'il le tenait des mains de sa fil'e, et il en dépensait beaucoup. M. de Sourdis prit le parti de chasser ce beau-père malencontreux et presque toujours ivre. Cependant, d'un côté le gentilhomme aurait été peu jaloux de voir le père de sa femme exercer son état dans une échoppe, et que d'autre part Férou se trouvait trop grand seigneur pour ressemeler de vieux souliers, il fallut trouver un compromis entre un abandon total et la servitude d'une assiduité fatigante. M. de Sourdis sollicita pour Férou, et lui proposa de le faire entrer dans l'administration. Férou eut la maladresse d'accepter : il fut nommé sous-garde-magasin à Alger. Voilà comment le lieutenant Julien le rencontra le sabre à la main gardant les fourrages du gouvernement et pestant contre son gueux de beau-fils, qui manquait de tendresse filiale.

Julien, un moment ébranlé par la rencontre de Férou, voulut se roidir contre son mauvais destin. Thérèse n'avait pas cessé de l'aimer, disait le vieux Férou; c'était possible, mais elle l'avait du moins trahi, elle en avait épousé un autre; elle était perdue pour lui ; elle était à Spa, sans doute avec un mari riche, aimable, galant, qui lui avait fait perdre le souvenir de ses premières amours. Julien regagna sa demeure plein d'un dépit jaloux, et regrettant au fond de son cœur les poissons rouges de Zuléma, bien qu'ils dussent être accommodés au piment.

— Au diable l'infidèle! se disait-il en accompagnant ces paroles d'une expression relative trop vive pour être reproduite; je n'y veux plus songer, et puisqu'ici on me trouve l'éclat de la lune, eh bien! je me vengerai sur les Algériennes de la légèreté des Françaises.

Serment d'amoureux : en songeant qu'il faut qu'on oublie, on se souvient. Un quart d'heure après, le lieutenant calcula que depuis longtemps il était en Afrique, qu'il avait droit à un congé, et que, sa santé n'étant pas très-bonne, il ferait bien d'aller prendre les eaux de Spa. Il résolut donc de demander une permission pour passer un semestre en France. Au moment même, un de ses camarades vint lui apprendre que le régiment allait partir pour une expédition.

— Vous partirez sans moi, dit Julien; il faut que j'aille en France.

— Comment! lieutenant Landry, vous voulez nous quitter au moment où nous allons avoir l'honneur de recevoir les coups de fusil des Kabyles et peut-être des Marocains ? Allons donc! vous, le meilleur officier du régiment! vous, chevalier de la Légion d'honneur !

Julien baissa la tête : il ne pouvait pas demander un congé; il fallait qu'il conquît le Maroc et qu'il bût l'eau bourbeuse du désert au lieu de s'abreuver à la source thermale de Spa.

— Cette fois-ci, se dit-il en entrant en campagne, j'espère que ces Africains auront la bonté de me tuer.

Julien tua les Kabyles, il tua les Marocains, et cela avec tant de sang-froid et tant d'à-propos, qu'il fut nommé capitaine. Après la campagne, il demanda et obtint un congé; il s'embarqua sur l'Epervier, arriva heureusement à Marseille, où nous l'avons laissé courant après la locomotive qui devait le déposer à Avignon.

— Vous venez d'Afrique? lui demanda un de ses compagnons de voyage tandis que la vapeur les emportait tous deux loin de Marseille.

— Oui.

— Y êtes-vous resté longtemps, monsieur?

— Huit ans.

— Diable! Vous avez dû connaître le général Cavaignac?

— Sans doute.

— Il est aujourd'hui à la tête de la république; puisque vous êtes militaire, vous le verrez sans doute à Paris, et si vous étiez assez bon...

— Pourquoi faire, monsieur?

— Pour lui présenter cette pétition, je vous en aurais une éternelle reconnaissance.

Et le voyageur naïf présentait sa pétition.

— Un moment, dit Julien, d'où êtes-vous, monsieur?

— De Paris, monsieur, droguiste à Paris, je suis venu à Marseille pour acheter des gommes, et je retourne dans la capitale.

— Très-bien, monsieur, vous devez connaître Thérèse?

— Thérèse? Non, monsieur, je ne connais personne de ce nom.

— Alors, monsieur, répondit Julien en repoussant le papier que lui tendait le droguiste, remettez votre pétition vous-même ; car je ne vais pas à Paris pour voir le général Cavaignac, je vais chercher Thérèse.

Julien était à Avignon ; craignant de trouver beaucoup de pétitionnaires à bord des bateaux à vapeur qui remontaient le Rhône, le capitaine prit la malle-poste, et arriva rue Jean-Jacques-Rousseau au milieu de la nuit ; il se fit conduire dans un hôtel voisin, se jeta sur un lit, et s'endormit profondément.

Le capitaine Landry avait, en 1848, dépassé la trentaine d'un an ou de deux; son visage, un peu bruni par le soleil d'Afrique, avait acquis la mâle beauté de l'âge mûr; une moustache noire coquettement relevée par les deux extrémités ombrageait sa lèvre supérieure; quelques rides fugitives gravaient de temps en temps, sur son front encore jeune, les traces de la passion qu'il n'avait pu ni dompter ni même éloigner de son cœur; c'était un bel officier, d'une tournure distinguée et militaire tout à la fois, dans lequel on pouvait néanmoins reconnaître encore le joli commis que, dans son adolescence, le propriétaire des Trois Pigeons avait pris chez lui à cause de sa bonne mine, et qu'il avait renvoyé à cause de son amour.

Julien, depuis son arrivée à Marseille, n'avait pas fermé l'œil : il se réveilla fort tard, et une fois debout il se mit à songer au moyen qu'il emploierait pour voir ou, pour mieux dire, pour trouver Thérèse. Avant de quitter Alger, il avait envoyé chercher le sous-garde-magasin Férou, et on lui avait appris que Férou, s'étant enivré avec un Arabe, avait cherché querelle à son compagnon de débauche, et que celui-ci l'avait tué. Julien se repentit alors de n'être pas entré dans plus de détails avec le père de celle qu'il aimait. Il ignorait jusqu'au nom du mari de Thérèse, et quoique la saison des eaux de Spa fût passée, il ne savait pas même si Thérèse habitait Paris.

Cependant, rien qu'à se sentir si près de la rue Tiquetonne, son cœur tressaillait d'aise, et il résolut d'aller visiter la maison où il avait éprouvé les plus grandes joies et les plus grandes douleurs de sa vie. Si l'on veut bien songer à l'existence entière de Julien, on comprendra la vivacité de son amour par l'absence de tout autre sentiment. Il n'avait jamais vu le visage de sa mère, il avait perdu son père au berceau : recueilli par une femme avide, la seule personne qui dans son enfance lui eût montré un peu de tendresse, c'était le curé de Saint-Eustache. A part le digne prêtre, Julien n'avait été aimé par personne, si ce n'est par Thérèse. Le capitaine s'achemina donc vers la rue Tiquetonne, tout frissonnant de ce plaisir douloureux que donne une émotion violente.

— Je veux monter encore cet escalier, se disait-il, que je franchissais si vite il y a huit ans quand au bout j'étais sûr de trouver Thérèse ; je veux revoir ma petite chambre; elle est occupée peut-être par un jeune commis tel que je l'étais autrefois; je lui dirai :

— Mon ami, permettez-moi de me reposer un moment chez vous, de respirer l'air qu'on y respire, de me voir un moment dans cette petite glace qui a réfléchi l'image de Thérèse... si toutefois ma glace y est encore... Ah! si vous saviez comme j'ai été heureux ici pendant trois mois! si vous saviez de quel coup j'ai été frappé!

Julien pensait ensuite au petit galetas étroit qu'au-dessus de lui habitait Thérèse; il voulait le visiter aussi. Il voulait plus encore : ce galetas, cette niche, était vide peut-être, ou si cette retraite était occupée, elle devait l'être par quelque malheureux qui pour quatre ou cinq écus céderait ce logis, qui pour Julien était un temple. Alors le capitaine s'y établirait, il ne voul.it point avoir d'autre demeure pendant son séjour à Paris, tandis qu'il se livrerait à la recherche ardente de Thérèse. Il traverse la rue Jean-Jacques d'un pas rapide, il atteint la rue Montmartre, s'arrête essoufflé devant le café Hamon, qui forme un des coins de la rue Tiquetonne, et il lève les yeux... Devant lui un terrain à demi déblayé, çà et là des décombres, des maçons la truelle à la main, des terrassiers, des tailleurs de pierre, tous gens blancs de plâtre et de chaux, la porte de la maison absente, la maison elle-même coupée par le milieu, ayant perdu une de ses murailles et livrant à tous les regards les mystères de ses salons, de ses chambres, de ses alcôves, de ses réduits les plus secrets.

L'édilité parisienne est une belle chose; le préfet et les édiles, comme disent les inscriptions publiques, ont le droit d'être fiers de leurs travaux : Auguste, en mourant, dit aux Romains :

— Vous m'aviez donné une ville de brique et de boue; je vous laisse une ville de marbre et d'or.

Les préfets de Paris peuvent de nos jours, en quittant leurs fonctions, se vanter d'avoir élargi les rues, élevé des quais, dessiné des places, fait couler l'eau par de nombreuses fontaines, distribué partout l'air, la lumière et donné à chacun sa part de soleil. En faisant circuler la lumière, ils ont égayé nos demeures; en faisant circuler l'air, ils les ont assainies. Julien ne tenait aucun compte au préfet ni à nos édiles des soins journaliers qu'ils apportent à la salubrité publique; et s'ils fussent venus à passer devant lui, il leur aurait peut-être fait un mauvais parti. Il ne pouvait pas détacher ses yeux de cette maison ainsi ouverte; son regard montait d'étage en étage; la trace de l'escalier serpentait sur les murailles, et de loin en loin Julien apercevait encore debout quelques-unes de ces marches sur lesquelles il avait mis si souvent le pied. Enfin un dernier regard le fait tressaillir et lui arrache un cri.

— Ma chambre! s'écria-t-il involontairement, ma chambre et le grenier de Thérèse!

L'œil perçant du capitaine, cet œil qui, à cinq cents pas, apercevait le fusil d'un Kabyle entre la fissure d'un rocher; qui, dans le ciel d'Afrique, suivait les cercles concentriques de l'aigle s'élevant vers le soleil, cet œil s'humecta de quelques larmes en voyant les roses de sa tapisserie couvrir l'alcôve et les deux murailles encore debout. Le fond blanc du papier avait jauni; mais les roses paraissaient toujours fraîches et prêtes à se détacher du fond pour pleuvoir sur le sol. Ici la rose épanouie, à côté du bouton, et plus loin l'enveloppe mousseuse qui couvre et protège la rose du Bengale. La cheminée était brisée; on voyait sur les fragments du marbre l'empreinte blafarde de la main du maçon qui y avait déposé sa trace.

— O ciel! se dit encore Julien en comprimant son cœur qui battait avec violence, ô ciel! ma petite glace!

Cette petite glace, objet de si doux souvenirs, se voyait encore, en effet, sur la cheminée, personne sans peine pourquoi on avait négligé de l'enlever... elle était brisée!... Le marteau d'un ouvrier, ou bien l'extrémité d'une échelle, avait fait éclater le verre en mille rayons qui s'étendaient du centre à la circonférence et venaient mourir dans la bordure d'acajou. Plus haut, Julien aperçut un trou noir, encombré d'ardoises, presque caché par des poutres croulantes : c'était le grenier de Thérèse.

Quel spectacle douloureux ! Un roi tombe, c'est tout simple : son palais est pris, saccagé, brûlé, démoli, il n'en reste plus pierre sur pierre; quoi de plus naturel? Mais l'asile des roses, le rosier d'une tapisserie, le grenier d'une jolie fille, tout cela caché sous les combles d'une maison obscure et tombant sous le marteau des démolisseurs qui veulent assainir nos rues, c'est pour le cœur d'un amant le vandalisme le plus révoltant, l'action la plus noire que puisse commettre un peuple civilisé. Tel était l'avis du capitaine. Il regrettait de n'avoir pas là défendre avec sa compagnie le berceau de ses amours. La vue de ces ruines brisait son cœur; il demeura quelques instants immobile, puis il fit un pas en avant, puis un autre en arrière; sans les roses de sa tapisserie, il aurait douté de ce qu'il voyait.

Ainsi un jeune poète visite l'Archipel, il aborde à Cérigo (autrefois Cythère), il cherche les bosquets fleuris, les retraites mystérieuses, le temple d'albâtre de Cypris, l'autel et la statue de la déesse; il trouve des rochers stériles et nus, pas même un des ronces ! Au lieu d'albâtre, des fragments noirâtres; au lieu des colombes de la déesse, des lézards et des vipères.

— Monsieur, vous regardez cette bicoque que nous sommes en train d'abattre? c'est pour l'alignement de la rue, monsieur; fameux, fameux, ça va joliment profiter à la rue Montmartre.

A ces paroles si contraires aux pensées qui l'occupaient, Julien sentit la rougeur lui monter au front. Cette chambre des roses, comme la nommait M. de Sourdis, ouverte à tous les regards, lui semblait ainsi dévoiler aux yeux de tous les gracieux mystères de ses amours passées : dans son illusion, il craignit un moment que tous ceux dont les yeux montaient vers ce quatrième étage ne sussent comme lui l'amour dont il avait été transporté. Il se retourna tout troublé vers son interlocuteur. C'était un maçon d'une figure insouciante et joyeuse, qui sortait de chez le marchand de vin où il avait déjeuné, et qu'un demi-litre de suresnes rendait causeur.

— Monsieur, reprit-il, je sais ce que je dis, c'est une bicoque; c'est moi qui ai mis le premier le marteau dans les murailles, et vous pouvez m'en croire, car je m'y connais.

— Ah! c'est vous?

— Oui, monsieur, c'est moi; vous verrez comme ça fera bien quand la maison n'y sera plus... Eh bien, monsieur, la besogne a tardé à commencer, et savez-vous pourquoi?

— Non, mon ami, répondit Julien le regard toujours fixé sur la chambre.

— Parce que le propriétaire, un homme ou une femme, je ne sais lequel des deux...

— C'est un homme, dit le capitaine.

— Vous le connaissez, monsieur?

— Un peu.

— Un fier entêté toujours! Il ne voulait pas céder, il ne voulait pas vendre... Mais il y a une loi... Oui, monsieur, il y a une loi : expropriation forcée pour cause d'utilité publique. On l'a forcé à prendre plus d'argent que n'en vaut la maison... Ah! ce n'est pas moi qui aurais voulu garder une baraque pareille... Vous regardez là-haut, monsieur... dans trois jours, tout cela n'y sera plus...

Durant cet entretien, un équipage était entré dans la rue Tiquetonne par la rue Montorgueil et s'avançait vers la rue Montmartre; quand il fut arrivé devant le café Hamon, il s'arrêta pour laisser passer les brouettes des maçons et les poutres provenant de la démolition; un cri partit de l'intérieur de la voiture, deux laquais se précipitèrent à la portière; la personne qui occupait le fond dit un mot, fit un signe; un des laquais ouvrit la portière et abaissa le marchepied, l'autre aborda Julien d'un air respectueux :

— Monsieur, dit-il, madame vous prie de vouloir bien monter.

— Moi ?

— Oui, monsieur.

Julien jeta un coup d'œil dans cette voiture; il vit une femme en noir et la figure recouverte d'un voile; il hésita. Le laquais revint à la charge.

— Madame espère, dit-il, que monsieur voudra bien lui faire l'honneur de prendre place un moment auprès d'elle.

Julien hésitait encore; cependant il fit un pas vers la voiture, il mit un pied sur le marchepied, le laquais poussa doucement le capitaine, qui se trouva ainsi dans l'intérieur, et la portière se referma.

— A l'hôtel! dit le laquais.

Et la voiture partit.

Cette femme encore invisible pleurait sous son voile noir. Elle saisit la main de Julien, la porta à ses lèvres. Elle sanglotait... Le capitaine souleva le voile. Ce que les femmes appellent aujourd'hui des anglaises, c'est-à-dire des masses de cheveux blonds bouclés et soyeux recouvraient encore le visage de la dame mystérieuse; mais Julien pouvait-il méconnaître les cheveux blonds de Thérèse ?

— Thérèse! s'écria-t-il, Thérèse !

Et il la serra dans ses bras en fermant les yeux pour pouvoir se donner une illusion complète, pour pouvoir croire encore un moment que les roses de sa petite chambre tapissaient le fond de la voiture. Tout à coup il s'éloigna brusquement de Thérèse, il se rejeta dans un coin de la voiture.

— Ah! madame, dit-il avec l'accent amer du reproche, vous êtes à un autre.

— Non, Julien, mon ami.

— N'êtes-vous pas mariée?

— Je suis veuve, Julien, voyez le deuil dont je suis couverte.

— C'est le deuil de votre père.

— Et celui de mon mari; M. de Sourdis est mort il y a dix mois.

— M. de Sourdis ? vous avez épousé M. de Sourdis ? vous êtes madame de Sourdis ?

— Hélas! oui, mon ami.

— Comment! cet homme que j'ai été trouver jusqu'aux Saussayes, qui vous connaissait à peine, qui ne savait pas ce que vous étiez devenue?...

— M'avait enlevée à votre amour et me cachait dans un petit pavillon que vous avez pu voir dans la courte apparition que vous avez faite aux Saussayes.

— Oui, j'ai un souvenir de ce pavillon.

— Je vous vis un jour là, Julien, poursuivit Thérèse. Lorsque vous quittâtes M. de Sourdis pour retourner à Paris, je vous aperçus sous les arbres du parc, conduit par Dubois, le vieux valet de chambre de mon mari... J'étais prisonnière, Julien, je ne pouvais faire autre chose que pousser des cris, et je vous appelai de toutes mes forces jusqu'au moment où M. de Sourdis, aidé d'une vieille servante, comprima ma bouche avec un mouchoir et étouffa ainsi ma voix.

— O Dieu! s'écria Julien, je me rappelle ce moment; j'entendis une voix qui disait mon nom, et dont le son affaibli venait mourir sous les arbres du parc.

— C'était ma voix, Julien.

— Et l'infâme valet de chambre me dit qu'on appelait le fils de la fermière.

— J'espère, Julien, ajouta encore Thérèse, qui se rapprocha du capitaine, que vous me permettrez de ne pas m'appesantir aujourd'hui sur les torts de ma famille ni sur ceux de mon mari : mon père, ma mère, M. de Sourdis n'existent plus, et vous m'approuverez si je ne les accuse pas. Je dois vous dire cependant que M. de Sourdis a fait tout ce qu'il a pu pour me séduire, et qu'au prix de tous les trésors du monde il n'aurait pas obtenu ce que je vous ai abandonné à vous avec tant de joie.

— Ah! perfide Thérèse, s'écria Julien, qui ne s'éloignait plus de la jeune femme, vous n'en avez pas moins épousé ce misérable qui m'avait si cruellement trompé!

— Ecoutez-moi jusqu'à la fin, Julien, et vous jugerez ensuite si je suis aussi coupable que vous croyez... M. de Sourdis, désespérant de me séduire, m'offrit sa main et sa fortune. Je ne voulus ni de l'une ni de l'autre; cependant songez à ma position; j'étais une pauvre fille, je gagnais à peine dix sous par jour chez une couturière; j'avais pour père un savetier, pour mère une ravaudeuse, qui tous deux croupissaient dans la misère. Dès que M. de Sourdis parla de mariage, on vit tout le parti qu'on pouvait tirer de moi, et on voulut me forcer à devenir riche, pour ne pas être, me disait-on, une fille ingrate et dénaturée : prières, supplications, menaces, coups même, mon père et ma mère ont employé tous les moyens : rien ne leur a réussi; alors ils vous ont calomnié....

— Moi! dit Julien, et comment?

— Au moyen d'une ruse assez grossière, mais qui devait réussir avec une jeune fille aussi simple que je l'étais. Il y avait dans l'atelier où je travaillais une assez jolie fille nommée Victoire, dont je connaissais la coquetterie; on me persuada que, désespérant de me revoir, vous m'abandonniez pour Victoire.

— Moi! Victoire! s'écria Julien, je veux être pendu si jamais...

— N'achevez pas, Julien, vous n'avez jamais vu Victoire, je le sais; j'ai appris tout cela, après mon mariage, de Victoire elle-même, car elle est ma couturière, c'est elle qui fait toutes mes robes. Mais alors je crus ce qu'on voulut me faire accroire, et, pleine de dépit contre vous, vaincue par les larmes et les sollicitations de ma mère, lassée des prières incessantes de M. de Sourdis et meurtrie par les coups que je recevais de mon père, je cédai, j'épousai un homme qui m'était odieux et dont je ne pouvais pas faire le bonheur. Ce ne fut point sa fortune qui me décida; ce fut votre infidélité supposée... Ah! mon Dieu! Julien, vous m'avez été réellement infidèle.

— Moi! jamais.

— N'était-ce pas être infidèle que de m'abandonner, que de quitter Paris sans espoir de retour? Pourquoi renoncer à me revoir, à me retrouver, à m'enlever aux mains qui me retenaient? Doutiez-vous de moi?

— Non, mais...

— Mais, mon ami, il n'y a que la mort qui soit un mal sans remède; vous me saviez vivante, pourquoi désespérer? Pourquoi quitter la France, et devenir ainsi la cause de notre longue séparation et de mon mariage avec M. de Sourdis?

— De votre mariage, Thérèse?

— Sans doute : si je vous avais seulement entrevu, si vous étiez passé sous ma fenêtre, si j'eusse pu recueillir de vous un signe, un regard, mon père m'aurait coupée en quartiers plutôt que de me faire consentir à devenir la femme d'un autre que vous.

En général, les femmes ont toujours raison, et il est à peu près prouvé que l'homme qui ne croit pas les choses les plus invraisemblables quand elles les affirment ne les aime pas bien. Julien n'avait garde de ne pas ajouter foi au récit de Thérèse; il la pressa de nouveau sur son cœur, et répondit à ses confidences en lui racontant à son tour ses angoisses et ses douleurs passées.

— Ainsi donc, Thérèse, lui dit-il enfin, M. de Sourdis est mort?

— Il y a dix mois, mon ami, et il m'a laissé toute sa fortune.

— Tant pis! dit tristement Julien.

Thérèse comprit parfaitement l'inquiétude secrète que les biens dont elle avait hérité faisaient naître dans le cœur de Julien, et avec le tact naturel à une femme, et à une femme amoureuse, elle voulut lui faire sentir combien peu elle tenait à l'opulente succession qu'elle avait recueillie.

— Savez-vous, Julien, lui dit-elle, que je n'abandonne presque jamais la rue où vous venez de me rencontrer? J'y passe le matin, j'y repasse dans l'après-midi, je ne saurais m'en éloigner. J'ai fait ce que j'ai pu pour sauver de l'alignement la maison où nous avons été si heureux; j'aurais donné pour la conserver et la terre des Saussayes, et la terre de Bourgogne, et les maisons de Paris, et tout le bien de M. de Sourdis jusqu'au dernier sou. J'ai fatigué le maire et le préfet de Paris de mes sollicitations, et n'ayant rien pu obtenir, je viens tous les jours m'établir dans la rue Montmartre pour voir le plus longtemps possible le lieu où j'ai aimé Julien et où Julien m'a aimée. Je pleure, mon ami, chaque fois que le marteau fait tomber un moellon et détache une rose.

L'équipage s'arrêta dans la rue de Ménars, et le capitaine, donnant le bras à madame de Sourdis, entra dans l'hôtel. Le vestibule était rempli de domestiques et d'ouvriers qui cadenassaient des malles, qui clouaient des caisses : tout annonçait un départ prochain. La crainte de perdre encore une fois cette Thérèse si miraculeusement retrouvée s'empara alors de Julien, qui, cédant enfin à son émotion et à son amour :

— Est-ce que tu vas partir, Thérèse? est-ce que tu me quitterais? dit-il avec l'accent d'autrefois.

La jeune femme sourit.

— Tu dois te rappeler, Julien, répondit-elle, qu'avant de te faire soldat, avant d'abandonner ta Thérèse, tu as écrit à M. de Sourdis : c'est à lui que tu léguais tes meubles et que tu confiais que tu allais te faire tuer par les Arabes. M. de Sourdis s'est bien gardé de me parler de cette lettre, que j'ai trouvée dans ses papiers après sa mort. J'ai cru qu'il était décent de porter convenablement mon deuil, et de ne m'occuper de toi que dans la petite chambre où nous nous sommes tant aimés. La chambre est détruite, mon deuil va finir, je partais pour Alger.

Julien était trop heureux, il pressait sur son sein cette blonde tête qui comptait à peine vingt-cinq printemps; il retrouvait ses premières amours, et il allait remplacer par une douce réalité des rêves de huit ans.

Les deux amants se marièrent à l'église de Saint-Eustache, et le soir de ses noces le capitaine rendit à sa femme les morceaux brisés de ce peigne qui, si le lecteur s'en souvient, fut brisé sous les pieds de Julien le jour où les jeunes gens se virent pour la première fois.

Deux mois après son mariage, Julien passait dans la rue Montmartre, lorsqu'il fut salué par un gros monsieur étalant sur le seuil d'un magasin sa figure fleurie.

— Vous ne me reconnaissez pas, monsieur?

Julien leva la tête, il vit l'enseigne des Trois Pigeons, et il s'avança vers son ancien patron.

— Vous oubliez donc vos vieux amis, capitaine? lui dit le marchand de nouveautés; est-ce que vous m'en voudriez encore parce que je vous ai renvoyé il y a huit ans?

— Pas le moins du monde, monsieur.

— Ah! monsieur, c'est que je suis fier de vous avoir compté au nombre de mes commis, vous et ce pauvre Alexandre Boivin, qui n'a pas été aussi heureux que vous... Ah çà! Boivin est bien mort?

— Oui, monsieur; il a été tué à mes côtés.

— Pauvre garçon! Permettez : est-il vrai que vous ayez tué des lions, mais, la, des lions du désert, des lions qui ne sont pas en cage comme ceux du jardin des plantes?

— Quelquefois, monsieur.

— Et des Arabes?

— Beaucoup plus souvent.

— Je vous fais mon compliment. Voilà pourquoi vous avez la croix; celle-là est bien gagnée.

— Je l'espère, monsieur.

— Et, continua le marchand de nouveautés, vous avez épousé la veuve de M. de Sourdis?

— Oui, monsieur.

— Une petite fille qui était autrefois ouvrière chez la couturière en face?

— Oui, monsieur.

— La fille des Férou, portiers dans la rue Tiquetonne, portiers de la maison qu'on vient de démolir?

— Précisément, monsieur.

— Une très-jolie femme, à laquelle M. de Sourdis a laissé une fortune immense : trois maisons à Paris?

— C'est cela même.

— Et une belle terre en Brie?

— Une terre superbe.

— Et dans les environs de Dijon le plus beau château de la Bourgogne?

— Oui, monsieur.

— Veuillez recevoir mes félicitations, monsieur; quand madame votre femme et vous aurez besoin de quelque article de nouveautés, j'espère que vous me donnerez la préférence.

— Nous n'y manquerons pas, monsieur.

—Imbécile! dit en s'éloignant Julien, s'il y a huit ans tu ne m'avais pas chassé de ton magasin, je n'aurais pas quitté Paris, j'aurais retrouvé Thérèse, et je n'aurais pas été privé de huit ans de bonheur.

Julien avait raison : il était fort heureux, il était le mari de Thérèse, il était riche et capitaine; mais on ne remonte pas le cours de la vie, on n'éprouve pas deux fois les vives sensations de la jeunesse; les premières amours n'ont qu'un temps, elles sont pour l'homme, dit un poëte anglais, ce que le *bloom* est pour les fruits : le *bloom*, c'est cette poussière légère qui couvre le fruit à peine mûr,

que la main efface, que le vent de la montagne enlève, que l'eau du ciel fait tomber, et qui n'enveloppe jamais deux fois le même fruit. Sous les lambris dorés de la rue de Ménars, sous leurs alcôves de satin, Julien et Thérèse, quoique fort heureux, regrettent souvent le papier à quinze sous le rouleau de la rue Tiquetonne. Aussi le capitaine éprouve-t-il une recrudescence d'ardeur militaire, et il retournera en Afrique : ne faut-il pas qu'il devienne colonel? ne faut-il pas qu'il tue des Kabyles? et enfin n'y a-t-il pas à Alger des jeunes filles de la tribu de Beni-Khelil qui accommodent les poissons rouges au piment ?

Nous engageons les personnes qui voudraient voir la maison de la rue Tiquetonne à ne pas se déranger inutilement : la maison est presque entièrement démolie, et il y a quelques jours la dernière rose du quatrième étage a disparu sous le marteau.

— Il est mort il y a dix mois, mon ami, et m'a laissé toute sa fortune

FIN DE L'ALIGNEMENT D'UNE RUE.

Paris. Typ. A. Parent, rue Monsieur-le-Prince, 31.

GEORGES BARBA, LIBRAIRE-ÉDITEUR,
7, rue Christine, 7.

CATALOGUE GÉNÉRAL.
LITTÉRATURE, HISTOIRE, VOYAGES.

LES OUVRAGES MARQUÉS D'UN * PEUVENT ÊTRE ESTAMPILLÉS.

LA FONTAINE.
* Fables, illustrées par Bertall 90

FLORIAN.
* Fables, illustrées par Bertall 50

MOLIÈRE.
* Œuvres complètes, illustrées par Janet-Lange, 1 volume, broché . . . . . 5 »
Le même, relié en toile, doré sur tranche. 7 »
* Le même, orné de 10 gravures sur acier, prix, broché . . . . 6 »
Le même, relié en toile, doré en tranche. 8 »

CHAQUE PIÈCE SE VEND SÉPARÉMENT, SAVOIR :
Vie de Molière, par E. de la Bédollière.
L'Étourdi, comédie en 5 actes. . . . . » 25
Le Dépit amoureux, comédie en 5 act. » 25
Don Garcie de Navarre, com. en 5 a.
Les Précieuses ridicules, com. en 1 a. » 25
L'École des maris, comédie en 1 acte.
Sganarelle, comédie en 1 acte. . . . . » 25
L'École des femmes, com. en 5 actes.
La Critique de l'École des femmes, comédie en 1 acte. . . . . » 25
La Princesse d'Élide, prologue, comédie-ballet en 5 actes.
Les Fâcheux, préface, prologue, comédie-ballet en 3 actes. . . . . . . » 25
Don Juan, ou le Festin de Pierre, comédie en 5 actes.
Le Mariage forcé, comédie en 1 acte. » 25
Le Misanthrope, préface, com. en 5 a. » 25
Le Médecin malgré lui, com. en 3 a.
L'Impromptu de Versailles, comédie en 1 acte. . . . . » 25
Le Tartuffe, préface et placets, comédie en 5 actes. . . . . » 25
Amphitryon, prologue, dédicace, com. en 3 actes. . . . . » 25
L'Avare, comédie en 5 actes. . . . . » 25
Georges Dandin, comédie en 3 actes.
L'Amour médecin, prologue, comédie-ballet en 3 actes. . . . . . . » 25
Monsieur de Pourceaugnac, comédie-ballet en 3 actes.
Le Sicilien, com.-ballet en 1 acte. . » 25
Mélicerte, pastorale.
Pastorale comique.
Les Amants magnifiques, comédie-ballet en 5 actes. . . . . » 25
Le Bourgeois gentilhomme, comédie-ballet en 5 actes. . . . . . . » 25
Psyché, prologue, trag.-bal. en 5 act.
Les Fourberies de Scapin, c. en 3 a.
La Comtesse d'Escarbagnas, comédie en 1 acte. . . . . » 25
Les Femmes savantes, com. en 5 a. » 25
Le Malade imaginaire, com. en 3 ac.
Poésies div., le Val-de-Grâce, etc. » 25
Collection des chefs-d'œuvre de Molière, 10 grav. en taille-douce dessinées et gravées par A. Riffaut. . 1 »

VOLTAIRE.
* Histoire de Charles XII, illustr. par Foulquier. . . . . » 70

BOILEAU.
* Œuvres poétiques, illust. par Bertall » 90

RACINE.
* Œuvres complètes, illustrées par Pauquet, un volume album. 2 50

CHAQUE PIÈCE SE VEND SÉPARÉMENT, SAVOIR :
Vie de Racine, par E. de la Bédollière. » 20
La Thébaïde, tragédie en 5 actes. . . » 20
Alexandre, tragédie en 5 actes. . . . » 20
Andromaque, tragédie en 5 actes. . . » 20
Les Plaideurs, comédie en 3 actes. . . » 20
Britannicus, tragédie en 5 actes. . . . » 20
Bérénice, tragédie en 5 actes. . . . . » 20
Bajazet, tragédie en 5 actes. . . . . . » 20
Mithridate, tragédie en 5 actes. . . . » 20
Iphigénie, tragédie en 5 actes. . . . . » 20
Phèdre, tragédie en 5 actes. . . . . . » 20
Esther, tragédie en 3 actes. . . . . . » 20
Athalie, tragédie en 5 actes. . . . . . » 20

CORNEILLE.
* Œuvres complètes, illustrées par Pauquet, 1 volume album. 2 50

CHAQUE PIÈCE SE VEND SÉPARÉMENT, SAVOIR :
Vie de Corneille, par Émile de la Bédollière. . . . . » 20
Le Cid, tragédie en 5 actes. . . . . . » 20
Horace, tragédie en 5 actes. . . . . . » 20
Cinna, tragédie en 5 actes. . . . . . » 20
Polyeucte, tragédie en 5 actes. . . . . » 20
Le Menteur, comédie en 5 actes. . . . » 20
Pompée, tragédie en 5 actes. . . . . . » 20
Rodogune, tragédie en 5 actes. . . . . » 20
Héraclius, tragédie en 5 actes. . . . . » 20
Don Sanche, tragédie en 5 actes. . . . » 20
Nicomède, tragédie en 5 actes. . . . . » 20
Sertorius, tragédie en 5 actes. . . . . » 20
Racine et Corneille reliés en 1 vol. toile, doré sur tranche. 7 00

REGNARD.
* Œuvres complètes, illust. par Janet-Lange, 1 vol. album. 1 90
* Voyages. . . . . » 70

ON VEND SÉPARÉMENT :
Notice sur Regnard, par H. Lucas. » »
Le Bal, comédie en 1 acte. . . . . . » 20
Le Joueur, comédie en 5 actes. . . . » 20
Le Distrait, comédie en 5 actes. . . . » 20
Les Folies amoureuses, com. en 3 a. » 20
Le Mariage de la Folie, divert. 1 a. » 20
Le Retour imprévu, com. en 1 acte. » 20
Les Ménechmes, comédie en 5 actes. » 20
Épître à M***. . . . . » 20
Le Légataire universel, com. en 5 a. » 20
La Critique du Légataire, c. en 1 a. » 20
Voyages de Regnard.
  La Provençale.
  Voyage de Laponie.
  Voyage de Flandre et de Hollande.
  Voyage de Danemark.
  Voyage de Suède.
  Voyage de Pologne. . . . . » 70

BOITARD.
* Le Jardin des Plantes, illustré par Grandville. Description de la Ménagerie et du Muséum d'histoire naturelle. — Introduction historique, par J. Janin, 1 vol. broché. . . . . . . 4 »
* Le même, relié en toile, doré sur tranche. 6 »

AUG. CHALLAMEL.
* Histoire de France, illustrée par Bellangé, 1 vol. broché. . . . . . . 4 »
Le même, rel. en toile, doré sur tranche. 6 »

CET OUVRAGE EST DIVISÉ EN QUATRE PARTIES QUI SE VENDENT SÉPARÉMENT, SAVOIR :
Histoire de Napoléon 1 10
— de la Révolution 1 10
* — de Paris. 1 10
* — de France. 1 10

BRILLAT-SAVARIN.
* Physiologie du goût, ill. par Bertall. 1 10

LOUIS GARNERAY.
* Voyages et aventures, ill. par l'aut. 1 50
* Captivité ; Mes Pontons, illustrés par Janet-Lange. . . . . » 90

LAS CASES.
* Le Mémorial de Ste-Hélène, illustré par Janet-Lange, 1 vol. broché. . . 5 »
Le même, relié en toile doré sur tranche. 7 »

O'MEARA.
* Mémorial de Ste-Hélène (seconde partie du), 1 vol. broché . . . . . 5 »
Le même, relié en toile, doré sur tranche. 7 »

ON VEND SÉPARÉMENT :
* Napoléon en exil, 1 vol. broché . . 2 10
* Batailles de Napoléon, 1 vol. broch. 2 10

HOFFMANN.
* Contes fantastiques, ill. par Bertall. 1 10
— nocturnes, ill. par Foulquier. 1 10
* L'Élixir du Diable, ill. par Foulquier. 1 10
* Contes des frères Sérapion 1 10
* Le volume broché . . . . 4 »
Le même, relié en toile, doré sur tranche. 6 »
* Contes mystérieux, ill. par Foulquier. 1 10

DANIEL FOË.
* Robinson Crusoë, illust. par Janet-Lange. 1 90

Mme STOWE.
* La Case du père Tom, ill. anglaises. 1 50
Édit. de cabinet, in-8°, 3 fr.; relié. . 4 »
— in-12, grav., 2 fr.; relié. . 3 »
Fleur de Mai, ill. Janet. . . . . . » 50

HILDRETH.
L'Esclave blanc, ill. par Janet-Lange. 1 10

Mme DE MONTOLIEU.
* Le Robinson suisse, illust. par Janet-Lange. 1 90

WALTER SCOTT.
Illustré par Janet-Lange.
* Quentin Durward. 1 50
* Rob-Roy. 1 10
* Ivanhoé. 1 50
Le Capitaine Dalgetty. . . . . » 70
* La Fiancée de Lammermoor . . . . » 90
PREMIER VOLUME, BROCHÉ . . . . . 5 »
Le même, relié en toile, doré sur tranche. 7 »

www.ingramcontent.com/pod-product-compliance
Lightning Source LLC
LaVergne TN
LVHW022020080426
835513LV00009B/803